U0583658

 集人文社科之思 刊专业学术之声

集 刊 名：中国社会组织研究

主办单位：上海交通大学国际与公共事务学院
　　　　　上海交通大学中国公益发展研究院
　　　　　上海交通大学第三部门研究中心

主　　编：徐家良

Vol.19 CHINA SOCIAL ORGANIZATIONS RESEARCH

第19卷

集刊序列号：PIJ-2015-157

中国集刊网：www.jikan.com.cn

集刊投约稿平台：www.iedol.cn

中文社会科学引文索引（CSSCI）来源集刊

上海交通大学国际与公共事务学院
上海交通大学中国公益发展研究院
上海交通大学第三部门研究中心

中国社会组织研究

徐家良／主编

CHINA
SOCIAL ORGANIZATIONS
RESEARCH

第 19 卷
Vol. 19 (2020 No.1)

社会科学文献出版社
SOCIAL SCIENCES ACADEMIC PRESS (CHINA)

主编的话

值《中国社会组织研究》第19卷出版之际，有必要回顾上海交通大学中国公益发展研究院、第三部门研究中心自2019年第18卷出版以来在举办和参加学术会议、智库建设、科研和社会服务方面所做的工作，概括为以下十四件事。

第一件事，参加MPA毕业论文答辩。2020年1月12日，我应宁波大学法学院邀请参加MPA毕业论文答辩。这是上海高校与浙江高校之间合作交流的一种体现。

第二件事，被推举为研究院院长。2020年1月18日，我赴安徽省合肥市参加安徽省君善公益服务中心理事会，并被推举为君善公益高级研究院院长。感谢对我的信任，这是长三角社会组织一体化的重要体现，值得践行之。

第三件事，成立抗击疫情课题组，从事相关的研究。1月23日，武汉封城，新冠肺炎引起全球关注，我们紧急成立了课题组，进行有关新冠肺炎疫情的问卷调查、数据收集、课题研究和要报撰写。我主持"互联网企业助力疫情防控攻坚战情况报告"和"社会组织参与新冠肺炎疫情防控机制研究"课题。截至4月30日，累计上报各类要报30多份，积极建言献策，推动完善应急管理相关政策。

第四件事，发表疫情分析文章。结合新冠肺炎疫情防控和社会组织的运行，撰写了一系列文章。我与博士后张其伟于 2020 年 2 月 16 日在财新网上发表了《引入专业的物流企业，重建防疫物资调度机制》，强调在疫情期间有必要重视物流企业的商业运作模式，高效率地调配抗疫物资。2 月 29 日，我与博士后张其伟一起在光明网发表了《从"抗疫"实践看社会力量在国家治理体系中的积极作用》，透过疫情防控案例，窥见社会力量在国家治理体系中的全面作用。3 月 24 日，我在"学习强国"上发表了《激活慈善功能，枢纽型行业组织不可或缺》，认为枢纽型行业组织是行业治理的领头羊、慈善信息透明的倡导者、慈善组织与政府连接的"黏合剂"，在国家治理和社会发展中地位非常重要。

第五件事，博士后出站答辩。由于受疫情影响，陈阵博士后的出站答辩于 3 月 15 日在线上举行。这是与我合作的第四个博士后顺利出站。

第六件事，线上、线下举办讲座，举办结业典礼。从 2019 年 10 月开始，上海交通大学中国公益发展研究院就与上海市徐汇区民政局合作，共同举办"千里马 – 徐汇区社区基金会秘书长育成计划"，先后邀请民政部社会组织服务中心党委书记刘忠祥、上海市静安区社会组织联合会会长顾维民、上海交通大学彭勃教授、中国灾害防御协会应急救援专业委员会杨艳武秘书长、华东师范大学文军教授、北京大学金锦萍教授、华东理工大学何雪松教授和郭圣莉教授、北京仁泽公益基金会理事长庞健、爱德基金会秘书长凌春香和我等先后授课，自 3 月份开始，在线上举办云讲座。4 月 28 日，举行培训班结业典礼，徐汇区民政局副局长聂元军和我为学员颁发结业证书。

第七件事，做复工复产调研并撰写报告。从 2020 年 2 月 25 日至 3 月 4 日，我与上海徐汇飞扬华夏青年社会治理创新中心合作，在上海徐汇区、普陀区、闵行区、奉贤区、青浦区、黄浦区六个区发放问卷 418 份，了解了社会组织复工情况，并把调研报告送有关部门作决策参考。

第八件事，接受相关媒体采访。2 月 28 日、3 月 1 日、3 月 10 日分别接受央广网、财经网、善达网记者采访，畅谈上海疫情防控的经验和成绩、中国大城市疫情防控期综合治理与国外城市疫情防控期治理经验借鉴和政府购买服务对社会组织影响等情况。

第九件事，做政府购买服务线上讲座。我受陕西省社会组织服务中心邀请，于3月29日在线上为陕西省社会组织做了"从《政府购买服务管理办法》看社会组织的发展机遇"的讲座，对最新发布的《政府购买服务管理办法》进行了详细解读。

第十件事，参加线上研讨会。4月9日，我应深圳市福田区社会组织总部基地邀请，参加第一届福田区社会治理云峰会，发表了"从'抗疫'实践看社会力量在国家治理体系中的积极作用"的演讲，强调社会力量在疫情防控中具有不可或缺的地位。

第十一件事，参加国家社会科学基金项目申请辅导会。受上海交通大学文科建设处、同济大学文科办公室、上海交通大学城市治理研究院委托，对参加申报国家社会科学基金项目的申请人员进行在线辅导，讨论申请书填写过程中应注意的几个问题。

第十二件事，参加民政部课题评审。3月24日下午，在线对民政部有关课题申请书进行评审，最终评出推荐名单。

第十三件事，参加慈善条例立法调研会议。3月27日，我应上海市民政局邀请参加慈善条例立法调研会议，有关社会组织负责人参与座谈并提出了有针对性的一些建议。

第十四件事，第一次线上举办研究生读书会。4月17日，研究生"慈善事业"主题读书会在线上举行，这也是我2010年调到上海交通大学以来举办的第274期读书会，如果加上2004年11月7日在北京师范大学第一次举办研究生读书会的那次，应该是第446期了，除寒暑假以外，每周举行一次。受疫情影响，学校一直没有开学，考虑到实际情况，就从线上开始举行读书会，阅读相关论文和图书，讨论相关的课题，从这次开始，并增加了一个环节，即邀请曾经到国外参观访问的人员介绍当地的风土人情与历史文化现状，所以把读书会命名为"读万卷书，行万里路"，名副其实。

通过梳理以上工作，上海交通大学中国公益发展研究院和上海交通大学第三部门研究中心做了一些实事，在国内外继续发挥积极作用。

2020 年春节前后出现的疫情，对人类而言肯定是一个悲剧，但对于疫情防控，学术界可以把它视为一次难得的研究机遇，对《中国社会组织研究》来说也是一个非常好的机会，所以，《中国社会组织研究》编辑部决定，在本卷中增设"第三部门参与疫情防控"专栏，分享学者们的最新研究成果。

本卷有专栏论文 5 篇，主题论文 3 篇，共 8 篇。

第一篇论文由北京师范大学社会发展与公共政策学院教授、中国公益研究院院长王振耀所写，题目为《中国慈善事业的发展前景》。论文分析了中华慈善文明所包含的公共精神、家风建设与乐善好施，慈善事业发展的结构性矛盾是如何融入社会服务的内在需求之中的，认为广泛参与社会服务业是实现慈善事业结构转型的关键，基本路径是发展专业慈善并促使其与社区慈善相结合进而融入社会治理体系，系统探索具有中国特色的慈善国际化之路。

第二篇论文为华东政法大学政治学与公共管理学院吴新叶教授所写，题目为《社会组织参与公共卫生突发事件治理的激励机制——以政策工具为视角》。论文认为，在体制既定的前提下，政策工具及其应用成为有效治理的优先选项。要取得理想的政策激励效果，需要实现政策工具与激励强度的有效匹配。基于此，从社会组织属地化、亲社会态度、行动偏好、政治信用等方面提出了政策激励工具调适的可能选项。

第三篇论文由华东师范大学公共管理学院周俊教授、研究生刘静所写，题目为《"三治结合"与疫情防控中的社会自主动员——以浙江省桐乡市为例》。论文认为桐乡市"三治结合"基层社会治理体系实现了基层自治组织、社会组织、志愿者等社会力量的广泛参与，党和政府的动员与引导、法律法规和村规民约的双重约束、多方主体协同和发挥社会声誉的激励作用，是"三治结合"体系进行社会自主动员的主要机制。

第四篇论文由青岛大学政治与公共管理学院王猛副教授、清华大学公共管理学院副院长邓国胜教授所写，题目为《社会组织参与农村新冠肺炎疫情防控的影响因素研究》。论文采用多案例研究方法，选取12个参与农村新冠肺炎疫情防控的社会组织，通过扎根理论编码技术，试图构建社会组织参与农村新冠肺炎疫情防控的影响因素解释框架。研究发现，使命驱动、社会需求、场域压力、组织能力和支持性网络是影响社会组织参与农村疫情防控的主要因素。

第五篇论文由上海外国语大学国际关系与公共事务学院俞祖成副教授等三人所写，题目为《社区疫情防控中的志愿者动员：作用及其优化策略——以南通市崇川区为案例》。论文认为社区志愿者动员能力的强弱，成为影响社区应对疫情危机效果好坏的关键因素。该文基于南通市崇川区的案例分析认为，并非所有社区都具备应对疫情危机的能力，只有那些群众基础扎实并具备全面动员居民志愿者能力的社区，才能较好地应对疫情危机。

第六篇论文由重庆大学公共管理学院杨宝副教授、研究生胡茜所写，题目为《组织嵌入、工作满意度与离开意愿——基于2014年中国公益人才发展现状调查数据的分析》。论文基于2014年中国公益人才发展现状的调查数据，采用二元logistic回归分析方法探讨组织嵌入对公益组织员工离开行业意愿的影响以及工作满意度的中介作用。研究结论表明，薪酬并没有影响公益人才的离开意愿，因此，应该通过增强组织联系、提升组织匹配程度和拓展晋升空间等行业建设措施留住公益人才。

第七篇论文由北京师范大学法学院马剑银副教授、研究生刘逸凡所写，题目为《互联网募捐及其规范治理——以轻松、水滴两平台为对象进行透视》。论文认为，《中华人民共和国慈善法》虽然规定了互联网募捐的基本法律规范，但是这些规范过于原则，还远远跟不上日新月异的互联网产品的发展，在市场逻辑和公益目标之间的张力中逐渐出现了互联网募捐的各种乱象，因此，需要反思互联网募捐的法律定位，进一步加强对互联网募捐行为的规范治理，论文借助对轻松、水滴两个平台的调研对这一问题进行了详细分析。

第八篇论文为四川大学公共管理学院博士生邹新艳、史云贵教授所写，题目为《脱贫攻坚三圈互动机制研究——以 C 市家禽产业协会参与脱贫攻坚为例》。论文运用整体性治理理论和三圈互动理论对 C 市家禽产业协会脱贫攻坚工作实践进行研究分析，探索构建由对话机制、整合机制、协调机制和反馈机制构成的脱贫攻坚三圈互动机制谱系，为社会组织参与脱贫攻坚工作实践创新提供新的思路。

除了 8 篇论文，还有书评、机构访谈、人物访谈和域外见闻。

"书评"栏目题目为《从"地平"图到"地圆"图：非营利组织研究的范式转换——评〈草根组织〉》。大卫·霍顿·史密斯（David Horton Smith）的《草根组织》一书则是这一知识增长点上的奠基石，该书主要由志愿非营利部门研究的"地圆"图、草根组织特性、理论范式与总结三个部分构成。通过对草根组织研究的理论与实践经验进行综合，将研究的范围在时间与空间两个维度进行拓展，即将其纳入史前时期与整个人类发展史，以及全球范围内草根组织与草根志愿行动的宏观视野。该书系统而全面地检视了非营利组织研究的基本概念、核心论题、研究方法，是非营利组织研究领域中的一次范式转换。

"访谈录"栏目中的"机构访谈"介绍了泰安市泰山小荷公益事业发展中心。泰安市泰山小荷公益事业发展中心成立于 2011 年 8 月 8 日，在泰安市民政局注册为民办非企业单位。泰安市泰山小荷公益事业发展中心以"爱心服务弱势群体，志愿传承社会文明"为宗旨，以"牵手公益，奉献爱心"为核心文化，围绕助学助老、公益技能培训等领域开展公益活动。在实际运行中，泰安市泰山小荷公益事业发展中心先后自主策划并实施了十余个精准服务公益项目，如关注服刑人员未成年子女的"彩虹村"助学、关注白化症患者的"月亮家园"、援建乡村小学图书阅览室的"爱悦读"等公益项目等，许多项目获得国家级奖项。泰安市泰山小荷公益事业发展中心于 2017 年被评定为 4A 级社会组织。

"人物访谈"访谈了甘肃一山一水环境与社会发展中心总干事虎孝君。虎孝君 2003 年毕业于西北民族大学环境工程专业，有十多年公益领域从业经验。2012 年以"一山一水"为平台发起成立甘肃公益救灾网络，2013 年担任"7·22"岷县地震救灾甘肃公益救灾网络总指挥。这些年来，虎孝君致力于推动甘肃社会组织多元化及可持续发展，在甘肃 10 个市州孵化了 20 多家市县社会组织，并为 6 家公益机构提供战略规划服务。2018 年 9 月荣获全国社科联先进社会组织优秀工作者。

"域外见闻"栏目介绍了比利时妇女组织发展情况。比利时妇女组织起源于 19 世纪末 20 世纪初的第一次女性主义浪潮，随着比利时的联邦化，逐渐实现了制度化。妇女组织的目标包括妇女政治参与、男女同工同酬、女性受教育、消除对妇女的暴力等，涉及政治、经济、社会和文化等方方面面。比利时妇女组织以非营利组织的名义向联邦商业法庭、中央企业数据库注册，并在联邦司法公共服务部政府公报上发布组织章程。从资金获取和监管的角度来看，比利时妇女组织深受联邦化结构和性别平等政策的影响，因此，比利时妇女组织相互合作和参与国际合作显得尤为重要。

上海交通大学文科建设处处长吴建南、副处长解志韬和高延坤，上海交通大学国际与公共事务学院代理院长胡近、党委书记姜文宁等领导对上海交通大学中国公益发展研究院、上海交通大学第三部门研究中心和《中国社会组织研究》集刊提供了强有力的支持和诸多的便利。这也是我担任上海交通大学国际与公共事务学院教授和上海交通大学中国城市治理研究院研究员的研究成果。

特别感谢社会科学文献出版社谢寿光社长、杨群总编辑的关心和胡庆英编辑的认真负责！

为了提高服务的水平，确保论文质量，编辑部团队充分发挥集体的智慧。《中国社会组织研究》将努力为国内外第三部门学术界、实务界和管理机构提供一个信息交流与平等对话的平台，倡导有自身特色的学术规范，发表创新性的论文，不懈追求对理论的新贡献。为了梦想，克艰共行，我们一同成长！

徐家良

2020 年 5 月 1 日　写于上海固川路中骏天悦心斋

内容提要

    《中国社会组织研究》是中文社会科学引文索引（CSSCI）来源集刊，主要发表国家与社会关系、社会改革与创新、第三部门与地方治理、慈善公益和公民参与等方面的研究成果，本卷收录"第三部门参与疫情防控"专栏论文5篇、主题论文3篇、书评1篇、访谈录2篇、域外见闻1篇。"第三部门参与疫情防控"专栏论文主要是探究新冠肺炎疫情应对和中国慈善事业发展、从政策工具视角分析社会组织参与公共卫生突发事件治理的激励机制、"三治结合"与疫情防控中的社会自主动员、社会组织参与农村新冠肺炎疫情防控的影响因素以及社区疫情防控中志愿者动员的作用及其优化策略等方面。主题论文涉及组织嵌入对公益组织员工离开意愿的影响、互联网募捐及其规范治理以及基于三圈互动机制的脱贫攻坚之路。书评基于美国第三部门研究领域著名学者大卫·霍顿·史密斯（David Horton Smith）所著的《草根组织》，分析了草根组织的由来、发展与经验。访谈录介绍了泰安市泰山小荷公益事业发展中心，展现了其由来以及帮扶弱势群体的公益之路；专访了甘肃一山一水环境与社会发展中心总干事虎孝君，了解了该中心通过能力建设方式推动服务在地化、满足社区多元需求的努力。域外见闻从比利时妇女组织的兴起、制度化和发展现状等方面对其进行了全景式介绍。

目　录

专栏论文

（第三部门参与疫情防控）

主题论文

书　评

访谈录

域外见闻

专栏论文

（第三部门参与疫情防控）

SPECIAL COLUMN

ARTICLES

中国社会组织研究　第 19 卷
第 3 ~ 14 页
© SSAP，2020

中国慈善事业的发展前景

王振耀 *

摘　要：慈善力量在抗击新冠肺炎疫情伟大斗争中发挥了巨大作用，这一作用值得我们从历史传统与文化的角度反思中国的慈善事业能够在较短时间内取得长足进展的原因，并分析中华慈善文明所包含的公共精神、家风建设与乐善好施等重要内容。慈善事业当前发展的结构性矛盾是如何融入社会服务大潮所对应的内在需求。同时，本文还结合实际探索了中国慈善事业发展的基本路径，即专业慈善与社区慈善的有机结合。另外，本文展望了具有中国特色的慈善国际化之路。以上诸内容都是关乎中国慈善事业发展前景的关键议题，有着重要的研究价值和现实意义。

关键词：新冠肺炎疫情　慈善事业　专业慈善

中国的新冠肺炎疫情应对如果从 2020 年 1 月 23 日武汉 "封城" 开

---

*　王振耀，北京师范大学社会发展与公共政策学院教授、中国公益研究院院长，北京大学法学博士，主要从事公益与慈善、社会保障政策与实务、应急管理和社会救助等方面的研究，E-mail：wzhy@ bnu1. org。

始到 4 月 8 日武汉"开城"全国疫情得到系统控制，历时两个多月并取得了举世瞩目的进展。人们对于中国慈善事业的发展前景产生了担忧：疫情期间社会组织的参与状况将会对其未来发展产生什么影响？由于疫情造成的全球经济萎靡不振会不会影响慈善捐赠？疫情过后中国慈善事业究竟会走什么样的道路？对于这些问题的回答，确实需要从政策与学术结合的角度，进行深入探索。

一 疫情期间慈善力量的巨大作用

"新冠肺炎疫情是新中国成立以来发生的传播速度最快、感染范围最广、防控难度最大的一次重大突发公共卫生事件。"①

面对如此挑战，我国依托体制与文化优势，展开对新冠肺炎疫情的全面阻击。在这样的社会格局中，慈善又一次展现出了巨大作用，突出表现在以下几个方面。

在抗疫之初，突出问题是医疗物资奇缺，加上企业假期停产，许多调度工作措手不及，此时，需要发挥社会各方面的力量。在这个阶段，各类慈善组织和企业，包括全球华人和各国友人展开了全球医疗物资的大捐献、大采购、大运输。而采购则是在全球范围内进行的，运输更是要跨省甚至跨国，要将物资送到已经封城的武汉，需要克服多重困难。尽管发生了一定的矛盾，但就捐赠数量而言，截至 2020 年 4 月 20 日，中国红十字会及红十字基金会系统接收到的支持新冠肺炎疫情防控社会捐赠款物价值已接近 210 亿元，已经超过了 2008 年"5·12"汶川大地震时的 199 亿元，为历史之最。② 这些都是通过网络与各类现代技术手段、运用多个慈善捐赠平台与湖北省和武汉市有关方面对接并

---

① 参见《抗击新冠肺炎疫情的中国行动》白皮书。

② 《【独家】新冠疫情捐款超汶川地震 中国红十字会系统接受捐赠已近 210 亿》，http://www.eeo.com.cn/2020/0423/381949.shtml，最后访问日期：2020 年 7 月 13 日。

实现的应急救援，因而这一捐赠是相当难能可贵的，展现了极为重要的社会大爱精神。

在疫情应对最为紧张的时刻，各类志愿服务行动迅速展开。在武汉，就有许多志愿者以开车接送医生与患者等各种方式参与抗疫，成为疫情期间较为重要的慈善奉献行动。

在形势基本稳定的情况下，社区居民的生活需求与各类困难群体的特殊服务需求被提上日程，在政府统一指挥下，慈善力量与基层组织密切合作，系统参与社区服务，开展社会工作，从而促成了各类具体社会问题的妥善解决，保证了社会的稳定有序运行。

放眼国际，当全球疫情蔓延的时候，中国的慈善力量又一次开展了广泛的社会支援活动。这种人道主义的大爱精神，受到了多个国家不同民族的赞誉。

慈善力量在新冠肺炎疫情应对中的杰出奉献绝不是偶然的。从当代历史发展的视角来看，改革开放以来，中国慈善事业经历了几个明显的发展阶段，目前正向着专业化的方向快速发展。

20 世纪 80 年代，面对贫困的挑战，社会力量主要以参与政府主导下的、以创新政策为出发点的扶贫工作体系这一方式投入其中。国务院扶贫开发领导小组办公室的设立和对口扶贫机制的确立、民政部所推动建立的社会福利企业制度、以"希望工程"为代表的具有政府背景的一些基金会所设立的有影响力的项目等，都为中国慈善事业的发展奠定了社会基础。正是在这样的背景下，90 年代初民政部推动建立的中华慈善总会客观上为中国大陆慈善事业的发展揭开了新的一页。

直到 1998 年长江、松花江、嫩江抗洪斗争中的社会广泛捐赠参与，标志着中国慈善事业进入了快速发展的新阶段。这一年，大陆居民的捐赠资金和物资首次超过了境外捐赠，初步展现了中国大陆慈善事业发展的潜力。

2003～2005 年是中国慈善事业的全面转型期。2003 年春，发生非

典疫情，社会捐赠达到 28 亿元之多，有力地支持了政府的行动。① 2004
年底，印度洋发生海啸，全国迅即捐赠 6 亿元以上，开启了中国国际捐
赠的新纪元。2005 年，国务院出台有关支持慈善事业发展的政策，民
政部救灾救济司设立慈善工作处，中华慈善大会召开，民政部颁布
《中国慈善事业发展指导纲要（2006～2010 年）》，慈善工作开始正式
纳入政府议事日程。

2008～2016 年更是中国慈善事业发展的系统提升期。汶川大地震
救灾过程中，公众高达 594.68 亿元的捐赠与几百万名志愿者奋不顾身
的救灾使 2008 年成为中华民族的"公益元年"。② 在此以后，慈善事业
的发展波澜壮阔，年度捐款捐物总在千亿元上下。2016 年 3 月，国家
正式颁布《中华人民共和国慈善法》，标志着我国现代慈善法制体系基
本确立。

2020 年春，新冠肺炎疫情应对中社会力量所展示的慈善精神，正
是多年以来我国慈善事业发展的生动体现。

二 疫情期间慈善力量的精神内核：中国的善文明

中国慈善事业发展植根于绵延五千年之久的慈善文化，尤其是中
国人对于至善的认知与实践，确实有其独特的历史逻辑。从柏拉图到康
德的求真型"至善"理念与中国《大学》的实践型至善理念有着重要
的侧重点的不同。

考察中国之善的复杂内涵，可细分出不同的类型，其中第一位的应
是中国历代崇尚的公共之善，其集中体现即"天下为公"的理念。天

---

① 《民政部：防治非典社会捐赠接收分配最新统计》，http://www.people.com.cn/GB/
ShiZheng/3586/20030603/1007357.html。
② 《[史上今日] 汶川地震盘点上世纪中国十大地震》，http://new.voc.com.cn/article/201405/
20140512115001I2885002，html。

下为公的公共伦理要求政府承担发展国计民生之责并担负防疫救灾的基本责任。这是发达的农耕文明所特有的政治理念，而且与一些国家的政治伦理认为政府是必要的恶从而对公共权力进行严格限制不同，中国社会传统强调政府承担大善的功能，特别注重官员的品行与以身作则、履行公共之善。

在个体之善方面，中国文化特别重视个人的修身养性与家风和家族传承。中国著名的修身、齐家、治国、平天下的修养规范，《礼记·大学》所要求的"自天子以至于庶人，壹是皆以修身为本"，特别强调包括天子和平民在内的所有人修养的重要性。自强不息、厚德载物、养浩然正气、"先天下之忧而忧，后天下之乐而乐"、"为天地立心，为生民立命，为往圣继绝学，为万世开太平"等，构成个体之善的重要思想。值得一提的是家风建设，更是中华民族培养个体之善的重要方式。《易传·文言传·土中文言》即强调"积善之家，必有余庆"。而以《孔子家语》、《颜氏家训》与《武肃十训》等为代表的家族传承经典，则开创了诗书传家、家风教育体系化的先河。

社会之善在中国的文化传统中尤为突出。范蠡三散其财，成为有史书记载的中国第一个慈善家。助人为乐、邻里互助、亲友互帮、乐善好施构成了社会之善的基本内涵。在近代史上，乞丐慈善家武训、状元慈善家张謇、企业慈善家经元善、总理慈善家熊希龄等，均捐出钱财，扶贫济困，兴办教育，奉献社会，成为中国现代慈善的重要引领者。特别重要的是，中国社会之善，有一个突出特色，即"一方有难，八方支援"，集中非灾难地区的人力，对灾区进行多种形式的支援，直至发展到现代的一省对一县、一省包一市的对口援助制度。这是全国抗疫层面上对社会之善的重要诠释。

综上所述，中华慈善文明，大体上有几个突出特色。首先就是强调公共之善，特别注重政府公共职责的仁政与善治。其次就是强调家庭与个人的教养，将善与孝紧密联系起来，坚持"百善孝为先"的信条。再次就是强调个人的修养与对社会的责任，通称为家国情怀。最后特别注重将善与文化学习相结合，强调知书达礼。而由于中国集群而居，社会之善更是凝聚着国与家的千丝万缕之联系，打造出中国公共善的家园特色。

在这样的善文明格局中，当疫情和各类灾害突然袭来的时候，其应对的方法自然呈现十分独特的中国特色。政府、地区和社区、家庭与个人、社会组织能够较快地共同行动起来，以正式与非正式的形式克服障碍，精诚合作，取长补短，汇聚成为巨大的力量，从而产生了良好的社会救援效果。这样的善文明传承，恰恰是中华文明能够不间断地在一个地域持续发展五千年的重要原因，也是中国慈善事业能够在较短时期内获得快速发展的内在逻辑。

三 慈善事业发展的结构性矛盾：社会组织如何融入社会服务

在看到中国慈善事业的发展进入重大的战略机遇期并且拥有深厚的历史与社会资源的同时，也要看到，整个慈善事业的发展面临着相当大的挑战，即在人们对养老服务、儿童照料、各类残疾人的康复与生活质量提升有着巨大需求的情况下，慈善组织限于自己的承接能力，无法满足社会服务需求，影响中国慈善事业长足发展。该情况所反映出的矛盾可概括为结构性矛盾，比如在慈善活动中，各类倡导的论坛与会议为数众多，但在实践中，真正能够落地到社区并与基层社区紧密联系从而规模化地解决具体社会问题的行动还相当欠缺。再比如在透明化运作方面，信息公开已经成为大家的自觉行动，但在客观效果方面，如果要得到一个类别和一个行业的系统信息，如大病社会救助的综合信息，则比较难。此外，还有其他能够反映结构性矛盾的诸多现实问题。

慈善事业只所以遭遇结构性矛盾是由于公共之善与慈善组织之善

的对接还相当不充分，许多慈善项目与活动还没有深深地植根于中国大地，缺乏与中国社会需求的深度对接，因而就不可能源源不断地汲取中国社会的基本营养。

为什么会出现这样的现象呢？最为根本的原因是，在新的历史阶段，在社会救助制度已经基本确立，政府承担起了主体性的责任并全力实施脱贫攻坚战略以后，生活性的贫困被最低生活保障制度所覆盖，医疗救助成了医疗保险制度的基础，中国的慈善项目面临巨大的历史性转型。这个转型，就是要从一般性的生活贫困方面的物质救助转向为各类困难群体提供的服务性照料，也就是说，要从社会救助转向社会服务。尽管社会中还有一定的贫困现象，还需要大量的社会救助，但就总体而言，各类群体性的多重生活困难的问题则更为突出。仅以老龄化的挑战为例，在老年人能够得到基本的生活保障以后，他们的居家养老服务包括日常生活的照料则是更为紧迫的需求。

也许人们会质疑，所有社会服务类的项目，只要通过政府机构提供或者政府采购商业的社会服务就能够解决吗？其实，这恰恰是最大的误解。因为即使是在发达国家，比如在德国，一半以上的养老服务机构也都是由慈善机构来运营的。

以老人、儿童和残疾人为基本服务对象的社会服务，以及环境保护、海洋保护、动物保护等，尤其是新冠肺炎疫情的应对，都不是一般的企业管理逻辑和规范所能做到的，都需要社会组织的深度介入，都需要博大的公共精神引领。而这些在公共精神指引下的社会组织，能够真正承担起采购任务，与政府合作，共同开展社会服务。

看来，只有立足中国大地的客观需求，重新认识并拓展以公共精神为内涵的中国之善，努力学会用中国社会所喜闻乐见的语言和传统来参与慈善，有效解决中国社会所面临的各类实际问题，才有可能真正化解当前慈善事业发展的结构性矛盾。

四 慈善事业结构转型的关键：应广泛参与社会服务业发展

解决中国慈善发展的结构性矛盾，最为直接的方式就是社会组织参与到社会服务的进程之中。但若要真正判断一个国家慈善事业发达与否，则不应止于关注结构性矛盾的解决与否，还要衡量提供社会服务的能力强弱和水平高低。这是慈善事业结构转型的关键。

具体而言，以慈善为基本使命的社会组织最为基本的职责就是提供各类以人为本的社会服务。扶贫济困与扶老、救孤、恤病、助残、优抚与减少各类突发事件造成的损害，促进教育、科学、文化、卫生、体育等事业的发展，所有这些，在《中华人民共和国慈善法》对于慈善活动的定义中被列在前面。而中国社会的提升性转型恰恰需要慈善组织广泛参与这类社会服务。同时，这类事业，也不是市场经济所能完全覆盖的。

从具体的数据来看，以社会服务业为主体的社会经济，其领域的构成相当广泛，其规模也相当庞大。扶贫济困、养老服务、大病救助、孤残关爱、灾难救援与教科文卫体等各项事业，关联着十分广泛的行业，可以说，所有社会领域几乎无所不包。而以人为本的社会服务业，更具有广阔的发展空间。还有，社会服务业也有巨大的提升空间。许多科技发明、信息技术、环保行动、社工活动都与以人为本的社会服务业有着直接的联系，都需要慈善力量的投入。慈善力量一旦广泛地参与到社会服务业之中并发挥出主力军的作用，中国的慈善事业就完全有可能拥有更多工作人员并拓展出社会就业的广阔空间。

也许人们会有疑问，慈善不就是捐款捐物嘛，怎么还要参与社会服务呢？其实，这正是现代慈善与传统慈善最为重要的区别。

各国慈善事业的发展历程表明，当基本社会保险制度与社会救助制度、社会福利制度确立以后，慈善组织的主体性职能就是，参与甚至主导各类以人为本的社会服务活动。中国慈善的发展历程也展示了这一历史趋势。以自闭症慈善项目为例,最早的慈善项目,就是由家长们所自发组织发起的,后来成为各级政府的行动,转化为一定的政策,现在这些政策依然在完善的过程中。不过,所不同的是,在中国文化传统中,许多慈善服务往往通过个体的道德来实践,化为人们的口碑,从而形成社会精神。现在,需要将这些伟大的公共精神在新的历史条件下进行组织化、专业化的凝结。

那么,慈善组织怎么参与社会服务?难道也要收费吗?政府要给予一定的补贴吗?这也是从理论与实践的结合上需要明确回答的问题。

《中华人民共和国慈善法》第七章的标题就是"慈善服务",并将其专门定义为"志愿无偿服务及其他非营利服务",包括医疗康复与教育培训等。也就是说,除了无偿服务之外,也包括有偿的不以营利为目的的服务。从实践来看,发达国家和地区慈善组织的服务收入,往往一半来自政府购买服务或者提供的收费性服务,中国香港的慈善服务收入绝大部分来自政府固定购买服务,真正来自捐赠的部分只占很低的比例。这主要是因为养老服务和儿童关爱与残障服务等,本身就是政府的重要职责,但政府不可能直接提供全部照料性服务,所以只能通过购买服务的方式委托慈善组织来提供。由此也可以理解慈善组织与政府的特殊关系。

慈善服务的经济规模如何?只要稍微计算一下养老、儿童关爱与残障服务等各项社会服务的价值,就不难发现,少则几亿元,多则有可能达到数万亿元。这样的规模,完全可以称为"善经济",即以社会服务为本但又大量接受政府和个人购买服务的经济。这样的体量也说明,即使世界经济出现一定的不景气,慈善服务的对象更需要及时的照料,因而有着广阔的社会需要和发展空间。可以说,慈善永远不会被"透支",而是永远被使命所召唤从而不断被赋能增效!

五 慈善事业发展路径：专业慈善与 社区慈善的有机结合

面对社会服务的巨大"蓝海"，慈善组织如何选择全面进入这一领域的途径呢？从中国的现实来看，特别需要专业慈善，提供社会服务，进而发展社区慈善并融入社会治理体系，最终将慈善事业与家国天下的理念融为一体，真正形成具有中国特色的现代慈善体系。

进入社会服务业，第一位的就是要实现专业化，因为只有实现专业化才可能实现职业化。现实中对养老、助残等项社会服务的需求，已不可能再由临时工与农民工承担。这主要是因为这类服务具有长期性和稳定性，从业人员应该具有一定的较为熟练的专业技能，还要具备良好的职业道德，这就需要建立起较为稳定的人员队伍，也要有较为健全的职业体系。而建立健全这一体系需要理论与可操作性强的知识系统。发达国家和地区广泛建立的非营利组织学科、社会工作与社会服务学科等，都需要结合中国的实际加以引进，而已经引进的不少学科也需要增加实务的内容，促成知识体系的转型，使这些专业真正能够与社会服务业的现实发展紧密地结合起来。

既然慈善组织专业化的根本途径是各项相关社会服务工作的职业化，那么，如何才能较快地全面推进慈善职业化进程呢？在这里，特别需要两个方面的根本转型。一方面，这就需要重点发展中等职业教育与专科教育，举办多种系统化的技术训练项目，而这些训练项目特别需要广泛兴办包括社区大学在内的各类专业技术学校来承接。

另一方面，社会服务必须与社区服务紧密结合起来，只有真正将慈善服务落实到社区，建立社会工作、社会组织与社区服务三者的联合行动机制，才能较为充分地实现慈善事业的结构性转型。况且，在社区开展志愿服务并服务于社区居民，更容易使慈善服务成为全民的自觉行动从而促成广泛的社会参与。从政策意义上说，这样的联动机制恰恰就是政府所鼓励的基层社会治理体系建设。如果慈善服务成为基层社会治理体系的有机组成部分，则慈善事业的发展就能够深深地植根于社区之中并源源不断地汲取丰富的社会营养而茁壮成长，由此将会引领一场广泛的社会服务革命。

六　慈善事业发展方向：走中国特色国际化之路

2020 年，新冠肺炎疫情在世界范围内肆虐。中国的慈善组织如何参与这样一场国际人道主义灾难救助？中国慈善事业的发展如何才能全面走向国际？

其实，现实的疫情国际救援行动正在开辟出中国慈善事业的全球化发展道路。这些行动包括以下几个方面。第一，社会大爱捐赠是基础。刚刚经历社会广泛捐赠并促进中国疫情初步稳定的，如郭炳松、古润金等慈善家大额捐赠和众多普通居民的捐赠，迅即向世界各国尤其是疫情严重的发达国家伸出援手，展现了中华民族的"兼爱"品格。第二，社会捐赠正在与中国政府有关部门和慈善组织形成密切合作的机制。第三，物资捐赠、资金捐赠与医务人员支援、医疗技术支援紧密结合起来，形成立体性的国际支援体系，包括中医与中药也随着疫情应对的发展而走向世界。

疫情应对的国际支援行动表明，中国慈善事业发展的国际化既是现实的必需，也是历史的必然，但客观上展现出来的是中国特色，我们需要自觉地顺应这一趋势。首先，中国的慈善，既要学习各国的经验，也要继承发扬家国情怀、天下为公的品格，秉持人类命运共同体的理念。国际社会对于中国在世界抗疫斗争中的作用尤其是提供国际支援给予了高度赞扬，但也有些不理解的声音，甚至有的国家把立即要改正的错误政策也欢呼为"科学"而认为中国的办法太"土"。对于这些，还是要记住孔子《论语》的开篇教导：人不知而不愠，不亦乐乎！我们的援外行动应该在历史性时刻彰显人文光辉。

同时，中国慈善的国际化，还要注重平台与合作的力量。需要与政府有关部门保持密切沟通，也要注意与以慈善组织为代表的国际救援平台的合作。

还有，在疫情应对阶段，医务人员需要积极学习我国派遣援非医疗队的经验，真正提升受援国家和地区的科技与医疗水平等。

中国慈善事业的国际化是一场大考，需要我们努力去探索！其实，新冠肺炎疫情国际应对过程就是一个大课堂，我们需要认真学习，积极参与，利用疫情的危中之机，走向慈善国际化发展之路，发出慈善国际领域中的中国声音。

中国社会组织研究　第 19 卷
第 15～37 页
© SSAP，2020

社会组织参与公共卫生突发事件治理的
激励机制[*]

——以政策工具为视角

吴新叶^{**}

摘　要：公共卫生突发事件治理具有特殊性，动员社会组织参与需要政策激励。在体制既定的前提下，政策工具及其应用成为有效治理的优先选项。本文根据社会组织的属性特征与行动偏好，从类型学角度区分了三类不同政策工具：一是针对大型社会组织的政府扶持型政策工具，二是针对小型和初创组织的政府培育型政策工具，三是形式多样的其他类型政策工具。同时，本文认为要取得理想的政策激励效果，需要实现政策工具与激励强度的有效匹配。当政策工具与激励强度匹配处于非间断状态时，激励结果是理想的，具有可预期性；

---

* 基金项目：国家社科基金重点项目"社会组织参与应急治理的政策激励研究"（编号：16AZZ015）；上海市浦江学者计划"社会组织参与特大型城市社会治理的政策优化与路径选择研究"（17PJ038）的阶段性成果。
** 吴新叶，华东政法大学政治学与公共管理学院教授、博士生导师，上海浦江学者，湖北工程学院楚天学者特聘教授，常州众柴公益研究和发展中心研究员，复旦大学政治学博士，主要从事社会组织、社会治理等方面的研究，Email：wuxinye@126.com。

相反，非连贯状态下匹配的结果是激励不足；而连贯与间断交替的激励机制则是一种常态。基于此，本文从社会组织属地化、亲社会态度、行动偏好、政治信用等方面提出了政策激励工具调适的可能选项。

关键词：社会组织　公共卫生突发事件　政策工具政策激励

一　社会组织参与下的政策工具

以政策工具来规制或激励社会组织发展是世界各国通用的政府管理方式。从学理溯源的角度来看，政策工具（policy instruments）是一个舶来品，界定方式尽管千姿百态但万变不离其宗，均强调政策的手段或措施性质。正如同政策工具概念自身所揭示的那样，这是"政府治理的手段和途径，是政策目标与结果之间的桥梁。……人们为解决某一社会问题或达成一定的政策目标而采用的具体手段和方式"（陈振明，2006）。林格林对政策工具功能做出描述："它是政策活动的一种集合，它表明了一些类似的特征，关注的是对社会过程的影响和治理。"（彼得斯，2007）布鲁金和霍芬在比较研究的基础上进一步指出："工具可以被刻画为目标。……政策工具的应用焦点在于政策产出或政策效果的实现。"（彼得斯，2007）那么，这些界定是否适用于中国的社会组织？是否适用于社会组织参与公共卫生突发事件治理呢？

社会组织参与公共卫生突发事件治理有其特殊性，但一般性的属性特征却是一贯的，如志愿利他主义。在规范意义上，志愿（voluntariness）的行动主体没有特别限制，可能是个人，也可能是团体。在行动中，志愿者和志愿组织都超越了利己的、个人主义的束缚，其行动往往被冠以志愿服务、公民身份、社会价值、公益等。"在最广泛的意义上，这种信仰激励人们在社会中表现得与其他人一样，这是一个国家特定的文化和亚文化价值之下的自然产物。"（史密斯、斯特宾斯、多弗，

2018）比较而言，基于价值观和制度的文化更具有实证意义，有助于促进认同和互动（杨方方，2009；石国亮，2011）。需要说明的是，由于制度差异和法律供给的不同，各国针对志愿者和志愿组织的政策存在差异，但共同之处是政策工具的侧重点有别于商业（私人）部门和政府（公共）部门的经济价值准则（Moody，1988；陈振明，2006）。如何激活社会组织参与应急治理的积极性，是政府决定政策工具的优先选项。

当前，新冠肺炎疫情防控进入一个新阶段，相信将在接下来的治理中会有更多的社会组织加入。如果总结前一阶段的经验，则能够发现社会组织应急治理参与的积极性还有调动空间。可获得的数据能够进一步验证这一判断：2008 年汶川地震期间，各类社会组织捐款约 1000 亿元，而本次新冠肺炎疫情中到 3 月 9 日只收到捐款 292.9 亿元。① 如果考虑到当前全国社会组织总量（80 万个）是当年汶川地震时期的两倍之多，则这个捐款额更是不可同日而语。因此，在公共卫生突发事件治理中的社会组织参与激励问题上，中国的制度供给应进一步完善，现有的政策存量在对接应急治理需要上也存有提升的空间。那么，如何在准入、规范标准、参与流程、信息公开等层面丰富政策工具箱，为下阶段疫情全面防控提供动力支撑，既是一个实践问题，也是一个学术问题。

二　政策工具的类型

根据中国社会治理的政策实践，结合应急治理的规律，激励社会组织参与的政策工具可以区分为三大类：政府扶持型、政府培育型和其他

---

① 民政部救灾司公告第 135 号，《5·12 汶川特大地震截至 2009 年 2 月 28 日的全国接收救灾捐赠款物及使用情况》，民政部网站，http://xxgk. mca. gov. cn：8081/new_gips/Content-Search? id =37334，最后访问日期：2020 年 3 月 22 日；王振耀《疫情过后，要重新思考政企关系、政社关系》，国际公益学院官网，http://www. cgpi. org. cn/content/details42_9892. html，最后访问日期：2020 年 3 月 22 日。

型（见表 1）。

表 1　常见政策激励工具

政策工具名称	特征	适用范围/激励方式
政府扶持政策	强势、亲政府、资源依赖	符合政府改革方向的领域； 枢纽型社会组织； 规模较大的全国性社会组织
政府培育政策	弱势、亲政府、资源依赖	四类直接登记的社会组织； 政府购买非基本公共服务； 政府试点改革的领域
其他类型政策	广泛性、探索性、无预期性	免检； 担保； 人才队伍； "管家"服务； 第三方； 政府表彰

资料来源：根据民政部、应急管理部和部分地方性政策内容制作。

（一）政府扶持型政策工具

在中国的治理话语中，政府扶持是政府主导的操作性环节，为政策落实的执行方式。在中国，政府扶持主要针对特定亲政府的社会组织，或者是满足政府管理需要的社会组织。

具体而言，获得政府扶持的社会组织大体有这样几种情况。一是社会发展与政府改革时期的特殊政策，社会组织获得政府激励的概率和力度都非常大。比如在应急治理状态下的"属地管理"，本地社会组织和社区基金会获得了政府更多的扶持（黄晓春、嵇欣，2014）。二是承接政府转移职能的枢纽型社会组织，扮演行政管理的"二政府"角色。典型的是行业协会等行使行业标准制定、行政监管职能的组织，它们是政府改革的先头阵地，有些甚至就是从政府组织剥离出来的。这种组织"就是在政府管理部门和社会组织之间设立一个组织载体，通过该载体服务和管理一个系统、一个领域的社会组织，行使一部分党和政府授权或委托的职能，并把社会组织的需求、意见和建议向政府管理部门反馈的管理方式"(曾永和，2011)。三是规模较大的全国性社会组织或者国际社会组织。全国性社会组织多为伞形组织，在全国各地设有分支机构，因其收入更为稳定和资金更为富足，而且会员和雇员数量都非常多、大多依靠付酬员工管理，所以会得到不同程度的政府扶持。美国的一些民间性质的全国性社团也有机会获得政府扶持，比如"社区时代改革组织联合会"（ACORN）因同政府改革方向相一致而得到更多资源，其组织发展与组织活动都受益匪浅（Carter，1961；Knoke，1988）。一般情况下，全国性社会组织的内部动力是其发展的根本推动力量，其他外部因素只是加快了这一进程。

在中国，政府扶持总是伴随着权力配置与政府机构改革而展开的，比如，给予行业协会等承接政府行政管理职能的领导人行政级别。① 其他的扶持方式还有资源供给、人才待遇等。在应急治理中，类似中国慈善联合会、中国红十字总会等枢纽型组织的政府扶持度可想而知。

（二）政府培育型政策工具

在官方话语中，"扶持"与"培育"是并行的，均是政府主动推动的一种政策激励工具。本文认为，政府扶持与政府培育还是有区别的，前者的激励对象是各种实力较强的社会组织，多以政府授权的方式实施激励；而政府培育的对象则不然，多为各种实力较弱的社会组织，或者尚未发育的社会组织，政府政策激励的方式是主动出击，以提升此类社会组织的治理能力和水平。一般情况下，政府机构改革都要调整部分职能，由哪些社会力量来承接就成为关系到改革是否可行的问题。比如，近年来推行的"放管服"政府改革，对于那些"非基本公共服务

---

① 一般情况下，此类行业协会的领导人行政级别是按照同级政府组织的副职来安排的。比如，中国慈善联合会（China Charity Alliance，简称CCA）的自我定位是"致力于中国慈善事业的社会组织、企事业单位等有关机构和个人自愿结成的联合性、枢纽型、全国性社会组织，具有社会团体法人资格"。其领导人的行政级别比照民政部设定为"副部级"，而省级层面的分支组织领导则为"副厅（局）级"。

领域"① 的职能，社会组织承担远比政府承担的成本要小，也符合现代管理的趋势。

在公共卫生突发事件治理实践中，疫区居民想要获得非基本公共服务，全部由政府来提供显然是能力不足的，如果现有的存量社会组织数量不足，或者能力水平不足以承担这些职能，政府培育便是一种理想的激励选项。此类政策激励已经在其他应急治理实践中得到过验证：在上海市田林街道，社区消防志愿队就是街道（政府派出机构）培育出来的社区社会组织，这是一支由退役消防士兵和社区志愿者组成的业余组织，由消防队负责业务培训和演习指导，该社区消防志愿队负责对小区居民进行消防知识普及、协助消防排查等工作。该志愿组织既无组织章程，也无稳定的经费来源，仅仅靠热心的志愿者参与得以支撑。可以想象，如果没有街道和消防部队的培育，其前途可想而知。②

（三） 其他类型政策工具

事实上，政策工具的激励方式不拘一格，针对社会组织参与的"其他"工具类型非常丰富。比如，"免检""担保""资助""管家服务""第三方""孵化园""政府表彰"等都能够在不同层面、不同阶段对社会组织的发展起到激励作用。随着改革的推进，这些激励工具的清单还可以继续列下去。

大多数激励工具都已经在应急治理实践中得到应用。以政府表彰为例，其工具特征被认为是政府针对集体行动的权威体现。按照当下中国政府对应急治理的保障惯例，授奖对象并没有法人与自然人的排斥性规定，如2009年9月1日起施行的《自然灾害救助条例》第七条规定："对在自然灾害救助中作出突出贡献的单位和个人，按照国家有关

---

① 这是同"基本公共服务"相对应的概念。"基本公共服务"包括三个基本点，保障人类的基本生存需要、满足基本尊严和基本能力需要、满足基本健康需要的服务。除此以外的都为非基本公共服务，这些服务无须政府供给，可以向社会力量购买。

② 上海市徐汇区田林街道调查。

规定给予表彰和奖励。"《国务院关于促进慈善事业健康发展的指导意见》（国发〔2014〕61号）对此有具体规定，而《民政部关于支持引导社会力量参与救灾工作的指导意见》（民发〔2015〕188号）更加明确："通过政策保障、资金支持、完善服务、激励表彰等方式，鼓励和支持社会力量积极参与救灾工作。""借助重大自然灾害救灾工作总结、公益慈善表彰、社会组织表彰等途径和方式，表彰奖励并大力宣传救灾专业能力强、发挥作用好的社会组织和个人，形成积极舆论导向，营造社会力量参与救灾的良好氛围。"①

需要指出的是，大量地方性创新经验具备转化为政策工具的可能。比如，社区联合会、非法人化、委托、合同、项目、承包、网格、通告、平台、辅助决策、专家咨询等，有很多具体经验已经体现出政策工具的包容特征，有些已经提炼出地方性知识并成为特定的激励性的政策工具。比较典型的是直接登记、备案制等，甚至已经成为国家层面的激励政策。当然，更多的地方性探索经验尚处于待完善状态，因无法满足转化为政策工具的条件而无"外推"价值。

三 政策工具与激励强度的匹配

（一）公共卫生突发事件的政策工具选择

在世界范围内，几乎所有国家、所有领域的政策工具都面临双重困境，即政策适用性差和执行不畅。在既往的实践中，对一些政策的"变通执行"事实上说明政策过程的扭曲，其结果必然是背离决策意图（贺东航、孔繁斌，2011；吴新叶，2018b）。有研究认为，这两种难题并不是彼此孤立的，而是存在因果关联的可能：政策适用性差无疑是政策执行不畅的"因"；反过来，执行不畅也会改变政策预期和决策质

---

① 《关于支持引导社会力量参与救灾工作的指导意见》，http://xxgk. mca. gov. cn：8081/new_gips/contentSearch？id=66487，最后访问日期：2020年3月22日。

量。在这种背景下，政策工具能够起到矫正作用，在弥补政策强制性不足的同时增强政策韧性。一般情况下，一个政策周期会有不同的政策工具相伴，但二者并非相伴始终的。正如彼得斯（2007）所言：“对于政策制定而言，制度既是一种资源也是一种约束。”像所有事物一样，政策激励工具也有一个产生、维持、修正与替代的过程，关键是寻找和创造激励的匹配条件。

与一般应急管理不同，公共卫生突发事件治理的政策工具选择有其特殊性，因此激励匹配需照顾政策适用的针对性领域。一是时空差异导致危害的不确定性既有先后之别，也有区域不同。病理学上的公共卫生突发事件在时间轴上可以区分为爆发期、传播期、稳定期和消退期，因此恰当的政策工具选择在不同阶段有其差异性。当地理空间和特定群体结合起来的时候，差异化的政策工具就更显其必要性。比如，当下复工复产时期针对贫困地区农民工的政策激励，凸显了差异化工具选择的现实针对性。二是公共卫生突发事件的复杂性既体现在公共卫生的专业性方面，也体现在危害性方面。几乎所有的公共卫生事件都不是孤立的，可能引发次生危害。因此，怎样的政策设计有助于恢复生态是激励工具选择应该聚焦的领域。三是针对公共卫生体制机制的优化问题，政策激励工具的选择应该精准靶向治理失灵领域和环节。比如，疫情防控期间关于社区的激励性政策供给，在后期恢复阶段，激励性政策工具应关注非基本公共卫生服务的递送，如疫后心理疏导服务、公共卫生宣传、特殊群体的康复需要满足、社区服务整合等。

（二）政策激励强度变化下的社会组织参与

要从政策工具的激励强度角度来研究政策激效，是因为激励强度能够决定政策工具应用的历时长短与绩效水平高低，甚至能够决定政策终结的周期。那么，如何理解政策强度？怎样的政策强度能够发挥政策激励的累进效应呢？

从字面上看，强度是一个衡量工程材料抗压效果的指标。政策强度系借用工程学的概念，主要聚焦于政策工具抵抗执行压力的性能，或者在应用过程中出现被扭曲或者被解构的抗压性能。将政策强度与政策激励工具应用于社会组织参与的工具设计与选择，可以有三个方面的理解。一是激励工具对于社会组织参与的外界环境（朱健刚，2008；李朔严，2018；赵挺，2019），主要涉及社会组织适应性，尤其是其是否具备可"拉伸"的性能？这主要用于考察政策激励工具的拓展性，以便发现工具的适用范围。二是激励工具需要终结的临界点，主要涉及社会组织的可接受度与能力水平。如果超越了这个临界点，则社会组织参与的政策激励将出现边际收益下降的趋势。因此，需要考虑在何种状态下终止该政策工具，不能使政策强度超过临界点，否则将会带来损失。三是涉及目标群体的反应程度。如果社会组织或者公众在工具运用过程中表示出肯定的积极态度，则证明工具强度是正向的，否则就是负向的。目标群体的反应能够折射出政府意志被认同、治理方式方法被接受的程度。

在这个逻辑下，不同强度下的政策激励所产生的效力无疑有所差异：政策性能有激励连贯和间断两种状态，相应地对政策对象的影响也存在要么持续（连贯）要么间断甚至是终结的情况。以下结合社会组织参与的政策激励进行强度分析，所展示的政策工具效应如图1所示。

		政策工具性能状态	
		连贯	间断
社会组织行动	连贯	A	B
	间断	C	D

图1　政策激励工具的强度与社会组织行动矩阵

以连贯与间断两个维度来考察政策工具与社会组织参与的激励效应，可以形成四种矩阵结果：政策工具连贯－社会组织行动连贯，位于A区间；政策工具间断－社会组织行动连贯，位于B区间；政策工具连贯－社会组织行动间断，位于C区间；政策工具间断－社会组织行动间断，位于 D 区间。

根据政策激励效应，我们把两种"连贯"状态的 A 区间视为理想状态，表明政策激励效应显现，而政策对象的社会组织参与活跃，说明政策强度是适当的，激励效应能够保持良好的可持续性和可预期性。B区间是一种次优状态，表明政策工具处于变换状态，但尚未对社会组织行动产生实质性影响。从一定程度上说，这是政策工具强度处于临界的警示，政策发生了"断裂"，但基于程序规定和"风险"等考虑，需要对政策进行调整，比如本地社会组织的政策中断要远远小于非本地社会组织的政策供给（黄晓春，2015）。与此相似，C 区间也存在连贯与间断的交互，只是发生"断裂"环节从政策工具转移到社会组织行动。此时的政策激励并未发生变化，而社会组织行动却出现间断，对于突发事件治理绩效产生的消极影响要更大，因此状态要劣于 B 区间。比较而言，B、C 区间的政策激励强度处于临界状态，但政策工具依然有可选择、可应用的空间和价值，多处于变动状态。最糟糕的是 D 区间，政策工具和社会组织行动均处于间断状态，激励强度已经超过临界状态而发生断裂。在这种情形下，政策适应与对象转换长期处于紧张状态，政策成本高，朝令夕改，预期性不高。

（三）社会组织参与公共卫生突发事件治理的政策诉求

1. 价值聚焦：为了"谁"和"谁"受益？

这是从政策主体角度进行的考量，突出政策激励的价值倾向。以政府购买政策工具为例，鉴于中国社会组织发育水平和能力水平，政府对购买服务清单的勾选相对容易，而社会组织要达到服务所设定的目标则需面对巨大的挑战。为此，"政府扶持"和"政府培育"是并行使用的两种策略，从中央到地方都在探索财政支持的激励路径。可以肯定的是，随着新冠肺炎疫情防控进入下一阶段，政府购买社会组织服务的力度将空前加大，以下以公共卫生突发事件治理为例来推演政府激励政策的目标体系。

第一层目标是优化政府公共卫生管理职能。这是基于政府职能转移的服务购买，目标是实现公共卫生领域中的非基本公共服务职能从政府职能体系中剥离出去，改变挤占基本公共服务资源的状况，扭转公共卫生资源配置不均衡、不充分的局面。这个目标指向的是政府的行政管理改革。第二层目标是提升社会组织能力水平。这是基于社会建设与社会治理的政府购买，目标是让社会组织在质与量两个方面都能够达到市场准入的标准和条件，推动公共服务改革走向深入（吴新叶，2018a）。公共卫生是一个专业性极强的领域，社会组织参与需有资质约束的门槛要求，同时，还要有应对公共卫生突发事件不确定性的治理能力。显然，这个政策激励的目标指向是社会组织的成长。第三层目标是民众及公共利益指向。这也是终极的价值目标，使公众享有高质量的公共卫生服务。显然，相比于前两个目标，公众作为政策激励的目标群体是最为根本的指向，是政策设计的起点，也是政策激励的终点。

2. "什么"是社会组织参与的优先选项？

这里涉及政策激励的事务或政策所致力于要解决的问题，即是"什么"。有哪些"问题"需要政策激励工具加以解决。一般认为，要解决的问题越复杂，政策工具的强度就越大，否则将不可避免地出现"断裂"，导致政策激励不足。根据应急治理的经验，政策激励也有轻重缓急之分，主要由治理问题的性质而定，即政策所及的事务问题同政策激励强度成正相关关系。那么，这种相关关系对于社会组织参与公共卫生突发事件治理会有怎样的影响呢？社会组织参与需要怎样的政策激励强度？

公共卫生突发事件治理需要更为专业的社会组织参与，这种"专业条件"门槛限制在某种程度上是一种政策约束，而对于专业性公共卫生类社会组织而言则是一种激励。比如，公共卫生的教育训练、突发卫生事件的风险监测、疫情灾害的预防、传染性医护废弃物或危化品的监管等事务，政策工具相对温和，激励性成分更强，而约束性成分相对较弱。但是，对于各种非公共卫生类的社会组织而言，未来参与所获得的政策激励强度将是较低的，多位于 B、C 区间，参与预期处于低度状态是大概率事件。

而对于非公共卫生专业领域的参与，如社会动员、疫情受害者心理干预、社区重建、法制宣传、疫情防控的科学研究、科技与信息技术应用支持、人力资源开发等公共服务领域，政策工具的激励强度更具有开放性，几乎所有的社会组织都有机会参与其中。重要的是，这些激励强度贯穿于疫情防控的始终，不会因疫情防控阶段（预警与应急准备阶段、应急处置阶段、疫后治理阶段）不同而出现激励强度的差异。比如，在武汉抗疫过程中，由于"宅家"政策志愿参与限制而导致疫情一定程度上影响了志愿者参与，而顺丰快递员汪勇组建的线上志愿组织却动员了 1500 多名私家车司机加入服务医护人员的队伍。更加值得注意的是，政府和政策对汪勇的志愿组织采取了支持态度，当志愿行动遇到困难时，政府部门出面协调加以解决。[①] 汪勇的线上志愿组织活动是政策"非干预"的结果，客观上是低强度政策激励的成功案例，对于非公共卫生专业的社会组织具有可模仿的示范价值。

3. "为什么"要社会组织去适应政策激励？

选择是一个主观过程，也是一个双向过程。从消极响应（response from）政府政策的角度来看，社会组织参与公共卫生突发事件治理很可能会堕灭自主性（autonomy），陷入受到外部控制的悖论之中（宋程成、蔡宁、王诗宗，2013）。相反，积极响应（response to）则在组织目标、资源依赖、自主决策等方面能够实现社会组织的独立性。显然，持第二种立场的学者并不支持社会组织去"迎合"政府的任何激励政策。按照这一逻辑推论，如果社会组织要保持积极响应的姿态，那么很大的可能是拒绝政府的政策激励和相关的政策工具。

所谓的自主性优先是国家 – 社会范式的立场，社会中心论者坚持

---

① 中央电视台《面对面》2020 年 2 月 23 日节目《志愿者汪勇》，央视官网，http://tv.cctv.com/2020/02/23/VIDE5XMxARojzdGjDQXtLz9v200223.shtml，最后访问日期：2020 年 3 月 18 日。

唯有形成同国家相抗衡的能力，社会组织的发展才是正确的。这一结论的得出体现出线性思维的逻辑或有特定理论预设：中国的社会组织唯有形成一定的组织规模，并参与政府合作，才能获得成长的制度环境（Mertha，2011；Smith and Ting，2016）。当社会组织参与遭遇公共卫生突发事件时，这种意识形态倾向性是不具有建设性的，也不符合社会组织的利他价值观。针对政府的激励性政策工具，社会组织的响应不但要体现出建设性，还要具备有效性：有效减少因突发公共卫生事件带来的生命财产损失、有效维持疫后秩序、有效积累突发公共卫生事件治理的地方知识并转化为普遍性的应急治理规律。总之，价值理性而非意识形态倾向性是社会组织参与公共卫生突发事件治理的指导原则，政策激励强度应该与价值优先保持同步。

四　应急状态下的政策工具选择与激励强度设计

传统的政策科学观认为，政策工具的取舍要依据各种变量的影响作用，以及不同变量间的相互关系而做出。鉴于新冠肺炎疫情的突发性以及社会组织在前期治理中的有限参与，目前尚无法获取充分的大样本，即便有科学建模也难以得到验证。在德国与荷兰等具有法治传统的国家里，政策的工具理性更直接，在定性上更有针对性，这些国家尤其关注政策工具常态变量的影响。本文不拟做比较研究，而是结合公共卫生突发事件与社会组织参与的契合性，研究政策激励工具的适用性，以及如何在激励强度范围内充分发挥政策工具的激励效应。

（一）属地社会组织优先

2007 年颁行的《中华人民共和国突发事件应对法》将社会组织放在"社会力量"大类下加以规范，因此适用于"国家建立统一领导、综合协调、分类管理、分级负责、属地管理为主的应急管理体制"规定。《中华人民共和国传染病防治法》虽然没有直接提出"属地化"管理原则，但法律精神基本上是一致的，如第六条关于"本行政区"的规定赋予了"县级以上地方人民政府卫生行政部门"处置传染病防治及其监督的管理权能。在经验的层面，属地社会组织获得政策激励的优先权具有合理性。也就是说，属地社会组织在政策激励体系中处于优先地位，如果该地区成为党员干部的联系点，则资源配置的优先性就更加突出（吴新叶、赵挺，2018）。可以推理的是，联系点干部的级别越高，属地优先性就越显著。这种优先性在国外应急治理经验中也得到了验证，尽管机制不相同。1997 年 10 月，墨西哥沃尔亚卡州（Oaxaca）海滨旅游胜地瓦图尔科发生飓风灾害，一家名为生态发展中心（The Centre for Ecological Support，简称 CSE）的本地社会组织获得了政府激励的优先权。CSE 迅速对瓦图尔科 150 个社区进行救助，有效化解了社区对立的极化现象，缓解了本地社群之间的利益冲突。CSE 的成功也得到了国际非政府组织的肯定，大量政府以外的资源被配置到本地社区项目中来，实现了灾后恢复与社区团结的双赢（Barkin and Pailles，2002）。

就新冠肺炎疫情防控的社会组织参与而言，属地化原则对政策激励工具的应用与选择遵循同样的原则，当然也提出了新的要求。其中，最为迫切的任务是激励本地社会组织的能力建设，途径是丰富既有的激励性政策工具选项。在当前的工具箱中，比较常见的政策激励工具是政府培育，以财政方式资助或孵化那些能力不足的本地社会组织，特别是本地公益慈善类社会组织、社区社会组织、科技类社会组织等，应该得到更多的激励机会。比较而言，还有一些政策工具的激励潜力有待发掘，如社会组织人才队伍激励、"管家"服务激励、第三方监管等。

属地社会组织成长的政策激励工具筛选与应用要充分考虑政策环境因素。在政策工具选择的环境变数清单中，基本要素有以下几点。首先，社会法治环境。以新冠肺炎疫情防控中的法治环境为例，既存在一些违法甚至犯罪行为，也有部分人拒绝接受检疫、拒绝强制隔离或者治疗等，都在一定程度上表明，未来政策激励应在此方面有所侧重，以有效的政策工具激励社会组织参与。其次，政策执行主体的政治生态环境。在前期防控工作中，个别基层部门执法行为过激，对依法科学有序防控局面造成了消极影响。在河北沙河市，志愿者李金斗参与湖北抗疫救助一个月后返回，尽管持有河北慈善联合基金会、石家庄市红十字会以及政府行政部门出具的应急车辆通行审批单等九份证明材料，沙河市仍然拒绝其下高速，致使李金斗滞留高速服务区四天之久。在自储食物耗尽的情况下，李金斗在网络上向外界求助，最终经河北省纪委干预，沙河市才同意放行。① 如何让社会组织监督政府执法、如何激励社会组织承担本不属于执法部门的职能，政策工具的效力空间仍然很大。

（二）尊重社会组织的行动偏好和行动规律

政策绩效只有在实施后才能得到体现，但政策工具不当、激励强度不适都可能影响到社会组织的参与绩效。一般地，就"政府扶持"类政策激励工具而言，鉴于社会组织对象多为大型、全国性或有影响力的主体，政府选择和激励强度的确立会迁就社会组织的行为偏好；而对"政府培育"和其他类型的激励政策来说，根据社会组织的属性和行动偏好而确立的激励性政策工具概率较低，尤其是就政府购买类的政策激励而言，主动权掌握在政府手里，社会组织要顺应政府政策才能获得购买机会（徐家良、赵挺，2013；陈天祥、郑佳斯，2016）。当然，政府激励强度也存在这种差异性。对于社会组织参与疫情防控的政策激励可以从两个方面展开。

第一，政策工具选择与强度设计需以既有的制度框架和组织能力水平为依据。按照新制度学派的逻辑，一项制度的推行受到的影响因素是多方面的，但是远离政策目标对象、无视生活习惯或行动偏好的政策工具与政策强度，一般很难达到政策目标。马克思将这种行动放在政治

---

① 《滞留在高速服务区的河北志愿者：湖北归乡被劝返》，https://baijiahao.baidu.com/s? id = 1660160318459742908&wfr = spider&for = pc，最后访问日期：2020 年 3 月 18 日。

社会制度的角度考量，"在人们的生产力发展的一定状况下，就会有一定的交换（commerce）和消费形式。在生产、交换和消费发展的一定阶段上，就会有相应的社会制度、相应的家庭、等级或阶级组织，一句话，就会有一定的市民社会。有相应的市民社会，就会有不过是市民社会的正式表现的相应的政治国家"（《马克思恩格斯选集》第四卷，1995：532）。政策也是如此，其形成是多因素耦合的结果，尽管不同的理论范式都能够对制度无处不在的泛化论提出商榷，但哪些关键因素才是建设性的呢？从政策有效性的角度来看，能力建设观因突出政策回应性而体现出应用价值（林闽钢，2007；吴津、毛力熊，2011；吴新叶，2018a）。此次疫情，暴露出红十字会内部治理制度的一些短板，未来，应进一步完善相关制度，在党的领导下，发挥应有的作用。

第二，政策工具选择与激励强度设计应根据社会组织的"生活方式"即行动偏好做出安排。在《德意志意识形态》中，马克思、恩格斯明确指出：生产方式是社会得以存在的基础，"更确切地说，它是这些个人的一定的活动方式，是他们表现自己生命的一定方式、他们的一定的生活方式。个人怎样表现自己的生命，他们自己就是怎样"（《马克思恩格斯文集》第一卷，2009：520）。也就是说，政策工具的选择与激励强度的设计不纯粹是国家－社会博弈的结果，更需要考虑公众"生活"韧性的阻力，否则将可能遭遇"有组织的抗争"（肖瑛，2014）。从这个意义上判断，那些具有激励作用的政策工具选项和激励强度并不能独立存在。在武汉抗疫实践中，志愿行动的新亮点之一是"90 后"群体及其行动方式，如"云监督""线上捐赠""微信动员"等做法都是行之有效的，而这些恰恰同他们惯常使用的网络技术生活方式有关，间接验证了"网生代"青年群体具有"虚实双栖"行为特征的结论（李英华，2019）。在这些成功的志愿行动中，我们也看到，政府灵活的激励政策工具是接纳这一群体的行动偏好。以快递员汪勇的网络志愿组织为例，这个虚拟组织之所以能够顺利运转是相关政策激励的结果：一方面，政府没有禁止本身就是一种"默许"的激励，起到了"免检"的激励作用；另一方面，当汪勇组织的志愿活动受阻时，政府出面协调才最终都得以解决，如 Today 便利店营业、共享单车、物资协调等方面，表面上看是政府相关部门的"管家"服务[①]促进了汪勇组织的志愿活动的顺利开展，而从根本上看是政府相关政策工具的灵活应用和调整，政府对于网络志愿行动新业态的"默许"体现了政府规制向政策激励的转变。

（三）促进政策激励与政府信用的互补

无论是政策工具还是激励强度的选择与应用，都必须兼顾对政治信用的增量作用。在国外政治学研究中，政治因素多与"政治正确"（political correctness）交替使用，它更多的是一种政治态度，为公正的同义词。比如，在人权平等原则下，不能用歧视性的态度对待种族、性别、宗教、残障、区域等不同背景的社会群体。在应急治理中，政治因素不仅仅有此限制，还有更为广阔的范畴。比如，领导人亲临现场视察和慰问，如果存在时间、场合、言语、方式、承诺等不能惠及的问题，则政策工具和激励强度就应该起到积极的救济或补偿的作用，否则，会使政府信用受到损害。

在此次新冠肺炎疫情防控过程中，湖北省和武汉市政府开展了前期的预警行动，有一定的效果，但不足以扼制疫情蔓延，随后，以钟南山院士为代表的专家意见得到了采用，知识权力被决策主体赋予了最大强度的政策影响力，同时为后来"封城"奠定了基础。

在武汉，赋权社区组织的政策工具应用客观上为疫情防控提供了激励的成功范例，同时为疫情防控起到了增量政府信用的积极作用。尽管社区防疫并非社区社会组织一元主体在起作用，但基本机制是志愿性的，大多数群众性自治组织的成员同时兼有社区志愿者的双重角色。

[①] "管家"（stewardship）服务也被译为"管理工作"，意思是事无巨细的事务管理，源于西方的宗教管理经验，指"全方位的生活活动和生活目的，而不仅仅是孤立的义务"（史密斯、斯特宾斯、多弗，2018）。

能够想象的是，九百万武汉市民"宅家"后给社区治理带来怎样的超常负荷。如果按照政府包揽一切的惯例，则武汉市和湖北省的治理能力远远不能满足需要，硬性接管的后果自然是对省市政府信用的进一步伤害。如果说实施由社区组织（含社会组织）承担社区自治责任、提供非基本公共服务、维持社区秩序等难以归为政策激励范畴的措施，则由社区（含志愿者和社会组织）承担"战时纪律"安排的防疫任务则无疑具备了这些条件。其中，最为突出的政策激励工具是政府赋权社区组织完成强制性的防疫任务：摸排疫情（"四类人员"排查）、居民生活服务、封闭社区的疫情宣传与检测、特殊群体服务等。政府对社会组织的信任度决定着政府赋权的程度，政策激励强度则决定着政府资源的投入多少和投入时间长短。

（四）实现从"亲政府"向"亲社会"的转变

"亲社会"是一种旨在实现社会和公共利益的行为取向，在志愿行动中，"亲社会"特征越是显著，互惠行为动机就越弱（Burlingame，1991：387；史密斯、斯特宾斯、多弗，2018：217）。一般认为，"亲社会"与"亲政府"并无本质区别，但是资源依赖论者坚称，过度的政府资源投入会削弱社会组织的自主性，降低社会组织的资源动员能力（马西恒，2003）。这里可以推演的逻辑是：政府资源供给（政策激励）使社会组织主动接近政府，其资源依赖性越强则其"亲政府"倾向越明显，其自治性反之下降。在三大类政策激励工具中，"政府扶持"类工具对象显然是"亲政府"的；"政府培育"类工具对象则具有"亲政府"的潜在概率。毋庸讳言，社会组织不同于政府组织，"亲政府"尽管有其必要性，但也应该有边界。比如，在公共卫生突发事件治理中，社会组织与政府组织的边界就是功能性的，彼此不能替代或僭越，而是应该形成良性互动的关系。

既然"亲政府"有其必要性，还要有行动边界的约束，那么对于公共卫生突发事件治理有怎样的启示呢？首先，需对获取资源的应急参与目的加以调整，社会组织参与的核心目标和终极关怀应聚焦于人。单纯为资源的参与不但具有组织发展的不确定性，而且未必能够获得政策激励的机会。这是因为任何一个规范性政策都不是针对全部人群的，只有特定群体才是受益者或受损者（Acs and Stough，2008）。应急治理的政策工具的目标是提高有效性，维护疫情期间的群众生命与财产安全。这是社会组织行动响应的指向。其次，根据组织属性和功能确定参与的领域和层次。在政府政策激励导向中，不同的政策选项要解决的问题域是有差异的。比如对于医护类社会组织来说，政策激励的领域在于专业救助；而对于其他社会组织的激励政策则侧重于提供公共卫生类的非基本公共服务。最后，维护利益相关者的公共卫生权益，提升政策倡导能力。一般认为，利益相关者的规模越大，影响力就越显著，甚至有改变政策的机会（Stavins，1996）。代表特定群体的利益是社会组织的天然功能属性，而利益倡导则是一种拓展的功能（吴新叶，2018a；赵挺，2019）。在参与公共卫生突发事件治理的政策响应中，社会组织一要锚定自己服务的目标群体，二要收集他们对现行政策的意见并做出最大公约数的判断，三要以恰当的方式反馈给决策者以完善政策。

五　总结与展望

公共卫生突发事件治理具有特殊性，社会组织参与需要适当的政策激励，其中政策工具选择是关键因素。从类型学的角度来看，全国性、枢纽型社会组织的政策工具多以"政府扶持"的方式实现，一方面是因为这些社会组织与政府组织的功能互补，且具有不可替代性，另一方面是因为此类社会组织承担了行政管理的职能，是政府机构改革和职能优化的承接主体。而"政府培育"类政策工具的适用对象则相反，为社会治理与公共服务所急需而承接相应职能的社会组织存在能力不足问题，多为小型、初创或能力待建的社会组织。居于二者之间的政策激励工具最为丰富多元，适用对象也非常广泛，所谓免检、担保、

"管家"服务、政府赋权等,既体现出任务导向的激励特征又具备政策激励多样化的态势。

政策激励强度与激励工具的匹配是分析社会组织参与绩效的一个视角。学理上,如果以可拉伸的"临界点"作为激励强度的衡量标准,任何政策都可以以两个面目呈现:延续状态表明政策激励是有效的,而断裂状态则表明激励失败。就新冠肺炎疫情防控的社会组织参与而言,目前虽尚无充分的样本信息来检验现有政策的激励效果,但媒体披露的个案已经体现出不同强度下的政策激励结果:既有可预期的政策激励事实,又存在激励波动的政策弹性,甚至还有朝令夕改的矛盾政策。本文认为,政策工具与激励强度的匹配应坚持如下原则:属地社会组织优先、尊重社会组织行动偏好与行动规律、促进政策激励与政府信用的互补、实现从"亲政府"向"新社会"的转变。

政策周期论认为,如果政策工具选择与激励强度发生断裂,则表明政策进入修正或替代环节。从社会组织参与公共卫生应急治理的角度来看,政策工具修正与替代涉及的变量有利益与资源配置、政府预期、公众态度、行动偏好、双边或多边互动等。需要指出的是,针对社会组织参与公共卫生突发事件治理,并非只有政策激励工具,还夹杂了政府管制、产权交易、紧急救助等工具,如"封城"就是强制性管制工具的具体应用。这些政策工具作为激励性政策工具的补充,同时存在于所有政策领域和治理过程。因此,激励性政策工具的修正与替代既可能是一种新的激励性政策工具,也不排除是这些约束性和惩戒性的政策工具。当前,对社会组织参与新冠肺炎疫情防控的政策激励尚未到需要修正或替代的阶段,但随着后期防疫工作的开展,社会组织参与的广度和深度都将面临政策更新的挑战。

【参考文献】

B. 盖伊·彼得斯,2007,《公共政策工具——对公共管理工具的评价》,顾建光译，中国人民大学出版社。

陈天祥、郑佳斯，2016，《双重委托代理下的政社关系：政府购买社会服务的新解释框架》，《公共管理学报》第 3 期，第 36～48 页。

陈振明，2006，《政策科学——公共政策分析导论》，中国人民大学出版社。

大卫·霍顿·史密斯、罗伯特·A. 斯特宾斯、迈克尔·A. 多弗，2018，《非营利管理辞典：概念与术语》，吴新叶译，北京大学出版社。

贺东航、孔繁斌，2011，《公共政策执行的中国经验》，《中国社会科学》第 5 期，第 61～79 页。

黄晓春，2015，《当代中国社会组织的制度环境与发展》，《中国社会科学》第 9 期，第 146～164 页。

黄晓春、嵇欣，2014，《非协同治理与策略性应对——社会组织自主性研究的一个理论框架》，《社会学研究》第 6 期，第 98～123 页。

李朔严，2018，《新制度关联、组织控制与社会组织的倡导行为》，《中国非营利评论》第 2 期，社会科学文献出版社，第 22～38 页。

李英华，2019，《栖居于虚实两境：网生代青年心理样态透视——基于文化心理学的视角》，《中国青年研究》第 8 期，第 83～89 页。

林闽钢，2007，《社会资本视野下的非营利组织能力建设》，《中国行政管理》第 1 期，第 42～44 页。

《马克思恩格斯文集》（第一卷），2009，人民出版社。

《马克思恩格斯选集》（第四卷），1995，人民出版社。

马西恒，2003，《民间组织发展与执政党建设——对上海市民间组织党建实践的思考》，《政治学研究》第 1 期，第 23～37 页。

石国亮，2011，《中国社会组织成长困境分析及启示——基于文化、资源与制度的视角》，《社会科学研究》第 5 期，第 64～69 页。

宋程成、蔡宁、王诗宗，2013，《跨部门协同中非营利组织自主性的形成机制——来自政治关联的解释》，《公共管理学报》第 4 期，第 1～11 页。

吴津、毛力熊，2011，《公益组织培育新机制——公益组织孵化器研究》，《兰州学刊》第 6 期，第 46～53 页。

吴新叶，2018a，《城市治理中的社会组织：政府购买与能力建设》，《上海行政学院学报》第 5 期，第 82 ~ 91 页。

吴新叶，2018b，《双轨制人事、职业预期与政策执行——政策执行主体角度的
　　解释框架》，《行政论坛》第 3 期，第 76 ~ 83 页。

吴新叶、赵挺，2018，《建设性空间：党员干部联系点的运转及其不确定性的克
　　服——以基层治理为视角》，《政治学研究》第 2 期，第 66 ~ 76 页。

肖瑛，2014，《从"国家与社会"到"制度与生活"：中国社会变迁研究的视角
　　转换》，《中国社会科学》第 9 期，第 88 ~ 104 页。

徐家良、赵挺，2013，《政府购买公共服务的现实困境与路径创新：上海的实
　　践》，《中国行政管理》第 8 期，第 26 ~ 30 页。

杨方方，2009，《慈善文化与中美慈善事业之比较》，《山东社会科学》第 1 期，
　　第 76 ~ 79 页。

曾永和，2011，《培育综合性社会组织　促进社会组织管理创新——上海市推进社
　　会组织枢纽式管理的调查与思考》，《社团管理研究》第 8 期，第 52 ~ 54 页。

赵挺，2019，《公共冲突治理中的社会组织参与：一项案例比较研究》，《中国
　　第三部门研究》第 1 期，第 143 ~ 161 页。

朱健刚，2008，《行动的力量——民间志愿组织实践逻辑研究》，商务印书馆。

Acs, Z. J. , and Stough, R. R. 2008. "Introduction to Public Policy in an Entrepre-
　　neurial Society," *Public Policy in An Entrepreneurial Economy* 17: 1 – 22.

Barkin, D. , and Pailles, C. 2002. "NGO-community Collaboration for Ecotourism:
　　a Strategy for Sustainable Regional Development," *Current Issues in Tourism* 5
　　(3 – 4): 245 – 253.

Burlingame, D. F. 1991. *Taking Fund Raising Seriously: Advancing the Profession and
　　Practice of Raising Money.* San Francisco: Jossey-Bass.

Carter, R. 1961. *The Gentle Legions.* Garden City, N. Y. : Doubleday.

Knoke, D. 1988. "Incentive in Collective Action Organizations," *American Sociologi-
　　cal Review* 53 (3): 11 – 29.

Mertha, A. C. 2011. *China's Water Warriors: Citizen Action and Policy Change.* N. Y. :
　　Cornell University Press.

Moody, H. R. 1988. *Abundance of Life: Human Development Policies for an Aging Soci-*

ety. N. Y. ：Columbia University Press.

Smith，D. H. ，and Ting，Zhao. 2016. "Review and Assessment of China's Nonprofit Sector after Mao：Emerging Civil Society?" *Voluntaristics Review*：*Brill Research Perspectives* 1 （5）：1 – 67.

Stavins，R. N. 1996. "Correlated Uncertainty and Policy Instrument Choice," *Journal of Environmental Economics & Management* 30 （2）：218 – 232.

中国社会组织研究　第 19 卷
第 38～57 页
© SSAP, 2020

"三治结合" 与疫情防控中的社会自主动员

——以浙江省桐乡市为例*

周　俊　刘　静**

　　摘　要：新冠肺炎疫情暴发后，在政府紧急动员下，基层社会迅速开展自主动员。桐乡市的"三治结合"基层社会治理体系实现了基层自治组织、社会组织、志愿者等社会力量的广泛参与，稳定了公众情绪，汇聚了社会资源，不仅成功完成了社会自主动员任务，而且形成了社会自主动员与政治动员的有机结合。党和政府的动员与引导、法律法规和村规民约的双重约束，多方主体协同和发挥社会声誉的激励作用，是"三治结合"体系进行社会自主动员的主要机制。桐乡市的经验表明，健全"三治结合"的基层治理可以为危机治理的顺利开展提供制度基础，常态时期的社会参与能够为危机时期

---

　　* 基金项目：教育部规划基金项目"'协同政府'视角下小城镇治理结构创新的实证研究"（14YJA810003）。

　　** 周俊，华东师范大学公共管理学院教授、博士生导师，华东师范大学社会组织与社会治理创新研究中心主任，浙江大学哲学博士，主要从事政社关系、社会治理创新、公益慈善等方面的研究，E-mail：jzhou@ sem. ecnu. edu. cn。刘静，华东师范大学公共管理学院硕士研究生，主要从事社会治理、社会组织等方面的研究，E-mail：liujing03001@126. com。

的社会自主动员提供有力支撑。

关键词："三治结合" 基层社会治理 疫情防控
社会自主动员

应对新冠肺炎疫情带来的挑战和难题，不能仅仅依靠科层制和行政力量，而是需要全民参与。在疫情防控中，党和政府特别重视社会力量的作用，积极开展社会动员。2020年1月26日，民政部发布《关于动员慈善力量依法有序参与新型冠状病毒感染的肺炎疫情防控工作的公告》；时隔不久，民政部与国家卫生健康委员会联合印发紧急通知《关于进一步动员城乡社区组织做好新型冠状病毒感染的肺炎疫情防控工作的紧急通知》民发〔2020〕9号。在各级党组织和政府的动员和引导下，社区自治组织、社会组织、志愿者等积极参与疫情防控，成为一支举足轻重的抗疫力量。

那么，在危机情境下，基层社会是如何被动员并被组织进疫情防控体系的呢？既有对社会动员的研究主要在两个层面展开，一是在宏观层面探讨国家对大众进行动员的动因、逻辑、方式等问题（Deutsch，1961；Pickard et al.，2011），关于我国"运动式治理"的研究在其中广受关注（徐勇，2007；冯仕政，2011；周雪光，2012）；二是在微观层面上分析基层政府集结民众完成某一行动的努力（Rogers et al.，2018），项目制、驻村制是这一研究领域中极具中国特色的概念（李里峰，2010；陈家建，2013；田先红，2019）。对危机时期社会动员的研究通常将社会动员划分为政治动员和社会自主动员两种类型（贺治方，2019），但关注的重点多在政治动员（蒋积伟、唐明勇，2011），对基层社会自主动员的研究则十分缺乏。有鉴于此，本文以浙江省桐乡市为例，讨论此次疫情防控中基层社会自主动员的过程。之所以选择以桐乡市为案例，主要是因为桐乡市是"三治结合"基层社会治理体系的发源地，"三治结合"的组织构架和运行机制相对成熟，在此次疫情防控中，桐乡市成功地实现了社会自主动员，达到了防控目标，具有较强的典型性。

一 文献回顾与分析框架

在突发重大公共卫生事件等公共危机中，由于政府能力有限，难以在短时间内获得充足资源，往往需要广泛动员社会力量，在政府与社会之间形成合作治理（Pickard et al.，2011；余永庆，2018）。公共危机中的社会动员主要包括两种类型。一是政治动员，即政府对社会的动员。政府可以通过强制手段紧急调用国家和社会资源，可以对公民财产进行征收和征用。二是社会自主动员，即在政府的宣传和引导下，社会组织与公民个体积极采取行动，以维持社会稳定，并且汇集社会资源、弥补政府救援力量的不足（贺治方，2019）。有研究指出，政治动员因为具备制度、能力和物资等方面的优势，更加有序和高效，是危机时期的主导性动员模式；社会自主动员发挥的是补充性作用（蒋积伟、唐明勇，2011）。

社会自主动员虽然是对政治动员的补充，但却是一种必要的补充。在危机发生之时，具有公共意识的公民可以自己组织起来或通过社会组织、社区组织等参与危机治理，形成自组织力量，从而与政府动员形成互动。其中，社区自治组织是公民生活的基本组织单位，在危机发生之时，可以充分发挥其组织优势，凝聚起集体的力量，树立战胜困难的强烈信心（郝晓宁、傅涛，2010：64）；社会组织因具有专业优势、资源优势、效率优势、沟通和协调优势，能够在危机治理中发挥独特功能（金华，2019）。在汶川地震救援中，社会自主动员的力量初次得到体现。当时，许多社会组织积极动员社会捐赠、参与现场救助、为公益组织参与赈灾救援提供信息和技术支持以及对参与志愿者进行协调管理与专门培训（邹珊珊，2009）；大量志愿者也纷纷赶往灾区，提供多种形式的服务（李丹，2011）。

危机情境下的社会自主动员也存在不足和问题。一方面，社会力量并非都具备专业能力和公信力，而且它们通常是分散参与，缺乏组织性，难以得到有效整合，这在早期参与汶川地震救援的民间组织中体现得很明显（刘芳、都兰军、陈运，2009）；另一方面，危机中存在大量"冗余力量"，即"不依赖于正式动员机制而通过自发行为进入公共危机事件中试图展开救助行为的不合格的组织及志愿者"（龚翔荣，2010），它们对危机治理带来一定的负面影响。

既有研究充分肯定了危机时期社会自主动员的作用，也指出了其局限性。但是，这些研究或者是对社会自主动员应扮演的角色进行理论性思考，或者是基于汶川地震等较早发生的危机事件讨论其成效和不足，缺乏基于当前现实开展的实证研究。近年来，在国家治理能力现代化建设中，我国基层社会治理发生了巨大变化，部分地方已经实现了对基层社会的制度化整合，在党的领导下和政府的指导下，基层自治组织、社会组织、志愿者等在常态时期广泛参与社会治理，基层社会的自我组织能力得到很大提升，而这很有可能使疫情防控时期的基层社会自主动员呈现不同的状态。

基于既有研究成果和基层治理新实践，本文认为，疫情防控中有效的社会自主动员需要着重解决三方面的问题。一是社会自主动员与政治动员的关系问题。社会自主动员与政治动员共同服务于疫情防控大局，政治动员发挥主导性作用，社会自主动员应与政治动员相协调，成为其必要的补充，因而党和政府需要对社会自主动员加以引导，并通过一定的机制将其整合到整体社会动员之中。二是社会自主动员的碎片化问题。解决这一问题需要社会自身提高组织力，尽可能通过具有良好公信力和专业能力的组织将分散的社会力量集合起来，以协调其行动。三是社会行动的专业性不足问题。在疫情防控中，社会力量通常难以在短时间内获得参与治理的专业性，但若在常态治理时期就已经有丰富的社会参与经验，则更能够胜任。

"三治结合"基层治理体系在解决上述三方面问题上具有明显优势。首先，"三治结合"体系是在党领导下和政府的支持下建立的基层治理体系，在这一体系中，党和政府已经有机嵌入基层社会，与基层社会形成了良性互动。其次，"三治结合"体系将基层自治组织、群众团体组织、社会组织和社会精英、志愿者等社会力量都整合进一个治理体系，不同组织之间、组织与公众之间已经形成了较高水平的协作，具有在非常时期采取一致行动的能力。最后，"三治结合"体系通过自治、法治和德治实践培养了公众自治精神、契约意识，提升了公众道德水平，锻炼了公众的组织和参与能力。基于此，本文提出以下基本判断：常态时期有序运转的"三治结合"体系能够为疫情防控时期的基层社会自主动员提供制度基础。下文以桐乡市为案例对这一理论判断进行检验。案例数据均来自疫情防控时期政府官方网站、官方公众号和公信力较强的互联网平台。

二　疫情防控时期桐乡市社会自主动员实践及其制度基础

社会治理的重心和落脚点在基层，疫情防控的重点和难点也在基层，只有点上到位，才能面上可控（沈轩，2020）。有学者观察到，在疫情防控中，"有些地方的响应速度和能力不强；常态下社会动员的覆盖面有限，紧急状态下社区居民往往成为'看客'和'旁观者'，积极行动者数量有限"。① 与这一现象相反，在疫情、社情、舆情相互交织的复杂局面中，桐乡市的基层社会力量被广泛动员起来，形成了自主治理网络。桐乡市之所以能够及时有效地进行基层社会动员，很大程度上得益于它自 2013 年就开始建立的"三治结合"基层社会治理体系。这一在常态时期发挥作用的治理体系，在危机时刻借助"两会""三团""九大志愿服务联盟"等基层自治组织和"村规民约"等工作机制，迅速形成了全社会联防联控、群防群控的疫情防控格局，及时建构了疫情

---

① 《以基层治理完善夯实社区防疫共同体》，人民论坛网，http://politics.rmlt.com.cn/2020/0320/573368.shtml，最后访问日期：2020 年 3 月 28 日。

防控共同体。

（一）通过"自治"实现基层有序参与

在自治方面，桐乡市在常态治理中从四个方面建立了良好的基础。一是以基层自治组织的职能归位为重点推进社区自治。桐乡市不仅公布了 36 项基层群众自治组织依法履行职责事项和 40 项协助政府工作事项，厘清了村（居）委员会职责，明确了村（居）干部、党员、三小组长（党小组长、村民小组长、农村妇女小组长）的带头作用，而且建立了百姓参政团、阳光议事厅、村民议事会、坊间论坛、村民论坛等多种形式的群众参政议政平台。二是以网格化治理、组团式服务为重点推进网格"微自治"。桐乡市借鉴"一格多员"和"多格一员"模式，推动百事服务团、法律顾问、社区志愿者等进网格，引导基层群众参与基层事务决策、管理和监督。三是以培育发展社会组织为重点推进社会治理。桐乡市注重发挥"楼道红管家""乌镇管家"等各类社会组织在社会治理中的作用，通过建立社会组织发展扶持基金、孵化中心和购买服务等方式，培育发展社会组织，建立"三社"（社区＋社工＋社团）联动模式。四是发展壮大志愿服务队伍。桐乡市高度重视志愿者在社会治理中的作用，逐步建立了完备的志愿服务体系。这一体系包括九大"桐"享志愿服务联盟①、11 支镇级志愿服务大队②和九大志愿服务社会组织③。此外，桐乡市还设立了"掌上志愿"服务平台，以推动志愿

---

① 九大"桐"享志愿服务联盟是指"桐"享红色志愿服务联盟、"桐"享文明志愿服务联盟、"桐"享美丽志愿服务联盟、"桐"享文化志愿服务联盟、"桐"享健康志愿服务联盟、"桐"享平安志愿服务联盟、"桐"享关爱志愿服务联盟、"桐"享青春志愿服务联盟和"桐"享巾帼志愿服务联盟。

② 11 支镇级志愿服务大队对应的镇（街道）为开发区（高桥街道）、梧桐街道、凤鸣街道、濮院镇、屠甸镇、崇福镇、洲泉镇、大麻镇、河山镇、乌镇镇、石门镇。

③ 九大志愿服务社会组织是指桐乡市梧桐义工联合会、桐乡市慈善义工协会、桐乡市乌镇夕阳志愿者协会、桐乡市凤鸣公益志愿服务中心、桐乡市社会善行服务中心、桐乡市桐安减防灾应急救援中心、桐乡市蓝天救援队、桐乡市雄鹰应急救援中心、桐乡市雄鹰应急救援队。

服务的经常化、专业化和品牌化。从总体上看，桐乡市的基层自治体系组织结构完整、功能清晰、主体性强，在疫情暴发后，这一在常态时期运转有序的体系迅速将工作重点转向疫情防控，继续发挥作用。

在疫情防控中，自治功能最突出地体现在自治团体、社会组织和志愿者三个方面。从自治团体方面看，各村（社区）百姓议事会组织成员为社区防疫工作建言献策，并结合实际制定村（社区）疫情防控方案和自治公约；百事服务团成员主动加入村（社区）疫情防控队伍，帮助村（社区）工作人员入户调查、排摸情况、服务隔离家庭。

从社会组织方面看，桐乡全市 500 多家注册登记的社会组织、2000 多家备案社区社会组织在疫情一开始就参与到防控工作中。一是针对疫情防控发挥组织原有功能。比如，行业协会商会引导会员企业加急生产医疗物资、民生产品，调集各类物资设备支援疫情防控；医学类、科普类等社会组织开展形式多样的疫情防治科学宣传工作；社工机构多方面、多渠道掌握群众诉求，适时提供心理疏导、危机干预、医疗救助等专业服务。二是动员公众参与疫情防控。比如，桐乡市雄鹰应急救援中心、桐乡市社会善行服务中心、桐乡市梧桐义工联合会等组织志愿者，提供物资运送、卡点值守、环境整治等服务；桐乡市凡星青少年社工事务所、桐乡市阳光心理健康服务所招募心理咨询师为市民提供心理咨询、情绪疏导等服务。①

从志愿者方面看，桐乡市两大志愿服务网络的志愿者都在第一时间加入到疫情防控之中。一是九大"桐"享志愿服务联盟。其中，女性志愿者在"桐"享巾帼志愿服务联盟的号召下，组成疫情防控"娘子军"，建起"排查队"；"桐"享美丽志愿服务联盟的志愿者们化身

---

① 《桐乡市"一倡导二规范三引领"动员社会组织积极参与疫情防控》，嘉兴市人民政府官网，http://www.jiaxing.gov.cn/art/2020/3/13/art_1578779_42272403.html，最后访问日期：2020 年 3 月 28 日。

"买菜员""送餐员",为隔离人员提供服务。① 二是各街道（镇）居民自发组成志愿小分队（自治小组）。许多热心居民自发组成志愿小分队，协助村（社区）干部、网格员进行健康排查，服务居家隔离观察户，在交通卡点协助执勤。在凤鸣街道，同心志愿服务队的志愿者还自掏腰包购买食材，每天为各卡点的执勤志愿者提供夜宵。

（二）通过"法治"建设增强守法意识、规范参与行为

桐乡市一直强调法治建设，通过多种形式强化全民守法。桐乡市整合法学专家、律师、政法干警及其他法律工作者，在全市建立了100个法律服务团，形成了覆盖城乡的基本公共法律服务体系；组建了"法治驿站""义工法律诊所""板凳法庭"等社区法律服务组织，吸纳社会力量参与普法教育。法治建设有效地增强了社会公众的法治意识，培养壮大了普法队伍，这为疫情防控时期的法治工作提供了有利基础。

疫情暴发以来，桐乡市在基层构建"大普法"法治工作格局，积极做好普法工作。首先，组织开展"防控疫情、法治同行"专项宣传活动，严格落实"谁主管谁负责、谁执法谁普法、谁服务谁普法"的普法责任制。桐乡市针对不同场所、不同群体发放公开信和倡议书20万余份，大力宣传疫情防控法律知识；开展专项"法治体检"，排查企业复工复产法律风险。其次，送"防疫知识"上门。一方面，桐乡市的法律服务团成员游走在各村（社区）宣传法律知识，确保村（居）民"不信谣、不传谣、不造谣"；另一方面，全市普法志愿者投身重点卡位、重点区域的疫情防控工作，通过发放宣传资料、"小喇叭"等方式向群众普及疫情相关法律法规，累计在居住场所、重点地段发放疫情防控宣传资料10万余份。最后，营造网络普法矩阵。桐乡市运用"法治桐乡"微信公众号、"桐乡普法"官方微博等精准推送疫情防控法律

---

① 《志愿"桐"享，同心战"疫"》，嘉兴市人民政府官网，http://www.jiaxing.gov.cn/art/2020/3/5/art_1578787_42097230.html，最后访问日期：2020年3月28日。

知识。如桐乡市公安局抖音短视频"Madam 来啦"创新性地推出复工复产等多篇防疫知识小文。全市开展了一系列以防控法律知识为主题的普法漫画创作活动。①

(三) 通过"德治"凝聚人心、激发向善之意

法安天下,德润人心。桐乡市向来注重运用道德观念引导、规范村(居)民行为,具体做法包括以下几点。一是以评立德。桐乡市推动镇(街道)、村(社区)组建由社会贤达、德高望重的老人、口碑良好的企业家等人士组成道德评判团,设立道德讲堂、红黑榜、曝光台,推荐评选道德模范,参与调处邻里纠纷、化解社会矛盾。二是以文养德。利用道德讲堂、德孝主题公园、文化礼堂等多种形式和载体,广泛开展社会主义核心价值观宣传教育活动,引导人们讲道德、遵道德、守道德。三是以规促德。桐乡市鼓励和指导各村(社区)、各行业制定村规民约、行业守则、职业规范等,以培养公众契约精神。德治体系发挥着调处邻里纠纷、维护家庭和社会关系、促进社会向善的教化作用,在常规治理时期发挥了重要作用。

在疫情防控的特殊时期,德治功能主要体现在两个方面。一方面,桐乡市各村(社区)将道德评判团、乡贤参事会等的成员纳入防控工作队伍中,以德治汇聚民力。如在桐乡市开发区(高桥街道),道德评判团成员挨家挨户排摸情况,积极向村民讲解预防措施和相关健康科普知识,劝说村民不办年酒、不聚集等,效果十分明显。② 另一方面,乡贤联谊会、乡贤参事会等积极号召乡贤发挥自身优势,通过捐款捐物等形式参与防疫工作。在濮院镇,乡贤联谊会向全镇 13 个乡贤参事会、373 位乡贤代表发出倡议书,号召广大乡贤凝心聚力共渡难关。桐乡濮

---

① 《桐乡市打造全方位防疫法治宣传"矩阵"》,嘉兴市人民政府官网,http://www. jiaxing. gov. cn/art/2020/3/3/art_1578779_42066670. html,最后访问日期:2020 年 3 月 28 日。
② 《开发区(高桥街道)"三治融合"助力防疫》,桐乡市人民政府官网,http://www. tx. gov. cn/art/2020/2/2/art_1616672_42097922. html,最后访问日期:2020 年 3 月 28 日。

院乡贤联谊会副会长吴炳明,在组织各商会协会主动宣传并做好防疫措施的同时,还向各会员单位征集应急物资。在凤鸣街道,乡贤联谊会副会长王永兴录制"老王讲平安"方言广播栏目,解说防疫知识。在屠甸镇联星村,乡贤参事会会长张元锋在得知村里人手不足后,第一时间提供支援,带领10余名志愿者组成突击队,一天之内完成了40余个路口的封闭施工。乡贤的带头示范为基层社会参与疫情防控注入了持久的精神动力。[①]

需要指出的是,自治、法治和德治往往是三位一体、相互交融的。实现基层群众自治,开展法制宣传、激发公众社会责任感,这三种功能通常由同一主体或在同一工作中得以实现。比如法律服务团是群众自治组织,发挥的是法治功能,其成员中不乏社会精英;又如道德评判团是群众自治组织,它在进行道德评判时离不开对法律知识的宣传,实际上同时发挥着德治、自治和法治功能。可以说,"三治"不是相互分离的,任何一种治理方式发挥作用都离不开其他方式的支撑。

从以上分析可以看到,桐乡市"三治结合"体系在疫情防控中能够迅速而有序地实现对基层社会的动员,与它在常态治理中已经相对健全的组织架构和工作机制密切相关。具体而言,"一约两会三团"和志愿服务体系在其中发挥了最为核心的作用(见图1)。

"一约两会三团"。"一约"即村规民约。村规民约既是一种治理手段,也是基层社会自治的最突出体现。疫情防控期间,桐乡市各地制定的防疫方案、自治公约、社区公约等,以"村言社语"约定行为规范,发挥了行动纲领的作用,是社会自主动员中极具显示度的成果。"两会"即百姓议事会和乡贤参事会。百姓议事会是在乡镇政府领导下的参政议政团队,镇(街道)、村(社区)的重大决策都要在听取其意见后才可进入决策程序(胡洪彬,2017)。乡贤参事会的主要功能是发挥

---

① 《在疫情防控一线筑起坚固屏障》,嘉兴市人民政府官网,http://www.jiaxing.gov.cn/art/2020/2/3/art_1578777_41868969.html,最后访问日期:2020年3月28日。

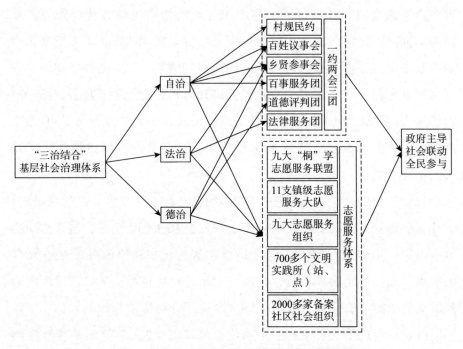

图 1 桐乡市"三治结合"基层社会治理体系

乡贤的参谋建议、示范引领、桥梁纽带作用和通过乡贤带动群众参与社会治理。桐乡市在 211 个行政村（社区）建立百姓议事会和乡贤参事会，实现了组织的全市覆盖，为疫情防控中商议与决策机制的顺利运转提供了组织基础。"三团"即百事服务团、法律服务团和道德评判团。百事服务团的日常服务主要为治安、水电安装、殡葬用车提供等事项（应丽斋、杨秀娟、杨薇，2016），疫情暴发后，百事服务团成员主动加入防控队伍中，承担了大量重要工作。法律服务团的日常工作是提供法律服务，在特殊时期它们主要发挥专业作用，配合司法部门开展普法宣传。道德评判团的主要工作是借助贤达力量，从人情世故、道德伦理等角度对居民进行劝导，发挥德治约束的作用（董少平，2019）。在疫情防控中，道德评判团的成员主要负责挨家挨户排摸情况，规劝居民配合防控要求。

志愿服务体系在疫情防控期间发挥了令人瞩目的作用。据不完全统计，截至 2020 年 3 月 5 日，共有 3 万多名志愿者实际参与疫情监测、卡口执勤、后勤保障、物资对接、宣传劝导、心理疏导等工作，为疫情防控工作做出了巨大贡献。[①]

综上所述，以"一约两会三团"和志愿服务体系为主要构成的"三治结合"体系为动员社会力量参与疫情防控提供了强有力的组织支撑和行之有效的工作机制，是桐乡市疫情防控工作取得成功的关键因素。这表明，"三治结合"体系不仅适用于常态时期的基层社会治理，在危机时期也能够及时调整任务目标，进行有效的社会自主动员。

三　疫情防控时期桐乡市社会自主动员的主要机制

桐乡市"三治结合"体系之所以能够在疫情防控中发挥作用，主要取决于它已经构建好的组织体制和较为成熟的工作机制。那么，这一体系能够发挥作用的原因又是什么？它依靠哪些机制实现自主动员？又如何与政治动员相衔接？结合桐乡市常态治理和危机治理实践，本文认为，至少有四类动员机制存在于"三治结合"体系之中，它们是：党和政府的动员和引导机制、法律法规和村规民约的双重约束机制、多方协同机制和社会声誉机制。其中，党和政府的动员和引导既是基层社会自主动员的重要动力来源，也是将政治动员与社会自主动员相结合、使社会自主动员服务于社会动员大局的必要机制。

（一）党和政府的动员和引导机制

在危机时期，因为信息不对称和事态的不确定性等，社会往往不能率先进行自我动员，而是需要等候党和政府的指示。此次疫情暴发后，浙江省于 1 月 23 日启动重大突发公共卫生事件一级响应，进入疫情防

---

① 《志愿"桐"享，同心战"疫"》，嘉兴市人民政府官网，http://www.jiaxing.gov.cn/art/2020/3/5/art_1578787_42097230.html，最后访问日期：2020 年 3 月 28 日。

控紧急状态。同日，嘉兴市冠状病毒肺炎防控领导小组成立。随后，桐乡市新型冠状病毒肺炎疫情防控工作领导小组成立。政府在第一时间建立了自上而下的疫情防控组织体系，并开始社会动员工作。在桐乡市，党委和政府发布《致全市志愿者的一份倡议书》《致桐乡市社会组织的倡议书》等多份倡议书，对各类社会力量可能的参与领域、内容和方式给出指引。这一做法旨在号召社会进行自主动员，及时形成正确心态和汇聚资源。在党和政府的动员和引导下，桐乡市在村（社区）层面依托网格化治理的组织基础，迅速组建了"街道干部＋村（社区）工作者＋网格员＋村（居）委会（小区业委会＋物业公司）＋医务人员＋志愿者"的防控队伍，实现了党和政府与基层社会力量的有机联合，而这也为其后将社会自主动员整合进政治动员奠定了基础。

需要指出的是，这种危机时期有效发挥作用的动员和引导机制很难在短期内形成。桐乡市"三治结合"体系的常态运作一直以党和政府的动员与引导为重要支撑，"一约两会三团"的组建过程中都有政府的推动和支持，志愿服务体系也主要由党和政府牵头构建，正是在这一过程中，党和政府密切联系群众，在群众中树立了口碑，获得了公信力，形成了组织力，这使危机时期党和政府的政治动员能够得到社会的积极响应。

（二）法律法规和村规民约的双重约束机制

桐乡市在"三治结合"体系建构的过程中通过多种方式增强公众的法治意识和契约精神，取得了显著成效。2020 年，在浙江省平安创建活动中，"平安桐乡"创建实现"十五连冠"，社会法治水平达到一定高度，这为危机时期的社会治理提供了良好的法治基础。在疫情防控中，桐乡市政法部门广泛开展疫情防控法律知识宣传，及时公布典型违法案件，以增强公众对相关法律的理解和认知。作为对法律法规的补充，各村（社区）依托百姓议事会制定了疫情防控村民自治公约或社区公约，从村（社区）内部加强对村（居）民行为的约束。法律法规以规则刚性、程序透明、准则有效而定纷止争、惩恶扬善（张文显等，2018：6）；村规民约依靠道德舆论和相应的惩罚措施解决因"熟人社会"瓦解和"乡村错综复杂的人情关系"产生的问题（陈于后、张发平，2019）。这两者的结合一方面增加了公众的违法违规成本，减少了机会主义行为，降低了疫情防控难度，另一方面增强了公众对疫情的认识、稳定了社会心态、增强了公众社会责任感，这也是危机时期社会自主动员的重要目标之一。

（三）多方协同机制

"三治结合"体系本质上是一个多方协同体系，其核心是党和政府与社会的协同，与社会力量之间的协同。在日常治理中，多方协同机制已经存在于桐乡市，突出地表现为党委对志愿联盟等组织建设的支持，政府对基层自治组织工作的统筹与指导，社会组织与社区、社工结成的"三社联动"机制等。在疫情防控中，原有的协同机制继续发挥作用，成为"三治结合"体系有效发挥作用的重要支撑。桐乡市党委通过各级党组织、共青团组织召集党员、团员和青年志愿者参与防控工作；政府通过动员事业单位员工、基层自治组织、社区工作者等参与防控工作，与此同时，在企业减负、外地人员复工等问题上与企业、社区协商，及时制定出台多项政策。社会力量之间的协同在桐乡也随处可见。社会组织进社区、与专业社工一起服务社区，共同构筑疫情防控的第一条安全线；乡贤理事会号召乡贤主办的企业为疫情防控加班加点、以企业的名义进行捐赠；来自各界的志愿者与所在组织密切合作，共同承担疫情摸排等工作。疫情使广大社会资源被动员起来，但各方资源并非分散行动，而是通过协同机制被汇聚进一个大体系，这有效地解决了危机时期社会自主动员的碎片化问题。

（四）社会声誉机制

德治功能的发挥主要基于社会声誉机制。在基层治理中往往存在一些法律法规和乡规民约约束不到的地方，这就需要借助乡贤等社会精英的公信力和威望来扬善惩恶，而这一过程通常依靠对当事人的歌颂、表扬或谴责、批评来进行，实质上是通过影响当事人的社会声誉来发挥作用。在信息高度发达的社会中，即使"熟人社会"趋于瓦解，社会声誉机制仍然能依靠网络传播起作用。在疫情防控中，桐乡市道德评判团成员以身作则，主动加入到疫情防控队伍中，各村（社区）乡贤踊跃捐款捐物，积极参与卡点站岗等疫情防控环节，为村（居）民树立道德典范，这些都是在发挥社会声誉的正面激励作用。而一旦违反防疫自治公约和公认的道德伦理要求，村（居）民会受到道德评判团的批评教育甚至是处罚，其社会声誉会受到减损。这种有组织的道德引导和规范在促进桐乡市公众积极参与疫情防控、自觉规范自身行为和监督他人行为上发挥了重要作用。

总之，如果将"一约两会三团"和志愿服务体系看作"三治结合"的静态基础设施，那么，党和政府的动员和引导、法律法规和村规民约的双重约束、多方协同和发挥社会声誉的激励作用可以被称为"三治结合"的动态运行机制，它们也是疫情防控中"三治结合"能够有效实现社会自主动员的深层次原因。在这种意义上可以说，疫情防控时期的基层社会自主动员并不存在特别的机制，它与常态治理时期的社会参与机制具有类似性，只不过在危机时期，当这些机制集中起来被利用时，它们会展现出常态时期难以看到的爆发性力量。

四　通过健全常态治理机制提升危机时期的社会自主动员能力

中央政法委秘书长陈一新指出，"市域社会治理有许多创新经验，但也暴露出不少短板、弱项。我们要把加强市域社会治理体系和能力现代化，作为撬动国家治理现代化的一个战略支点来抓。要汲取这次抗疫斗争的经验教训，常态做好应对重大风险的思想准备、法治准备、组织准备和物质准备，及时把重大风险化解在市域，确保风险不外溢"①。基层社会治理是市域社会治理的重要构成和基石，基层社会治理同样需要现代化，要在常态治理中做好危机治理的准备。

桐乡市的经验正在于它常态时期的"三治结合"体系在危机时期发挥了重大作用。以"一约两会三团"和志愿服务组织为主要构成，具有较为成熟的动员和引导机制、约束机制、协同机制和声誉机制的"三治结合"体系快速而有序地实现了对基层社会的动员，实现了科层管理与社会自治、政治动员与社会自主动员的有机结合，既减轻了政府在疫情防控中的压力，又发挥了社会力量的作用，保证了疫情防控的实效。

从社会自主动员来看，疫情防控这场"大考"所暴露出的常态时期基层社会治理的不足主要体现在两个方面。一方面，政府与社会力量缺少互动，社会资源得不到有效动员和利用。各地的疫情防控都应由政府主导，社会力量配合和参与。但是，在具体工作中，基层政府与社会力量缺少有效互动的情况普遍存在。平常积极开展工作的社区社会组织大多沉寂，未被组织进防控体系，社区邻里之间的守望相助也不常见。另一方面，虽然大量基层组织和人员被动员起来，在疫情防控中发挥着重要作用，但部分地方却缺乏法治意识，出现违法违规行为。一是部分地方为追求疫情防控效果，采取"一刀切"的做法"封路封村封户"，甚至挖沟断路，强行阻碍正常交通；一些小区以疫情防控为理由在不事先通知的情况下禁止租户进入小区，造成部分人员无处居留、流浪街头。这些措施和做法缺少法律依据，涉嫌侵犯他人合法权益，干扰了正常社会秩序。二是不遵守居家防疫要求私自外出的情况在各地都有发生；志愿者在防控工作中侵犯他人权利的情况也不少见；尽管相关部门不断宣传教育，但仍然有大量民众"听信谣言、散播谣言"（文

---

① 《陈一新：武汉战疫督导 50 天，倍感市域社会治理亟需现代化》，澎湃新闻网，https://www.thepaper.cn/newsDetail_forward_6732141，最后访问日期：2020 年 3 月 28 日。

宏，2020）。这些都是疫情防控中影响安定团结、造成不良社会影响的因素。

针对上述问题，借鉴桐乡市"三治结合"体系的建设经验，下面就在常态时期健全基层社会治理体系，以提高危机时期基层社会自主动员能力提出两方面建议。

一方面，健全"三治结合"基层社会治理体系。在党和政府的领导下，结合各地基层治理实践，加强基层社会自治建设，积极发挥群众自治组织、社会组织、志愿组织等社会力量自我管理、自我教育、自我服务的功能；加强法律教育和宣传、培养公众契约精神；鼓励乡贤等社会精英发挥道德表率作用，开展乡风民风建设，提高公众道德素养。在这些工作的基础上，系统构建基层社会治理组织体系、不断完善工作机制，提高基层社会的组织性、运转协调性和治理有效性。

另一方面，加强党和政府与基层社会的互动与合作。党和政府需要超越传统的组织界限，创造性地与社会力量合作，依靠社会组织、志愿者等主体的专业优势和资源，解决治理难题，共同实现社会治理目标（Hall and Battaglio，2018）。近年来，党和政府与基层社会的互动与合作不断增多，在此基础上，借鉴桐乡市做法，可以进一步完善互动合作机制。具体而言，一是可以在决策环节更加充分地吸纳社会力量参与，发挥百姓议事会、乡贤参事会、专业社工组织等社会组织的决策咨询功能，提高基层决策的民主性和科学性；二是在基层政策执行中加大政府购买社会力量的力度，将社区社工机构、行业协会商会等发展为基层治理的主体性力量，在项目合作中帮助它们发展和提高服务社会、参与基层治理的能力；三是大力发展志愿服务事业。大量公众并不经过社会组织或工作单位而是直接向社会提供志愿服务。如果能够将这部分力量组织起来形成合力，则会产生极大的综合效应。在这方面，桐乡市将志愿者整合进不同志愿服务联盟、以行政区划为单位建立志愿服务体系的做法值得借鉴。

综上所述，新冠肺炎疫情极大地考验了基层社会治理水平。浙江省在这次疫情防控中上交了令人满意的答卷，这与它近年来大力提升基层社会治理能力的努力密切相关。桐乡市是浙江省基层社会治理创新的先进样板，它的"三治结合"体系建设卓有成效，发源于桐乡的"三治结合"2018 年被写入党的十九大报告，2019 年党的十九届四中全会明确提出健全"三治结合"城乡基层社会治理体系。"三治结合"体系在疫情防控中成功地实现了社会自主动员，形成了"政府引导、社会联动、全民参与"的治理优势，经受住了考验。桐乡市的经验表明，良好的常态治理可以为危机治理提供坚实的基础，常态化治理优势可以转化为疫情防控效能。尽管我国基层社会情况复杂，桐乡市的做法不一定能够被完全复制，但有效治理必定来自党、政、社的互动和联动，以及基于优良的自治、法治和德治传统，在这一点上，桐乡市具有较强的示范意义。

【参考文献】

陈家建，2013，《项目制与基层政府动员——对社会管理项目化运作的社会学考察》，《中国社会科学》第 2 期，第 64 ~ 79 页。

陈于后、张发平，2019，《新时代乡村"自治、法治、德治"融合治理体系研究》，《云南行政学院学报》第 6 期，第 13 ~ 21 页。

董少平，2019，《从"枫桥经验"到"桐乡经验"的升华与发展逻辑》，《湖北警官学院学报》第 1 期，第 8 ~ 12 页。

冯仕政，2011，《中国国家运动的形成与变异：基于政体的整体性解释》，《开放时代》第 1 期，第 73 ~ 97 页。

龚翔荣，2010，《"冗余力量"：公共危机动员中的"短板"》，《兰州学刊》第 11 期，第 29 ~ 31 页。

郝晓宁、傅涛，2010，《突发事件应急社会动员机制研究》，《中国行政管理》第 7 期，第 62 ~ 66 页。

贺治方，2019，《社会动员在国家治理中的功能及其合理边界》，《学术界》第 7

期，第 83～91 页。

胡洪彬，2017，《乡镇社会治理中的"混合模式"：突破与局限——来自浙江桐乡的"三治合一"案例》，《浙江社会科学》第 12 期，第 64～72 页。

蒋积伟、唐明勇，2011，《当前中国公共危机动员模式辨析——以自然灾害动员为例》，《理论与改革》第 2 期，第 100～102 页。

金华，2019，《我国公共危机治理的挑战与回应——社会组织参与的视角》，《甘肃社会科学》第 4 期，第 169～175 页。

李丹，2011，《我国社会动员的一般模式分析——以"汶川抗震救灾"为例》，《学理论》第 28 期，第 88～90 页。

李里峰，2010，《工作队：一种国家权力的非常规运作机制——以华北土改运动为中心的历史考察》，《江苏社会科学》第 3 期，第 207～214 页。

刘芳、都兰军、陈运，2009，《汶川大地震中民间组织作用探析》，《中共四川省委省级机关党校学报》第 2 期，第 8～11 页。

卢跃东，2014，《构建"法治、德治、自治"基层社会治理模式》，《红旗文稿》第 24 期，第 28～29 页。

潘川弟，2018，《深化三治融合"桐乡经验"的实践与思考》，《政策瞭望》第 11 期，第 25～29 页。

沈轩，2020，《打赢疫情防控总体战是对省域治理现代化的一次大考》，《浙江日报》2 月 24 日。

田先红，2019，《联村制度与基层政府动员——基于浙江省 A 县的经验研究》，《长白学刊》第 5 期，第 92～100 页。

王斌通，2018，《新时代"枫桥经验"与基层善治体系创新——以新乡贤参与治理为视角》，《国家行政学院学报》第 4 期，第 133～139 页。

文宏，2020，《疫情防治中社会治理存在的问题及建议》，《中国社会科学报》3 月 17 日。

徐勇，2007，《"行政下乡"：动员、任务与命令——现代国家向乡土社会渗透的行政机制》，《华中师范大学学报》（人文社会科学版）第 5 期，第 2～9 页。

应丽斋、杨秀娟、杨薇，2016，《"三治合一"：桐乡的治道变革》，《浙江人大》

第 8 期，第 34 ~ 37 页。

余永庆，2018，《公共危机治理中的社会动员问题研究》，《中国市场》第 31 期，第 107 ~ 109 页。

郁建兴，2016，《社会治理创新的桐乡样本》，《党政视野》第 7 期，第 10 ~ 11 页。

郁建兴、任杰，2018，《中国基层社会治理中的自治、法治与德治》，《学术月刊》第 12 期，第 64 ~ 74 页。

张明皓，2019，《新时代"三治融合"乡村治理体系的理论逻辑与实践机制》，《西北农林科技大学学报》（社会科学版）第 5 期，第 17 ~ 24 页。

张文显、徐勇、何显明、姜晓萍、景跃进、郁建兴，2018，《推进自治法治德治融合建设，创新基层社会治理》，《治理研究》第 6 期，第 5 ~ 16 页。

周雪光，2012，《运动型治理机制：中国国家治理的制度逻辑再思考》，《开放时代》第 9 期，第 105 ~ 125 页。

邹珊珊，2009，《民间组织的功能研究——从汶川地震看我国民间组织的发展》，《马克思主义与现实》第 3 期，第 66 ~ 68 页。

左停、李卓，2019，《自治、法治和德治"三治融合"：构建乡村有效治理的新格局》，《云南社会科学》第 3 期，第 49 ~ 54 页。

Deutsch, K. W. 1961. "Social Mobilization and Political Development," *American Political Science Review* 55 (3): 493 – 514.

Hall, J. L., and Battaglio, R. P. 2018. "Reduced—Boundary Governance: the Advantages of Working Together," *Public Administration Review* 78 (4): 499 – 501.

Pickard, G., Pan, W., Rahwan, I., Ebrian, M., Crane, R., Madan, A. & Pentland, A. 2011. "Time Critical Social Mobilization," Science, 344 (6055): 509 – 512.

Rogers, T., and Goldstein, N. J. et al. 2018. "Social Mobilization," *Annual Review of Psychology* 69 (1): 357 – 381.

中国社会组织研究　第 19 卷
第 58~85 页
© SSAP，2020

社会组织参与农村新冠肺炎疫情防控的
影响因素研究[*]

王　猛　邓国胜[**]

摘　要： 由于农村公共卫生条件差、防疫物资不足、疫情防控信息的传递迟滞、聚集性活动较多等，农村容易成为防疫的关键地区，更需要社会组织给予更多的关注与支持。然而，调研表明，本次参与农村新冠肺炎疫情防控的社会组织数量非常有限。那么，影响社会组织参与农村防疫的因素有哪些，如何引导更多的社会组织参与脱贫攻坚和乡村振兴？对此，本文采用多案例研究方法，以 12 个参与农村疫情防控的社会组织为案例，通过扎根理论编码技术，试图构建社会组织参与农村新冠肺炎疫情防控的影响因素解释框架。研究发现，使命驱动、社会需求、场域压力、组织能力和支持性网络是影响社会

---

　　[*]　基金项目：山东省社会科学规划研究项目"美丽乡村建设与精准扶贫的嵌入与反嵌入问题研究"（18CSJJ25）的阶段性研究成果。
　　[**]　王猛，青岛大学政治与公共管理学院副教授，北京外国语大学文学博士，主要从事乡村治理方面的研究，Email：wei5837@163.com；邓国胜，清华大学公共管理学院副院长、教授，中国人民大学法学博士，主要从事非营利组织与社会创新方面的研究，Email：dgs@ tsing-hua. edu. cn。

组织参与农村疫情防控的主要因素。

关键词: 新冠肺炎疫情　社会组织　农村疫情防控

新冠肺炎疫情的复杂性决定了疫情防控"是对我国治理体系和治理能力的一次深度检验、一次综合性大考"(同心,2020),需要包括社会组织在内的多元主体共同参与疫情防控。虽然疫情暴发于城市,但随后扩散到农村地区,并且由于农村公共卫生条件差、防疫物资严重不足、疫情防控信息的传递迟滞、聚集性活动较多,迫切需要外部的援助和支持,包括对农村生产生活等各个方面的支持。然而,在本次疫情防控中,通过对比发现,相比城市社区,只有少数社会组织积极介入农村社区疫情防控工作。事实上,疫情只是放大了社会组织对农村关注不足的现实。在国家鼓励社会组织参与脱贫攻坚与乡村振兴的大背景下,我国关注农村问题的社会组织数量有限,而且占比呈现下降趋势。据统计,我国农业农村领域社会组织占全国社会组织总量的比例逐年下降,从 2007 年的 9.58%,下降到 2018 年的 8.3%。[1] 因此,本文试图以社会组织参与本次农村突发公共卫生事件为研究对象,采用多案例研究方法,进行理论抽样并分析参与农村疫情防控社会组织样本,探索构建社会组织参与农村疫情防控的影响因素模型,希冀以此推动更多的社会组织参与农村脱贫攻坚与乡村振兴事业。

一　社会组织参与农村疫情防控的现状分析

为全面反映社会组织参与农村疫情防控的真实情况,本文通过三种方式进行了数据的搜集与整理。一是利用百度搜索引擎,以"社会组织""农村""防疫"为关键词进行搜索,共整理出 2019 年底至 2020 年 3 月 13 日的 755 个网页,剔除重复和无关的案例,共整理出 18 个有

---

[1]　数据来源于民政部 2008~2019 年《中国民政统计年鉴》。

效案例;二是利用北京、湖北、浙江、广州和河南等省市的社会组织服务平台的数据,剔除与百度搜索重复的案例,共整理出 33 个有效案例;三是利用清华大学公共管理学院社会创新与乡村振兴研究中心建立的乡村振兴社会组织网络,剔除与上述两类重复的案例,调查发现共有 28 家社会组织参与了农村疫情防控。在 79 个案例中,经过二次数据验证,剔除"为城市运送农产品""村民捐款""个人助力农村防疫"等案例,共保留了 76 个案例。

通过对 76 个案例的分析发现,在参与农村疫情防控的社会组织类型上,22 家为基金会(29%),14 家为社会服务机构(18%),40 家为社会团体(53%);从社会组织参与农村防疫手段来看,主要包括捐赠防疫物资(36 家、47%),捐赠防疫资金(9 家、12%),提供专业技术支持(3 家、4%),提供防疫宣传服务(17 家、22%),提供心理咨询服务(4 家、5%),提供消杀、执勤等志愿性服务(32 家、42%),具体见表 1。

表 1　参与农村疫情防控的社会组织数量及其参与方式

单位:家

社会组织类型	参与农村防疫的方式					
	捐赠防疫物资	捐赠防疫资金	提供专业技术支持	提供防疫宣传服务	提供心理咨询服务	提供消杀、执勤等志愿性服务
基金会(22、29%)	15	7	1	4	2	4
社会服务机构(14、18%)	6	1		7	2	6
社会团体(40、53%)	15	1	2	6		22
合计	36(47%)	9(12%)	3(4%)	17(22%)	4(5%)	32(42%)

注:一家社会组织可以采用多种方式参与农村疫情防控。

通过上述统计数据可以看出,社会组织参与农村疫情防控至少呈现以下两方面的特征。

第一,基金会和社会团体参与数量相对较多,社会服务机构参与数量较少。在参与农村疫情防控的社会组织中,社会团体的数量最多,社会服务机构的数量最少，社会团体在农村突发公共卫生事件中的异军突起是一个值得关注的现象。

第二，基金会的参与方式以捐赠防疫物资和捐赠防疫资金为主，社会服务机构的参与方式较为分散，社会团体主要是以提供消杀、执勤等志愿性服务和捐赠防疫物资为主。基金会的参与方式与基金会的机构特性相符，即基金会的优势在于调动物质资源，通过直接捐赠或资助农村地区在地社会组织的方式参与农村疫情防控，如中国扶贫基金会支持疫情发生地的在地社会组织，为其提供资金支持，帮助合作伙伴为农村购买防疫物资等。社会服务机构的参与方式主要集中在捐赠防疫物资、提供防疫宣传服务和提供消杀、执勤等志愿性服务。其中，志愿服务方式需要特别关注，这也与社会服务机构的服务特点密切相关。由于社会服务机构在农村开展服务，需要动员当地合作伙伴或村民参与，从社区营造的视角，培养当地居民的参与热情，因此，在疫情发生后，社会服务机构能够较好地动员当地的志愿者或服务对象参与到疫情防控中，如四川海惠助贫服务中心鼓励农村项目培育的妇女自组织积极参与到农村疫情防控中。社会团体主要采用了提供消杀、执勤等志愿性服务和捐赠防疫物资的方式参与农村疫情防控，这也符合其组织的特性，即社会团体的重要优势是能够动员团体的成员资源，发挥各成员自身的优势，如北京市蓝天救援队朝阳分队组织志愿者在农村开展消杀工作。

二 文献回顾

在分析社会组织参与农村疫情防控的影响因素之前，首先需要回顾以往的研究文献。从现有文献来看，与此相关的理论成果较少，主要集中于社会需求视角和社会组织功能视角。

（一）农村社会需求是社会组织进入农村的驱动力

社会需求强调的是社会组织在选择和设计公益慈善项目时的出发

点或标准是以社会需求为导向。孙燕（2010）认为以需求为导向、以项目为载体的服务供给模式是政府购买社会组织服务的一种形式，蕴含着"以需求为导向"的逻辑，体现了社区公共服务的价值导向。这种服务供给模式使社会组织参与公共服务成为可能，为社会组织能力的提升提供了机会，也为社会服务类组织的发育提供了一条可能的路径。谢舜、王天维（2017）认为经济发展在农村引致的公共需求可能因地而异、因时而异，这些未经满足的公共需求构成农村社会组织生成的内在动力，满足这些公共需求是社会组织的功能目标。颜克高、任彬彬（2017）基于"嵌入"理论，对社会组织项目制治理的运行过程进行了分析，认为项目制治理嵌入冲突的重要外在表现形式为公共服务需求与供给的不匹配。因此，应当加强公共服务项目的需求评估，以社会真实的公共服务需求为基础，"自上而下"反映社会需求，增强项目的社会公共性。蔡礼强（2018）对政府购买社会组织公共服务的需求表达进行了研究，认为购买服务型的社会组织服务必须符合政府购买服务项目的"需求导向"，充分掌握和了解服务对象的"需求表达"，将自上而下的需求调查和自下而上的需求表达有效整合、对接，制定和执行服务项目，发挥社会组织自身贯通上下的需求整合作用，这样才能使服务对象以及购买方满意，成为一个优秀的服务生产者。施健（2019）认为服务需求决定社区服务的立足点，只有了解社区居民的服务需求，才能更有效地推进社区社会组织有序稳定的发展。无论是居委会自办社会组织还是民间社会组织，都必须以居民服务需求为导向，让服务需求贯穿于整个社区社会组织发展链上。蒋宏宇、敬龙军、刘伟（2019）认为社会组织在体育服务的精准供给中，要致力于解决供给内容问题，从服务对象的真实需求出发，通过灵活的运作方式来照顾不同群体个性化、差异化的体育需求，为不同地区、不同类型的目标群体提供精准化服务。谢舜、罗吉（2019）认为在社会组织蓬勃发展的今天，应当利用其在信息、成本、移动性、社会资本上的优势，针对农村公共服务的碎片化特征实现公共需求的精准识别与有效匹配。倪咸林、陈菲、张红梅（2019）提出可以利用社区社会组织扎根社区、贴近群众的优势，对群众需求进行系统收集整理；依据社会组织项目运作的专业优势，将服务需求转化为服务项目，更好地满足居民需求。马威（2020）认为城乡主体需求与满足的实现是城乡组织互嵌可持续的动力，互嵌强调在满足各自需求的基础上，实现组织间的功能整合，以支持并实现更高层次有机体的诉求。

（二）关注弱势群体是社会组织立足之本

李涛（2020）指出，在疫情暴发初始阶段，一些社会组织找不到服务对象，不知道应该做什么，主要是因为我国社会组织缺少基层意识，在社会组织的使命当中，缺少了基层意识的底色。基层意识和关注社会弱势群体是社会组织存在的社会价值，也应当成为其项目的出发点。陶元浩（2007）提出社会组织是为弱势群体疏通淤积的利益表达渠道、拓宽其利益诉求表达的渠道。赵秀芳（2010）提出相较于强势群体的强话语权，鼓励社会组织参与社会管理是为弱势群体表达自己的意愿和要求、争取并维护自身的权益提供可能。李迎生等（2013）在分析社会工作介入社会管理的必要性时提出，社会工作应当为社会弱者呼吁更多保护性和倾斜性的社会政策。李迎生、徐向文（2016）指出社会组织具有理念层面和方法层面的优势，因此，在介入农村精准扶贫时，社会组织具有专业的优势与功能，特别是在理念方面，其强调对贫困人群的赋权与增能。袁小平（2019）提出乡村振兴的目标是改变农村的弱势地位，为此，社会组织可以以修补者角色嵌入农村结构体制，以启蒙者角色倡导乡村发展的新方向，以革命者角色解决乡村衰败的深层次问题，以阐释者角色凝聚共识。萧子扬（2020）提出社会组织与乡村振兴之间具有内在的逻辑关系，在生活方面关注农村残障人士、留守妇女等弱势群体的现实需求。

（三）对已有研究的评述

已有的文献为我们描述出社会组织存在的价值，以及社会组织在项目设计过程中应当遵循的社会需求原则，要求社会组织在满足社会需求的同时，也要关注社会弱势群体。按照上述研究成果的逻辑进行推论，在新冠肺炎疫情暴发后，农村社区由于公共卫生条件差、防疫物资不足、疫情防控信息的传递迟滞、聚集性活动较多等方面的限制，很容易成为疫情防控的关键地区，对外部力量的积极介入具有强烈的社会需求。此外，农村地区的弱势群体数量更多，除了建档立卡贫困户之外，因为疫情，农产品销售受阻、外出务工难以成行等也导致了新的弱势群体的出现。对此，具有关注社会弱势群体情怀、以社会需求为导向的社会组织更应当积极介入农村防疫工作，但是，现实却出现了一个悖论，除关注武汉等地的疫情防控之外，大多数社会组织关注的是城市社区的疫情防控，而关注农村疫情防控的少之又少。可见，原有的理论不足以解释突发事件中的社会事实，因此，有必要对少数关注农村疫情防控的社会组织进行深入研究，构建一个新的探索性解释框架，回答影响这些社会组织关注农村疫情防控的因素有哪些。

三　研究设计

（一）研究方法

对于社会组织参与新冠肺炎疫情等突发公共卫生事件的影响因素来说，目前还没有成熟的变量范畴和理论假设，需要进行探索性研究。本文选择多案例研究方法，主要是基于下述理由：一是殷（2014）认为案例研究适合处理"怎么样"和"为什么"之类更富有解释性的问题；二是艾森哈特（Eisenhardt，1989）认为多案例的探索性研究能够进一步提升研究的信度水平。在对多案例材料进行操作化技术方面，本文采用了科宾和施特劳斯（2015）提出的扎根理论（grounded theory）研究方法。扎根理论研究方法的基本逻辑是通过在深入案例的情景中搜集研究数据，通过对原始定性材料的分析和归纳，使之概念化和范畴化，进而通过不断地比较，进一步提炼，并在概念、范畴之间建立联系，最终形成解释性理论框架。扎根理论研究方法的主要步骤包括开放式编码（open coding）、主轴编码（axial coding）和选择性编码（selective coding）。

（二）案例样本选择

本研究的案例样本主要是采用理论抽样的方式（theoretical sampling）获取。本文从上述 76 个参与农村疫情防控的社会组织案例样本中进行理论抽样，这 76 个案例分别标记为 C1 - C76。由于 76 个案例之间存在参与内容重复的情况，如 C7 - C18 案例，在组织类型上都属于社会团体，它们在参与农村疫情防控方面，都是通过派遣志愿者的形式参与农村地区消杀与执勤，因此对其进行合并处理。同时，为了实现样本数理论饱和（theoretical saturation），本文通过对案例的反复对比，最终保留了 12 个案例，分别标记为 LC1 - LC12，案例的基本资料如表 2 所示。

表 2　样本案例基本情况一览

样本编号	样本组织类别	样本参与农村防疫的方式
LC1	基金会	采购贫困村农副产品（消费扶贫、以购代捐）、为贫困户捐赠物资、捐赠资金
LC2	社会服务机构	发动志愿者、进行心理干预、捐赠物资
LC3	基金会	资助在地社会组织、捐赠资金
LC4	基金会	捐赠资金、捐赠物资、志愿者参与
LC5	社会团体	捐赠资金
LC6	基金会	提供防疫技术支持
LC7	社会服务机构	志愿者参与、防疫宣传
LC8	社会服务机构	防疫宣传、提供心理咨询服务、志愿者参与
LC9	基金会	捐赠物资、进行心理干预
LC10	社会服务机构	成立志愿者联盟、防疫宣传

续表

样本编号	样本组织类别	样本参与农村防疫的方式
LC11	社会团体	捐赠物资、志愿服务
LC12	社会团体	提供志愿服务、防疫宣传

（三）　数据收集

本文主要采用文献分析法，为确保二手数据资料的效度，采用三角验证（triangulate）的方式，即每个样本的材料尽可能地采用多种渠道进行验证。本文的数据主要来源于四个渠道：一是案例机构的网站或公众号；二是网易、头条等门户网站有关社会组织参与农村疫情防控的报道；三是各省份的社会组织联合会或民间组织促进会网站；四是民政部以及各地民政局相关网站的资料。为进一步验证构建理论的饱和度，本文随机选择 2/3 的案例材料进行编码，并在此基础上构建理论模型，剩余 1/3 的案例材料留作编码的理论饱和度检验。此外，为了进一步验证理论模型的解释力，通过电话、微信访谈的方式，对国内参与农村疫情防控的 6 家社会组织进行访谈，利用访谈获得的一手材料对建构的理论模型进行验证。

四　研究数据分析及模型构建

（一）　开放式编码

开放式编码是将案例材料进行译码，针对原始的材料逐字逐句进行编码、标签和登录，并通过持续的比较分析获取初始概念，发现概念范畴。为减少研究者个人观点偏好对编码质量的影响，本文尽可能采用原始材料的表述作为标签，从中产生初始概念。通过编码，得到 225 个原始语句及相应的初始概念，由于初始概念存在重复和交叉，为此，采用范畴化的方式对初始概念进行重新组合，剔除重复频率小于 2

次的初始概念，本文最终得到 115 个初始概念和 38 个范畴。为了说明开放性编码的过程，对 12 个样本案例材料的开放性编码举例如表 3 所示。

表 3 样本案例材料开放性编码示例

案例资料摘要	开放性编码	
	概念	范畴
在大埔县委县政府的指导下（LC1 - A1）	B1 政府指导	C2 政府公信力背书
联合青神县政府、县妇联、县乡村妇女儿童合作发展促进会（LC2 - A3）	B3 联合政府（准政府机构）	
邀请专业的社工和心理学老师作为志愿者或专家，为参与一线抗疫的家庭提供社会支持和心理辅导（LC2 - A5）	B5 邀请志愿者或专家	C4 外部人力资源支持
腾讯为村平台与微医集团携手，极速上线"新冠肺炎实时救助平台"，首批面向全国 15000 多个村庄推出在线免费医疗咨询服务（LC6 - A6）	B20 与外部企业合作	C18 外部组织资源支持
联合中国营养保健食品协会，重点面向疫情严重地区的家庭，帮助因疫情影响导致母乳喂养困难、物资缺乏的家庭（LC9 - A2）	B15 与其他社会组织合作	
支持疫情发生地的在地社会组织投入疫情防控工作，为困难群体提供各类救助和服务（LC3 - A12）	B31 支持在地社会组织	
驻村工作人员及时返村，并且积极响应基层党组织和村委会的号召，在所在地的村积极参加志愿服务（LC10 - A15）	B28 驻村工作人员	C19 人力资源
…… （共计 225 个原始语句）	…… （共计 115 个初始概念）	…… （共计 38 个范畴）

（二）主轴编码

主轴编码也被称为关联式登录，是在各个概念范畴之间发现和建立联系，发展主范畴和副范畴。科宾和施特劳斯（2015：98）为方便研究者将范畴联系起来提供了典范范式，即条件（conditions）→互动/行动和情感→后果（consequences）范式，其中条件是指研究对象做出特定反应的环境或条件；互动/行动和情感是指个人或群体对情景、问题、偶发事件以及大事件做出的反应；后果是指互动/行动或者对事件的情感反应的结果。借助此范式，对 37 个范畴进行主轴编码，在此基础上，形成责任感知、基层意识等 13 个存在显著逻辑关系的副范畴，并在此基础上聚合出使命驱动、社会需求、场域压力等 5 个主范畴，具体如表 4 所示。

表 4　主轴编码

主范畴	副范畴	开放性范畴
使命驱动	责任感知	使命、农村项目、应急
	基层意识	弱势群体、贫困
社会需求	村民诉求	恢复生计、提升就业技能、减轻村干部压力
	治理完善	形势严峻、防疫物资不足、防护意识不强
场域压力	政策动员	命令、对口帮扶、基层党组织号召、村委会号召
	捐赠者推动	海内外企业捐赠者、会员企业
	舆论推动	媒体宣传
组织能力	资源禀赋	捐赠（募集）资金、捐赠（募集）物资、人力资源
	科技支撑	互联网＋、在线咨询服务
	专业技术	心理创伤、心理慰藉、社会工作、医疗救助
支持性网络	公益生态网络	外部组织资源支持、外部人力资源支持、公益平台
	政府支持网络	政府公信力背书、政社合作、政府要求
	基层服务网络	在地网络、当地员工、项目村、互助组

（三）选择性编码与模型建构

选择性编码也被称为核心式登录，通过描述现象的"故事线"（story line）识别能够统领所有范畴的核心范畴，建立核心范畴与其他主范畴之间的联系，发展出理论框架。本研究确定的核心范畴是"社会组织参与农村疫情防控的影响因素"，围绕这一核心范畴，形成了使命驱动、社会需求、场域压力、组织能力和支持性网络 5 个主范畴构成的框架体系。其中，使命驱动关注的是社会组织参与的内在动力因素，即社会组织基于组织宗旨与使命，关注农村以及农村中的弱势群体；社会需求是社会组织参与的出发点；场域压力包括引致性因素和推动性因素，引致性因素主要关注的是通过引导、宣传等手段激励社会组织参与，推动性因素关注的是基于责任、使命、任务等推动社会组织参与；组织能力关注的是社会组织参与农村疫情防控所需资源的动员能力；支持性网络则是社会组织参与的外部支持性条件。使命驱动构成社会组织作为农村疫情防控重要行动者的内在动力，社会需求、组织能力和支持性网络属于情境因素，说明社会组织参与农村疫情防控是一个多因素复合驱动的行为，在条件→互动/行动和情愿－后果范式下，社会组织的参与与否属于情景条件下行动的后果。使命驱动是内驱动因素，直接决定社会组织是否参与农村疫情防控；社会需求、场域压力、组织能力和支持性网络对使命驱动产生增益或弱化作用，即当情景因素作用较强时会放大使命驱动的效果，推动社会组织在使命驱动之下，付诸行动；相反，如果情境因素作用较弱，即使社会组织具有较强的内在驱动力，也可能不采取行动，因此，社会组织参与农村疫情防控的影响因素模型可以描述为"使命—情景—行为整合模型"（见图1）。

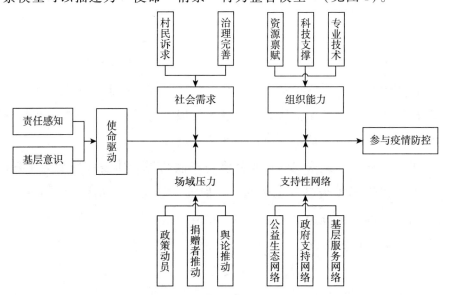

图1 社会组织参与农村疫情防控影响因素模型

（四） 理论饱和度检验

理论饱和度一般是指没有新范畴出现。为了验证研究结论的理论饱和度，本文基于上述 12 个样本案例材料，随机选择 1/3 的材料进行单独的开放性编码、主轴编码和选择性编码，然后通过与之前 2/3 材料的编码进行比较分析，发现后面用于饱和度验证的材料编码所形成的初始概念、范畴、主范畴和副范畴与之前形成的编码重复，没有出现新的概念和范畴。因此，可以判断"使命—情景—行为整合模型"达到了理论饱和，可以停止新的采样。

五 模型阐释

基于对社会组织参与农村疫情防控的多案例进行扎根理论分析，本文初步得出下述基本研究结论。

（一） 使命驱动是社会组织参与农村疫情防控的内在动力

组织使命是社会组织发展的内在驱动力，也是社会组织获得社会合法性的基础。周嘉豪 （2020） 认为，重视组织的使命创建、内部治理可以增强社会组织程序合法性，有利于构建健康向上的组织文化，塑造良好的组织社会形象，从而避免组织发展的内卷化。社会组织参与农村疫情防控的使命驱动主要包括下述两个层面。

第一，社会组织认识到自身具有协作农村进行防疫的使命与责任。如要社会组织形成最终责任感知，一般要求社会组织的使命与乡村有关，对乡村的情况较为熟悉，能够在疫情暴发后第一时间介入农村防疫工作。例如，LC3 案例中，该机构长期关注和从事农村公益慈善活动，帮助农村贫困人口是该机构的主要工作内容，正如其组织使命所示"播善减贫，成就他人，让善更有力量"。正是在这种使命的驱动下，当疫情发生之后，该机构不仅为农村社区被感染的建档立卡贫困户提供基本生活保障，还与在地伙伴机构合作，为困难群体提供各类救助和服务。

> 疫情防控期间，我们社会组织应当为居民服好务，一个是我们在这个村子有项目，另外一点就是社会组织的使命，社会组织一定要发挥作用。疫情造成线下服务开展困难，那么，我们就想看看能不能开展线上服务。（访谈记录，编号：20200417）[①]

> 今年是脱贫攻坚收官之年，疫情对贫困地区脱贫有很大影响，作为基金会，我们有责任积极参与抗疫和扶贫。（访谈记录，编号：20200310）[②]

第二，社会组织是否具有关怀弱势群体的意识也是社会组织能否参与农村防疫的重要影响因素。关怀基层弱势群体是公益慈善组织的底色所在，但是，随着社会治理工具的精致化，社会组织关注的重点也逐步向着社会热点靠近，公益与商业的融合、社会企业、社会影响力投资等成为社会组织发展新的目标。例如，李涛（2020）对于公益慈善的工具化和社会组织的去底层化提出了不同的观点，认为关怀弱势群体的底层意识是社会组织和社会工作肩负起专业和社会使命的基本表征。由于社会弱势群体利益表达渠道的局限性，其更需要社会组织发挥中介作用和渠道作用。LC2案例中，该机构长期关注弱势群体，从事农村扶贫工作，在疫情发生后，不仅为机构项目实施地的农村居民购买了防疫物资，还着眼于农村低收入群体的生计发展问题，联合捐赠企业帮助低收入群体恢复农业生产，并帮助务工青壮年提升就业技能。

---

① 访谈 LD 社会服务工作中心主任。
② 访谈 GQ 公益基金会副秘书长。

在农村做扶贫、做乡村振兴的社会组织，在农村疫情发生后，肯定要采取措施的，比如，募集抗疫物资，探讨疫情之后，怎么帮助他们（农民）复工复产。（访谈记录，编号：20200316）[①]

我们是做留守妇女和留守儿童项目的，疫情发生后，这些人可能面临着生计和上学的困难，会比较焦虑，所以我们从心理方面去介入。（访谈记录，编号：20200417）[②]

（二）社会需求是社会组织参与农村防疫的外在初始动力

正如文献分析所示，社会需求是社会组织项目设计的重要参考标准，在疫情防控期间，农村的社会需求主要体现在两个层面：一是村民个体对口罩、消毒液等防护物资的需求以及对相关防疫知识的需求；二是农村作为整体在防疫方面的需求。特别是农村作为整体，由于公共卫生条件差，缺少系统性防疫的体制与机制，特别需要外部社会力量的支持。田先红（2020）指出相较于城市社区，农村在疫情防控方面面临着较为明显的短板，主要体现在：农村居民的健康意识和防疫意识薄弱、农村防疫资源不足、农村医疗卫生资源短缺、乡村干部治理能力有限。望超凡（2020）通过对农村应对新冠肺炎疫情的研究发现，在旧有观念作祟、宣传方式错位、基层组织工作形式主义化、村民个人特征以及长期紧张状态下的疲劳懈怠等因素的共同作用下，农民防疫意识薄弱。农村在防疫方面暴露出的这些不足和问题正是农村在防控新冠肺炎疫情中的社会需求所在，社会组织、社会工作以及各类志愿者可以成为弥补基层防控需求满足缺口的关键力量（张强，2020：5）。陶鹏、薛澜（2013）研究指出，社会组织可以通过技术介入策略、行动介入

---

① 访谈 HH 助贫服务中心主任。
② 访谈 LD 社会工作服务中心主任。

策略、资源介入策略和理念介入策略等参与应急管理领域，满足服务对象对应急管理的需求。向春玲（2020）针对社会组织在公共危机治理中的功能与作用，认为社会组织主要可以在以下几方面发挥作用：危机信息收集和危机防控宣传、社会资源整合、特殊困难群体帮扶、公众参与平台提供、社区疫情防控和生产生活秩序恢复。例如，LC1 案例中，该机构发现农村社区为应对疫情，采取了极端化的封村堵路、禁止农产品进出农村等手段，阻碍了农产品的正常销售，给贫困户的生计和扶贫合作社正常经营带来了严重影响，因此，该机构发挥链接企业资源渠道的优势，通过电商等方式，为农产品的销售寻找出路；LC4 案例中，该机构针对农村地区疫情防控相对薄弱的现状，为农村地区免费发放防控物资，还提供小额贷款，支持农民生活和春耕生产。

> 严格来讲，春节期间，农村面临着很多从外地回村的打工人员。（村民）住的又比较分散，离医院也比较远，要集中隔离的话，挑战是蛮大的。农村的干部、互助组的组长，要去参与巡逻，工作量是非常大的。此外，农村还缺乏口罩、消毒液、必备药品，没有城里那么方便。（访谈记录，编号：20200417）①

（三）场域压力通过引致方式和推动方式实现社会组织的卷入

引致性因素主要关注的是通过引导、宣传等手段激励社会组织参与，推动性因素关注的则是基于责任、使命、任务等方式推动社会组织参与。从场域压力产生主体而言，主要包括政府主体、捐赠者主体和社会舆论主体。

首先，政府主要通过发布鼓励社会组织参与新冠肺炎疫情防控的政策文件、组织动员等方式推动社会组织参与新冠肺炎疫情防控。新冠

---

① 访谈 HH 助贫服务中心主任。

肺炎疫情暴发后，不同层级的政府先后实施了多项政策，鼓励和推动社会组织积极参与疫情防控。例如，中央部委以上层级政府部门明确提出要求社会组织参与的政策文件包括：《关于印发新型冠状病毒感染的肺炎疫情紧急心理危机干预指导原则的通知》（2020 年 1 月 26 日）、《民政部关于动员慈善力量依法有序参与新型冠状病毒感染的肺炎疫情防控工作的公告》（2020 年 1 月 26 日）、《关于加强党的领导、为打赢疫情防控阻击战提供坚强政治保证的通知》（2020 年 1 月 28 日）、《关于全国性行业协会商会进一步做好新型冠状病毒肺炎防控工作的指导意见》（2020 年 2 月 6 日）、《关于民政部业务主管社会组织在参与疫情防控工作中发挥示范引领作用的通知》（2020 年 2 月 10 日）、《民政部办公厅关于印发〈志愿服务组织和志愿者参与疫情防控指引〉的通知》（2020 年 3 月 17 日）。这些政府文件更多的是从正面积极引导和鼓励的方式推动社会组织参与。此外，政府还通过组织动员等方式，要求社会组织参与到疫情防控中，例如，LC1 案例中，该机构在其所在省扶贫办的统筹指导下，通过采购贫困地区农产品的方式助力湖北疫情防控。

（那些村庄）本来就是我们的扶贫点，也有一些那边的（村）干部提出需求，有些扶贫农产品卖不出去，有点自我焦虑；省扶贫办提出能不能支持一下，他们（扶贫办）也收到了各地的一些反馈：第一季度农产品滞销。除了省扶贫办提出需求，我们有些区域公司（基金会发起人所在的企业）所在的当地政府也提出了需求，因为我们地产公司要保持一致的，是一个相互支持的关系，所以就会将当地政府的需求反馈上来，集团进行统筹部署。（访谈记录，编号：20200310）①

我们社会组织都是登记注册的，民政部门肯定提出了相关的

———————————

① 访谈 GQ 公益基金会副秘书长。

要求。扶贫办也有这方面的指引，所以，我们要积极响应。（访谈记录，编号：20200418）①

其次，捐赠者通过定向捐赠、联合行动等方式推动社会组织参与疫情防控。新冠肺炎疫情暴发后，社会组织筹集到大量的善款，其中大部分流向了武汉及湖北其他地方等定点地区，除此之外，一些社会捐赠者通过定向捐赠的方式，借助社会组织的中介力量助力农村地区的疫情防控。例如，LC3 案例中，该机构与联想合作，为深度贫困家庭、事实孤儿和困难单亲家庭学生发放平板电脑，解决贫困生在线上课终端短缺的问题。此外，一些企业基金会还会选择与自己的发起单位联合行动，共同参与农村疫情防控，在此过程中，企业的选择偏好和行为模式也会影响基金会的行动模式。陈钢（2017：139）研究发现，在资源依赖理论和委托代理理论的双重影响下，企业基金会在运作过程中不仅要应对发起企业的慈善动机，而且可能受到其行为干预，进而表现出具有特殊性的捐赠行为。LC1 案例中，该机构作为一个准企业基金会（企业和基金会发起人为同一人），在参与此次疫情防控参与过程中，基本上都是和企业共同行动，由企业捐赠资金给基金会，再由基金会进行捐赠；LC4 案例中，该机构启动了"百村防疫，群防群治"的"头雁战'疫'"项目，获得了 MXC 集团、香港陈张敏聪夫人慈善基金会、区块链基金联盟的物资和资金资助，用于为农村防疫提供物资、小额资金和志愿者补贴等。

当时报给领导（基金会的发起人）的时候，预算是几百万元，但是，他认为这个方向挺好，于是要求大大增加用于农村抗疫项目的资金预算。（访谈记录，编号：20200310）②

①　访谈 CFPA 基金会副秘书长。
②　访谈 GQ 公益基金会副秘书长。

　　最后，社会舆论层面的压力主要来自新闻媒体的报道。一方面，新闻媒体中介将新冠肺炎疫情的相关信息传递给信息接收者，这些信息接收者既包括普通民众，也包括社会组织以及相关的人员。通过将新冠肺炎疫情的关联信息传递给社会组织相关的人员，从而形成推动社会组织设计项目的外部压力。另一方面，在信息传递的过程中，通过积极宣传社会组织参与新冠肺炎疫情防控工作，对其他社会组织形成一种内在的无形推力。综合上述两个方面，形成了社会舆论层面的压力。

　　　　有一些是区域公司（基金会发起人所在的公司）反馈上来的，他们说当地政府，还有当地的宣传部门、电视台都报道了，县里面的领导找到他们（区域公司），希望帮助当地农村解决农产品滞销的问题。（访谈记录，编号：20200310）①

（四）组织能力是社会组织参与的基础性条件

　　组织能力主要包括资源禀赋、科技支撑和专业知识与技能。资源禀赋主要是指社会组织具有相应的物资资源，能够通过筹款方式获得资金，购买防疫物资等。从 LC1 - LC12 案例可以看出，该社会组织从 7 个机构募集了防疫物资，具备开展农村防疫工作的物质条件。除此之外，社会组织还需要具有一定的人力资源，能够将捐赠物资下沉到农村，或者为农村的防疫工作提供人力支持。例如，LC11 和 LC12 案例，分别通过动员志愿者的方式，为农村防疫提供人员出入登记检测服务和农村消杀服务等。

　　　　我们（基金会）会教他们一些信息，比如物资可以在哪里采购，然后可以在哪里申请，我们会给他们（村民）一些援助。（访

_____

① 访谈 GQ 公益基金会副秘书长。

谈记录，编号：20200417）①

　　政府购买了我们的服务，我们在这个地方安排了一名专职的社工，疫情防控期间，这个社工就帮着村里进行人员登记和宣传工作。（访谈记录，编号：20200417）②

科技支撑主要是指面对新冠肺炎疫情的复杂性，需要借助信息化等科技手段，从疫情信息传递、大数据流行病学筛查、远程防疫协助等方面缩短因封城、封村形成的物理空间分割，助力农村防疫。农村在应对疫情危机时信息化程度较低，因此，社会组织在参与农村疫情防控过程中，可以利用信息化等科技手段，解决信息不对称等问题。LC6案例中，该机构利用"互联网＋"信息化手段，上线了"新冠肺炎实时救助平台"，为15000多个村庄提供在线免费医疗咨询服务。

　　这次疫情，我们也开了抖音直播，将心理课程、儿童绘画等都放到了网上，这也是我们首次借助抖音这样的互联网工具开展公益项目。（访谈记录，编号：20200417）③

专业技术资源主要解决社会组织在参与农村疫情防控过程中所必需的医疗防护专业知识、服务对象心理慰藉专业知识、病毒消杀专业知识等。由于公共卫生突发事件的应对难度大、复杂性高，社会组织在参与农村一线疫情防控过程中就需要具备较多的专业知识。一方面是保护社会组织从业人员的人身安全，另一方面是发挥自身的专业性，提供心理慰藉、专业防护知识等服务。例如，LC12案例中，该机构作为一个专业救援社会服务机构，利用志愿者的救援专业知识，在农村开展了

① 访谈SG乡村振兴公益基金会高级项目经理。
② 访谈BS社区服务中心主任。
③ 访谈BS社区服务中心主任。

病毒消杀作业。

> 跟地震那些（自然灾害）不一样，地震发生后，大家（社会组织）都能想办法进去，但是疫情的话，不允许（这样做），要求每个人都宅家，所以，在这种情况下，需要有专业的技术水平才能进入。（访谈记录，编号：20200417）[①]

> 在公共卫生事件中，有能力（应对疫情）的社会组织比较少，包括我们自己都觉着有些力不从心。我们现在也开始了一些项目，结合这次疫情过程中的痛点，有针对性地设计了农村医疗卫生项目，来帮助他们（农民）提升应对公共卫生事件（的能力）。（访谈记录，编号：20200418）[②]

（五）支持性网络是社会组织深度和有效参与的重要保障

支持性网络主要包括公益生态网络、政府支持网络和基层服务网络。

公益生态网络，强调的是社会组织在参与农村疫情防控过程中，可以借助其他社会组织的力量，获得资金、物资、服务供给等方面的支持。赖佐夫提出："从中国公益事业发展的阶段而言，我们现在需要进入从中心化到去中心化的多元分布式发展阶段，事业发展推动的主体力量要进一步下沉，要鼓励地方核心力量，盘活在地资源适应性地解决地方问题，这是中国公益事业要想长久可持续大发展的必需选择。"[③] 通过构建公益生态网络，能够为网络中的利益相关方提供知识和信息

---

① 访谈 HH 助贫服务中心主任。
② 访谈 CFPA 基金会副秘书长。
③ 《解决"最后一公里问题"，亟须建设区域公益生态》，https://mp.weixin.qq.com/s/ljq_E-7pjRjyjLFsPZyGYCw，最后访问日期：2020 年 4 月 9 日。

的共享，建立信任，达成共识，促进跨部门对话，从而优化慈善资源配置。例如，LC3 案例中，该机构在参与方式方面，联合中国石油"益路同行"平台，支持疫情发生地的在地社会组织为社区疫情防控和困难群体提供各类救助，此外，与腾讯公益慈善基金会合作，为贫困户提供捐赠资金支持。

> （基金会）到了贫困村庄以后，发现一些社区有一些新型经济组织，就是所谓的合作社，村庄里面基本没有（慈善法规定）社会组织，但是，这些合作社等经济组织从某种程度上扮演了社会组织的角色，发挥了一定的作用。（访谈记录，编号：20200418）[①]

> 对社会组织来讲，应当是基于需求去开展工作，如果以前没有做过农村工作，参与抗疫也可以，但是需要找对农村比较熟悉的社会组织或政府部门合作。（访谈记录，编号：20200316）[②]

政府支持网络，强调政府为社会组织参与社区防疫提供必要渠道。例如，疫情暴发后，很多农村地区封村堵路、设置路障、严禁外部人员进村。在这种背景下，社会组织试图进入到不熟悉的农村开展消杀等防疫工作时，需要政府的背书，获得介入合法性。LC10 案例中，该机构通过积极响应基层党组织和村委会的号召，将机构的人员下沉到农村防疫一线。LC9 案例中，该机构借助当地妇联组织体系，将婴幼儿奶粉、辅食等发放到疫情严重地区的困难家庭。徐宇珊（2010：27）指出依托体制内的全国性行政组织网络，如共青团系统、妇联系统、计生系统等是社会组织完成涉及面广、深入最基层、直接面向受益群众的公益项目的有效手段。

[①] 访谈 CFPA 基金会副秘书长。
[②] 访谈 HH 助贫服务中心主任。

需要政府的支持，社区有什么需求就直接跟我们交流，当地政府，如扶贫办帮助我们协调，一是搜集需求，看我们能帮着办哪些事情；然后，我们把物资准备好之后，给他们（扶贫办）寄过去，他们再帮着分发。（访谈记录，编号：20200316）①

我们在当地有扶贫项目，与当地政府建立了密切的合作关系。（访谈记录，编号：20200418）②

基层服务网络，对于一些具有丰富乡村项目经验的社会组织而言，由于前期的乡村类项目培育了在地的志愿者、建立了基层服务网络，因而在疫情暴发后，此类社会组织能够借助现有的基层服务网络介入农村防疫工作。例如，LC4 案例中，该机构在疫情发生之前通过"头雁计划"培训返乡青年，形成了遍布全国的"乡村头雁网络"，此次疫情发生后，该机构通过"乡村头雁网络"发布疫情信息和防疫知识，另外，鼓励"头雁"参与乡村防疫工作。

疫情发生后，交通都中断了，社会组织很难直接进入到村子，这时，我们之前建立的自组织，如合作社、互助组等开始发挥作用。我们通过微信群，了解他们的需求，根据他们的需求，把东西买过来，再寄过去。（访谈记录，编号：20200417）③

第一个方面，农村端的话，我们本身跟很多合作社合作，基金会投资了一家农业公司，专门消化当地农产品；第二个方面，我们在城市端有社区物业，此外，还联动了当地的物业协会，共同对所有社区提供支持。我们两端（农村和城市）都有相关的资源，所

---

① 访谈 HH 助贫服务中心主任。
② 访谈 GQ 公益基金会副秘书长。
③ 访谈 HH 助贫服务中心主任。

以联动起来比较容易。（访谈记录，编号：20200418）①

六　结论与讨论

社会组织是参与突发公共卫生事件治理的重要力量，社会组织不仅可以在捐赠方面发挥积极作用，而且可以通过整合资源，在医疗物资援助、数据统计、基层社区支援服务等领域有所作为（周如南，2020：16）。但是，我们通过观察发现，相较于城市社区，社会组织在农村疫情防控方面的参与较少。按照社会需求理论和社会组织功能理论，农村社区对于社会组织的疫情防控参与存在更大的需求，同时，农村中需要社会组织关怀的社会弱势群体数量更多、程度更深，因此，社会组织积极参与农村疫情防控是一种应然状态。对于如何解释社会组织积极参与的应然状态和实际参与度不高的实然状态之间不一致的悖论，现有的研究成果中缺少充分的解释。特别是在国家积极鼓励社会组织参与农村扶贫和乡村振兴战略背景下，需要更多的社会组织积极介入到乡村，回应国家战略需求。因此，需要对现有参与农村疫情防控的社会组织案例进行分析，从中析出具有较强解释力的影响因素，进而反向推导影响社会组织参与农村公益慈善工作的障碍性因素。

本文运用多案例研究思路，并结合扎根理论研究方法分析了社会组织参与农村新冠肺炎疫情的案例，研究发现使命驱动、社会需求、场域压力、组织能力以及支持性网络 5 个因素会影响社会组织参与农村疫情防控的行为。其中，使命驱动是前置变量，社会需求、场域压力和支持性网络是外部情境变量，组织能力是内部情境变量。在此基础上，本文探索性构建了影响社会组织参与农村疫情防控的"使命—情景—行为整合模型"。文章认为，社会组织内在的使命驱动、农村的社会需

---

① 访谈 GQ 公益基金会副秘书长。

求、社会组织面临的场域压力以及内部组织能力和外部支持性网络是影响社会组织参与农村疫情防控的主要因素，那些不具备上述因素的社会组织，在参与农村疫情防控时可能面临着较高的壁垒，从而限制了其参与。对此，本文认为可以从以下几方面破除壁垒，为进一步推动社会组织参与农村防疫，甚至参与农村脱贫攻坚和乡村振兴创造良好的条件。

第一，社会组织在项目设计和选择时，应当不断反思组织的使命和责任。特别是一些以关注农村、弱势群体等为使命的公益慈善组织，不能高高在上，脱离基层，更应当不忘初心，关注贫困地区、偏远地区农村的弱势群体，基于农村的实际需求设计项目。

第二，完善激励机制，形成场域压力，引导社会组织服务乡村。社会组织既可以在城市开展公益慈善活动，也可以在农村开展。而选择基层农村往往会面临更大的困难与挑战，这就需要政府采用政策激励等工具，需要引导捐赠人的捐赠偏好，需要舆论的宣传，通过正向激励，倒逼场域压力的形成，从而鼓励更多的社会组织服务农村，参与脱贫攻坚和乡村振兴。

第三，不断提升社会组织的信息化等科技应用能力，增强应对突发公共危机事件的综合治理能力。随着"风险社会"的到来，应对风险社会的工具除了传统的制度、组织之外，还需要科学技术的有效支撑，特别是进入大数据时代，在一个万物互联的网络当中，需要社会组织与时俱进，不断提升自身的信息化水平。特别是在应对突发公共卫生事件过程中，信息技术的应用可以降低信息不对称，为农村地区突发公共卫生应急事件提供有效的解决途径与方案。

第四，构建完善的支持性网络。研究表明，支持性网络是社会组织得以嵌入农村的重要因素，也是社会组织发挥作用的保障。社会组织应当利用此次疫情，转危为机，构建基于乡村的支持性公益组织合作网络和基层服务性社会组织合作网络，打造完整的公益生态链。在此基础上，政府可以进一步建立政社协同机制，为社会组织参与脱贫攻坚和乡村振兴提供参与的渠道和支持性平台。

【参考文献】

蔡礼强，2018，《政府向社会组织购买公共服务的需求表达——基于三方主体的分析框架》，《政治学研究》第 1 期，第 70 ~ 81 页。

陈钢，2017，《企业基金会特殊性与治理机制有效性研究》，博士学位论文，东北财经大学。

蒋宏宇、敬龙军、刘伟，2019，《基于需求导向的公共体育服务精准供给研究》，《西安体育学院学报》第 6 期，第 665 ~ 671 页。

李涛，2020，《社会组织要带着底层意识》，《中国发展简报》3 月 23 日。

李迎生、方舒、卫小将、王娅郦、李文静，2013，《社会工作介入社会管理研究——基于北京等地的经验》，《社会工作》第 1 期，第 3 ~ 55 页。

李迎生、徐向文，2016，《社会工作助力精准扶贫：功能定位与实践探索》，《学海》第 4 期，第 114 ~ 123 页。

罗伯特·K. 殷，2014，《案例研究：设计与方法》，周海涛、李永贤、李虔译，重庆大学出版社。

马威，2020，《城乡组织互嵌与乡村振兴的路径研究——基于湖北省 BL 村的实践调研》，《中央民族大学学报》（哲学社会科学版）第 2 期，第 78 ~ 85 页。

倪咸林、陈菲菲、张红梅，2019，《政府购买社会组织服务供需适配精准化——南京社区暨社会公益服务项目洽谈会的实践与思考》，《中国社会组织》第 22 期，第 26 ~ 28 页。

施健，2019，《服务需求导向下的社区社会组织发展路径研究》，《重庆广播电视大学学报》第 2 期，第 48 ~ 53 页。

孙燕，2010，《创建以需求为导向，以项目为载体的公共服务供给模式》，《学会》第 8 期，第 34 ~ 36 页。

陶鹏、薛澜，2013，《论我国政府与社会组织应急管理合作伙伴关系的建构》，《国家行政学院学报》第 3 期，第 14 ~ 18 页。

陶元浩，2007，《弱势群体利益表达机制社会化途径的完善》，《新东方》第 4 期，第 13 ~ 17 页。

同心，2020，《疫情防控是对我国治理体系和治理能力的一次深度检验、一次综合性大考》，《求是》3 月 1 日。

望超凡，2020，《农村疫情防控的关键，在于强化农民防疫意识》，https://user. guancha. cn/main/content? id = 239008。

向春玲，2020，《社会组织可以在公共危机治理中发挥哪些作用》，《学习时报》3 月 4 日。

萧子扬，2020，《社会组织参与乡村振兴的现状、经验及路径研究——以一个西部留守型村庄为例》，《四川轻化工大学学报》（社会科学版）第 1 期，第 17 ~ 34 页。

谢舜、罗吉，2019，《农村公共服务供需均衡中的"互联网 + 社会组织"研究》，《广西大学学报》（哲学社会科学版）第 5 期，第 102 ~ 111 页。

谢舜、王天维，2017，《中国农村社会组织发展的内在动力和约束条件——基于 2007 ~ 2014 年 31 省面板数据的实证研究》，《江汉论坛》第 7 期，第 122 ~ 128 页。

徐宇珊，2010，《从封闭到开放：中国基金会的"散财之道"》，《中国非营利评论》第 1 期，社会科学文献出版社，第 24 ~ 44 页。

徐悦东，2020，《田先红谈基层防疫：形势严峻，仅靠乡村干部还不够》，《新京报》2 月 10 日。

颜克高、任彬彬，2017，《嵌入冲突：社会组织项目制治理的困境探析》，《理论导刊》第 10 期，第 9 ~ 14 页。

袁小平，2019，《农村社会工作对乡村振兴的因应研究》，《甘肃社会科学》第 4 期，第 147 ~ 153 页。

张强，2020，《"机会窗口"与应急管理中政社合作"新常态"——全面认知新冠肺炎疫情应对中的社会参与》，《中国非营利评论》第 1 期，社会科学文献出版社，第 2 ~ 7 页。

赵秀芳，2010，《从公民话语权看弱势群体利益的维护》，《理论与现代化》第 3 期，第 10 ~ 15 页。

周嘉豪，2020，《我国社会组织发展的障碍及转型之路——一个内卷化理论的视角》，《南方论刊》第 3 期，第 14～18 页。

周如南，2020，《重建社会：反思公共危机管理中的社会组织参与》，《中国非营利评论》第 1 期，社会科学文献出版社，第 13～18 页。

朱丽叶·M. 科宾、安塞尔姆·L. 施特劳斯，2015，《质性研究的基础：形成扎根理论的程序与方法》，朱光明译，重庆大学出版社。

Eisenhardt，K. M. 1989. "Building Theories from Case Study Research," *Academy of Management Review* 14（4）：532－550.

中国社会组织研究　第 19 卷

第 86~107 页

© SSAP, 2020

社区疫情防控中的志愿者动员：作用及其优化策略

——以南通市崇川区为案例[*]

俞祖成　程计险　黄佳陈[**]

摘　要： 新冠肺炎疫情防控期间，社区成为疫情联防联控的第一线，也是外防输入、内防扩散最有效的防线。本文通过现状梳理发现，社区志愿者动员能力成为影响社区应对疫情危机效果的关键因素。那么，志愿者参与究竟如何助力社区疫情防控？针对其中需要完善的方面，我们应该如何加以优化和改进？基于南通市崇川区的案例分析，本文认为并非所有社区都具备应对疫情危机的能力。只有那些群众基础扎实并具备全面动员居民志愿者能力的社区，才能较好地应对疫情危机。

---

[*]　基金项目：本文为教育部哲学社会科学研究重大课题攻关项目"政府购买社会组织服务的模式创新研究"（项目编号：17JZD029）。

[**]　俞祖成，上海外国语大学国际关系与公共事务学院公共管理系执行主任、副教授、博士生导师，日本同志社大学政策科学博士，主要从事社会组织管理与基层社会治理方面的研究，E-mail：yusosei@126.com；程计险，中共南通市崇川区委办公室副主任；黄佳陈，上海外国语大学国际关系与公共事务学院硕士研究生，主要从事基层社区治理方面的研究，E-mail：yusosei@126.com。

今后，我国应强化社区自治属性、织密社区居民动员网络、构建社区公共危机管理制度。唯有如此，我们才能优化包括志愿者参与在内的社区公共危机联防联控机制。

关键词：社区　疫情防控　志愿者动员　治理"拐点"

一　问题提出：新冠肺炎疫情成为社区治理改革之"拐点"？

2020 年春节前后，一场突如其来的新冠肺炎疫情成为"新中国成立以来在我国发生的传播速度最快、感染范围最广、防控难度最大的一次重大突发公共卫生事件"（习近平，2020a）。对此，习近平总书记2020 年 2 月 3 日发表讲话指出："这次疫情是对我国治理体系和能力的一次大考，我们一定要总结经验、吸取教训。要针对这次疫情应对中暴露出来的短板和不足，健全国家应急管理体系，提高处理急难险重任务能力。"（习近平，2020b）

诚然，新冠肺炎疫情发生后，在党中央集中统一领导下，在各方面的共同努力下，疫情防控工作正有力开展，防控局势正朝着利好的方向发展。然而，值得我们高度关注的是，随着疫情的快速扩散和防控压力的陡增，全国近 65 万个城乡社区迅速被各级政府视为疫情防控的最后一道承压阀，进而成为疫情防控的基础环节和前线"战场"（俞祖成，2020a）。毫无疑问，城乡社区已成为我国打赢新冠肺炎疫情战"疫"的最后一公里所在地（俞祖成，2020b）。为此，习近平总书记指出，要"加强农村、社区等基层防控能力建设，织密织牢第一道防线"（习近平，2020c）。"社区是疫情联防联控的第一线，也是外防输入、内防扩散最有效的防线。使所有社区成为疫情防控的坚强堡垒。"（何淼，2020）"社区是疫情联防联控、群防群控的关键防线，要推动防控资源和力量下沉，把社区这道防线守严守牢。工会、共青团、妇联等人民团体要组织动员所联系群众积极投身疫情防控。对社会力量参与疫情防

控，要加强组织引导、畅通渠道、鼓励支持。"（习近平，2020a）

根据我们的实地调研和信息观察，在城乡社区疫情防控工作中，绝大部分的社区工作者（尤其是社区中的党员和社区志愿者）均能临危受命，勇于担当和奉献，以极大的热情和巨大的努力参与社区疫情防控工作，从而为我国打赢新冠肺炎疫情阻击战提供了最为坚实的力量。然而，我们也必须清醒地认识到，目前城乡社区在疫情防控过程中普遍面临工作人手紧张、信息沟通不畅、依法防控意识不足、志愿者动员困难、防控方式僵化、脆弱群体关怀不够等一系列问题（俞祖成，2020b）。

换言之，这次新冠肺炎疫情阻击战，无疑是对城乡社区治理的检验与考验。一方面，城乡社区的治理优势充分发挥了出来；另一方面，基层社区工作存在的不足和短板也暴露了出来，包括"综合治理强，专业治理弱"、"街道和社区工作者队伍独木难支，在职党员和'两代表一委员'以及社区居民参与度不足"、"区级层面和街道层面智能化治理和大数据优势未能充分彰显"以及"基层社区的动力机制不足"等问题，这说明新冠肺炎疫情将成为我国城乡社区治理改革的"拐点"（俞祖成等，2020：102～104）。这里所谓的"拐点"，是指疫情过后，加强城乡社区治理的重点应转移至对不足的弥补和对短板的补足上来。我们认为，这次疫情要成为城乡社区治理的"拐点"，一个切实可行的做法就是以公共安全为支点，撬动社区治理改革，进而构建"人人有责、人人尽责、人人享有的社区治理共同体"。囿于篇幅限制，本文将重点分析志愿者在参与社区疫情防控中的现状、作用及其优化策略等议题，进而为推动新冠肺炎疫情成为社区治理改革的"拐点"贡献绵薄之力。

二 现状梳理：志愿者参与如何影响社区疫情防控效果

社区志愿服务作为城乡社区建设的重要组成部分，在优化社区资源、维护群众利益、提升居民生活质量等方面发挥积极作用（范黎惠、赵守飞，2018；今川晃，2014）。学者们将各种有益的结果都归因于社区中志愿服务、第三部门或非营利部门的存在及其密度。志愿组织的分布为志愿服务创造了机会从而使社区受益（Mohan and Bennett，2019）。不过，有学者指出，志愿服务可能通过替代劳动来提高行政效率，但也付出了行政复杂性这一代价。协调成本涉及公共服务关系的相互依存性和公共安全利益的不可排他性（Juliet，Matthew，and Michael，2019）。与之相关联，有学者观察到城乡社区志愿者组织在动员过程中呈现基层行政性、组织情感性、时间界限性及模式过渡性这四个特征，而影响城乡社区志愿者组织动员的因素较为复杂，具体包括个体动力、组织运行、制度保障及环境文化这四类因素，它们交互建构志愿者的态度和行为，不仅直接影响居民对社区志愿者组织的参与度和认同感，还为社区志愿组织的发展提出了各类需加以解决的问题（李佳，2016）。针对这个问题，有学者提出社区志愿者管理"五环"工作法，即志愿者招募、志愿服务项目开发、骨干志愿者培养、志愿者培训体系建设以及志愿者激励机制完善。这"五环"环环相扣，一个环节或板块的工作没有做好，就会影响到整个社区志愿服务的效果（高风尘，2019）。

我们注意到，国外一项研究尝试寻找埃博拉病毒疫情危机应对行动中社区参与和社会动员工作的重要经验，进而指出"正如联合国机构和其他伙伴从他们先前的错误中吸取的教训一样，没有任何理由不让当地人积极参与尝试与社区更好地互动。但是，自下而上的途径在响应过程中尚未得到广泛实施"（Laverack and Manoncourt，2016）。而关于城乡社区在这次新冠肺炎疫情防控中的表现，刘佳燕（2020）指出："在国家和社会行动力量之外，还有一类依赖于社区的行动组织力量，展现出小社群、高度链接、熟人网络的优势，在应急行动、信息传递和互助服务等方面发挥了重要作用。其中有两类社区行动网的高效展现：一是经历过非典考验，街镇－村社地方行动网络形成了丰富的应急行动能力和居民动员能力，并获得了居民的信任和支持；二是社区邻里网络联系紧密，拥有邻里互助、志愿者队伍等多种自组织形式，并与地方行政体系之间建构起良好的沟通和合作机制。这显示出组织化和信任度成为现代社会动员中的关键因素，组织化提升行动能力，信任度降低行动成本，大部分社区社会组织在这两个方面都具有一定的优势和潜力，是社区防控工作的重要潜在力量。"从这段论述中我们不难发现，以组织化和信任度为基础的社区行动网络构建，离不开社区志愿者的深度参与。抑或说，社区志愿者动员能力强弱，将成为影响社区应对包括疫情危机在内的公共危机之效果的关键因素。

2020 年 2 月 24 日至 25 日，笔者曾前往上海市虹口区曲阳路街道曲一居民区，就"如何加强基层社区疫情防控能力建设"以及"如何开展志愿者参与社区疫情防控工作"等问题展开深入调研，并主动申请担任曲一居民区的志愿者参与社区疫情防控工作（上海市人民政府，2020）。基于实地调研和亲身体验，我们发现曲一居民区的新冠肺炎疫情防控同样面临"外防输入"和"内防扩散"的双重压力。针对这一情况，曲一居民区第一时间组建了一支由党员、志愿者、楼组长共计30 人组成的新冠肺炎疫情防控志愿者队伍，由党支部书记担任队长并制定岗位时间表，协助社区居委会、物业公司做好疫情联防联控工作，对小区居民进行宣传、引导。此外，志愿者队伍也为小区有困难的居民提供一些暖心服务，如为腿脚不便的社区居民提供送快递上门服务。由于这一次疫情，志愿服务将持续较长时间，社区党总支制定了岗位时间表，确保志愿者自身的作息时间。对参与的志愿者，社区帮他们在"上海市志愿者网站"实名注册并录入服务时长（上海市人民政府新闻办公室，2020）。

当然，曲一居民区之所以成为上海市社区疫情防控的典范之一，是因为它在日常社区治理中非常重视社区志愿者的动员及其队伍建设工作。换言之，在这次疫情防控工作中，并非所有社区都拥有足够理想的社区志愿者动员能力。对此问题，社区治理研究者乔世东进行了充分回应。基于济南市社区疫情防控工作的深入调研，乔世东（2020）认为："2020 年初，在全国上下抗击疫情当下，社区在抗击疫情中的重要地位与作用进一步凸显出来。城乡基层社区是疫情联防联控的第一线。”
“疫情暴发以来，从中央到地方各级领导，还有主流媒体先后发声，肯
定了社区和社区工作者在抗击疫情中的重要作用，表达了对社区工作
者的敬意和关心。……然而在整个抗疫期间，不同社区所发挥的作用却
存在着天壤之别。”（乔世东，2020）进而，乔世东以“社区志愿者动
员能力的强弱度”为区分标准，归纳出志愿者动员能力影响社区疫情
防控效果的三维度模式（详见图1）。

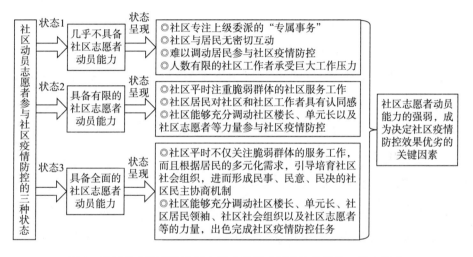

图1　社区的志愿者动员能力影响社区疫情防控效果的三维度模式

资料来源：笔者根据乔世东（2020）的相关内容整理而成。

　　乔世东提出的社区的“志愿者动员能力影响社区疫情防控效果的
三维度模式”，无疑为我们观察和审视“志愿者参与如何影响社区疫情
防控效果”这个议题提供了初步的理论框架。然而，我们也必须认识
到，这种“三维度模式”未能就“志愿者参与如何助力社区疫情防控”
这个问题进行深入探讨，因而也就无法对“如何优化志愿者参与社区
疫情防控机制”这个问题提出有针对性的对策建议。鉴于此，接下来，
本文选取“民政部全国社区服务和治理创新实验区”之一的江苏省南
通市崇川区作为案例研究的对象，就新冠肺炎疫情防控期间崇川区志
愿者参与社区疫情防控的具体做法及其主要经验进行分析。

三 案例分析：志愿者参与如何助力社区疫情防控

（一）案例选取缘由

第一，崇川社区治理的典型性。作为"全国社区治理和服务创新试验区"之一的崇川区，近年来在加强社区治理和服务创新方面进行了积极探索，以"邻里＋"模式创新城市基层治理，使邻里成为撬动社区治理的支点、连接社区和居民的节点、激发居民参与社会治理的原点，不断提升社区基层治理精细化和专业化，为全国放样子，树标杆，贡献了新时代基层社会治理的"崇川样本"。近年来，党和国家领导人多人次亲临崇川社区视察并予以肯定，时任江苏省委罗志军书记批示全省推广，邻里自理工作法获评全国群众路线教育实践活动优秀案例（吴旭，2015）。

第二，社区治理现场的深度介入性。笔者之一作为崇川区社区治理改革的指导专家，曾多次深入崇川区社区治理一线，就志愿者如何参与社区治理等问题进行了深入调研，从而获得了现场体验与一手资料。

第三，志愿者参与社区疫情防控经验总结的及时性和全面性。新冠肺炎疫情发生后，笔者之一曾牵头组织并深度参与崇川区社区志愿者参与社区疫情防控工作的调研，还于 2020 年 2 月 25 日完成了《从防疫志愿者数量级看新时代社区动员群众的组织力——区委办防疫期间调研报告（一）》的撰写工作（中共南通市崇川区委办公室，2020）。

（二）崇川区社区治理改革的内容与成效

崇川区是南通市的中心城区，总面积 100 平方公里，常住人口 90 万人，经济发达，人口集聚，社会焦点集中，位列 2011 年度"中国中小城市科学发展百强"第七名，获评 2010 年全国十佳和谐可持续发展城市。2012 年地区生产总值 470 亿元，比上年同比增长 11%；财政一般预算收入 56.8 亿元，比上年同比增长 12%。目前，崇川区下辖 10 个街道 106 个社区，每个社区管辖 2000～3000 户（6000～10000 人），每个社区配备社区干部 10～15 名（吴旭，2015；中共南通市崇川区委，2019）。近年来，崇川区深入贯彻落实习近平新时代中国特色社会主义思想，突出党建引领，着力构建社区邻里基层社会治理体系，不断深化社区改革，全面增强基层党建引领社会治理的能力。

1. 崇川区社区治理改革的主要内容

概括而言，崇川区社区治理改革的做法可概括为"三化"，即邻里化、标准化以及社会化（江建春，2018；中共南通市崇川区委，2019；钱锁梅，2019）。

（1）治理单元邻里化

从 2013 年开始，崇川区陆续在各社区内增设邻里组织。其具体做法包括如下几点。第一，细化治理单元。按地域相近、楼栋相连、资源相通的原则，坚持全覆盖、不交叉、无缝连接的标准，每 300 户左右（含居民、商户、企事业单位）设置"邻里"作为最基础的自治单元，全区划分并编码邻里 929 个，每两个邻里组建一个服务处。第二，完善治理网络。构建"社区党组织—邻里党支部—楼幢党小组—党员中心户"的四级党组织网络架构，组建邻里党支部 704 个、楼幢党小组 1383 个，按每个邻里 1 万元标准配套党建专项经费，开展"四有"邻里党组织创建活动，即有服务引领的带头人、有服务引领的队伍、有服务引领的项目以及有服务引领的阵地。第三，凝聚治理力量。每个邻里配齐"一心一会三组力量九大员"，即以邻里党支部为核心，邻里和谐促进会为主体，自治、共管、专业三组力量为依托，信息、保洁、保安、调解、巡防、宣传、评议、秩序、帮扶等九大员为补充。

（2）社区建设标准化

2018 年下半年开始，崇川区分批分类推进社区建设标准化。一是服务功能的标准化。居民区社区党群服务中心面积一般不低于 600 平方米，设置"一厅三站六室多点"（公共服务大厅，居家养老服务站、社区卫生服务站、志愿服务工作站，党群议事室、代表委员工作室、多功能教室、警务室、平安工作室、文体活动室，快递点、缴费点等生活便民服务点），提供党建引领、社会服务、公共安全、文化体育、政务服务、生活服务6类103项基本服务，22项选配服务；单位型社区（征地后辖区无居民居住、仅存企事业单位的社区）不低于200平方米，结合辖区服务对象特点配置党群共建、公共安全、城市管理和公共服务等基本功能。二是人员配备的标准化。居民区社区按"7＋N"模式配备社区干部，即社区党组织书记（一般兼居委会主任）、副书记（一般兼居委会副主任）、公共服务中心主任、党群干事（4个岗位各1人）、全科社工（3人）＋邻里社工（N人）；单位型社区不设居委会，按"2＋3"模式配备人员，即联合党组织书记、副书记（2个岗位各1人）＋全科社工（2人）、网格社工（1人）；集体经济组织配经管员和资管员各1名。三是事务准入的标准化。明确社区服务场所名称和标识、室外宣传栏、对外挂牌和室内挂牌要求及标准。未经区委、区政府批准，不得随意在社区增加服务功能、设置组织机构和挂牌，确需增加的须履行准入程序，临时性挂牌和服务即时清理。

（3）治理参与社会化

崇川区全面动员辖区单位、社会组织、居民群众等多方力量参与社区治理。一是共建式参与。2018年开始，筹划社区"大党委"制度以强化区域共建，推行现有"社区专职委员＋兼职委员"的组织模式，兼职委员从共建单位及辖区国企事业单位、"两新"组织党组织负责人、物业公司负责人、社区民警等群体产生。二是组团式参与。崇川区现已有登记备案社区社会组织2214个，开发服务项目600余个，每年服务超20万人次，"孙爷爷谈心室""知心奶奶"群体的先进事迹被央视专题报道；推进政府购买服务，区街两级先后投入各类"公益创投""微公益"项目资金800余万元，重度残疾人褥疮家庭护理项目成为南通首个被中央财政支持的社会组织服务项目。三是评议式参与。每个社区组建20～30人的群众评议团，有完善的组织架构和章程，评议计划、内容、过程、结果等对外展示，每季度评社区干部、下沉执法、责任医生、社区护士、律师等人员，每半年评好人好事典型，做到评议结果有落实、有运用、有反馈。

2. 崇川区社区治理改革的主要成效

概括而言，崇川区社区治理改革的具体成效主要体现为"三个提升"（江建春，2018；中共南通市崇川区委，2019）。

第一，精细组织提升了治理参与度。在社区下设邻里，理念上体现了党的十九大"推动社会治理重心向基层下移"的要求，超前于江苏省委全面推行社会治理网格化的部署，实践中有效克服了社区人力不足的困难，调动了群众参与治理的积极性，以邻里党支部书记、党员中心户、楼长的形式吸纳了近万名居民骨干。调查显示，超过七成的居民肯定了社区设置邻里的必要性和有效性。

第二，规范制度增强了治理功能。近年来，崇川区出台了社区邻里建设意见、社区标准化建设实施意见等指导性文件20余份，形成了较为完整的社区建设制度体系，理念上体现了党的十九大"完善党委领导、政府负责、民主协商、社会协同、公众参与、法治保障、科技支撑的社会治理体制"的要求，实践中消除了在社区任意设置机构、挂牌、增加功能等乱象，有利于社区减负、明确职能和集中精力服务群众。调查显示，70.3%的社区工作者认为社区标准化建设提升了群众认可度。

第三，功能实用性提升了群众获得感。从"有用性、参与度、获得感"三个维度，制定评分标准，通过群众评议团评议社区功能布局实效。我们的调查显示，85%的居民对社区服务表示满意，公共服务大厅、社区卫生服务站、文体活动室使用率较高。我们在城东新桥苑社区实地观察到，社区卫生服务站里医生定期坐班，30名左右的居民在此跳颈椎操等健身操，医养功能融合深受群众喜爱。

（三）崇川区动员志愿者参与社区疫情防控的做法与经验

新冠肺炎疫情发生后，崇川区委和区政府积极贯彻和落实党中央和国务院关于社区疫情防控的部署和要求，充分发挥基层党组织政治引领作用和党员先锋模范作用，广泛动员社区居民，构筑疫情防控的人民防线。崇川区始终认为，新冠肺炎疫情是对社区党组织组织动员群众能力的一场大考，要真正贯彻和落实党中央和国务院关于社区疫情防控的部署和要求，就要充分发挥社区动员居民群众的作用。而"防疫志愿者"的数量级就是一个有说服力的重要参数，因为它不仅反映社区在公共危机面前的应急动员能力，而且折射出社区党组织在日常工作中组织群众的能力。根据崇川区委办公室的统计，截至 2020 年 2 月 14 日，崇川下辖社区总共动员了 3500 名左右的防疫志愿者（中共南通市崇川区委办公室，2020）。①

在防疫志愿者数量的统计过程中，崇川区委办公室发现了一个问题，即虽然各社区的人口规模相当，但是为什么不同社区之间存在"防疫志愿者数量级"的巨大差别。为了回答这一问题，崇川区委办公室选取四个防疫志愿者数量上百的社区［虹桥街道跃龙社区（122 名防疫志愿者）、和平桥街道濠西社区（120 名防疫志愿者）、观音山街道山港桥社区（119 名防疫志愿者）、钟秀街道校西村社区（180 名防疫志愿者）］作为样本进行分析。需要说明的是，关于这四个样本社区的数据采集，崇川区委办公室采取了盘根问底式的询问推敲方法并用不同分类进行逻辑验证。

1. 样本社区防疫志愿者的招募渠道及其组织性特点

疫情期间，哪些组织形式管用呢？通过调研我们认为：在社区之下设置邻里，是一个好的"骨架"，这也是样本社区发动群众共同的组织形式。不过，邻里说到底是一个自上而下的安排，要发挥其作用，还必

---

① 这个统计数据，并非崇川区委通过正式发文通知统计所得，而是崇川区委办公室通过随机走访询问、电话询问等了解到的。这样做的目的是避免加重基层统计负担，也是规避基层对考核督查的担忧及可能因此引起的数据注水。统计数据截至 2020 年 2 月 14 日，统计数据不包括市区机关下沉干部以及市场化的物业、保安、保洁人员，包括邻里任职人员、居住在社区但不是单位下派的公职人员、辖区企事业单位人员。特此说明。

须辅以各种方式，比如，举办群众参与性强的项目、吸纳活跃度高的社会组织以及运用高效便捷的技术方式等，只有这样才能丰满"骨架"的身躯。

（1）跃龙社区：共建家园激发高度参与

跃龙社区是以老旧小区为主的社区，有居民 2509 户、7475 人，疫情防控期间涌现出 122 名防疫志愿者。其中，邻里党支部和理事会召开的防疫支援动员会总共动员 112 人，占社区防疫志愿者九成左右。近三年来，社区邻里党组织发动群众自己动手共建了 7 个邻里花园、4000平方米，在共同的劳动中，居民们形成了邻里互助的良好氛围，常年参加共建劳动的居民有近 200 人，其中 66 人成为防疫志愿者（这种常年参与社区各类组织或活动的，我们称为"组织性"志愿者），进而成为志愿者队伍中的"主力部队"，同时，还带动了 46 名"临时性"志愿者。我们调研发现，凡党支部战斗力强的社区，项目推广就有力；凡项目推广得好的社区，平时参加劳动的居民群众多，防疫志愿者就越多。比如，2001 年建成的丽茵嘉园小区有居民 695 人，疫情发生后该小区仅花半天时间就召集了 17 名志愿者。值得一提的是，该小区入口处的"梦想花园"曾获民政部"全国社区治理和服务创新实验区"中期评估专家组的现场考察肯定。此外，崇川区委办公室在该社区调研或陪同上级领导视察时都注意到，不时有"围观"群众插话："这块砖是我搬的。""这些花是我栽的。"随机考察时，我们也看到过有居民在花园里推车搬运杂物。群众的这种自觉性还反映在各方面，社区负责人 J 曾回忆："2019 年大年初三南通下起了大雪，一大早社区群众就自发组织扫雪，社区干部从家赶过来时，地面积雪都清扫干净了。"（访谈记录，编号：20200209）这启示我们，在设计社区基层党建和社区治理项目时，应把群众参与作为衡量项目的重要标准，实实在在地凝聚权重的力量。

（2）濠西社区：社区社会组织发挥独特作用

濠西社区拥有居民 3359 户、7974 人，疫情防控期间涌现出 123 名防疫志愿者，其中邻里动员的志愿者约占总数的 70%。该社区的特点在于常年活跃着 14 个社区社会组织。疫情防控期间，在这些社会组织当中涌现出 26 名防疫志愿者，约占志愿者总数的 1/5。其中，社区社会组织"春暖花开"护绿队，是参加邻里绿化的劳动型社区社会组织，疫情防控期间组织 20 名志愿者参与社区防疫，劝返从外省、从高风险区来通 11 车、26 人次。另外，社区社会组织"心境界"拍客团牵头组织 6 名防疫志愿者，用镜头展现基层抗疫风采。我们调研发现，社会组织的发展根植于居民共同议题和凝聚分散群体，也离不开社区党组织有意识地引领、推动和培育（俞祖成，2017）。对此，和平桥街道党工委分管领导曾向我们介绍："这个社区书记历来重视社会组织建设，在北濠桥东村社区任职时，就发展了 8 家社会组织，其中的 32 人成为防疫志愿者。"（访谈记录，编号：20200208）那么，该社区书记为什么偏爱发展社会组织？对此，濠西社区党委书记 G 曾向我们解释道："第一，社会组织有一定独立自主性，一旦培育成熟，社区就可以少操心。第二，社会组织还是作用特殊的第三方。第三，社会组织往往发育于某个社区，但业务随时可以跨出去，把社区的好做法向外辐射。"（访谈记录，编号：20200208）通过这个案例我们不难发现，以单一公共权力的方式化解基层社会公共冲突，正日益面临挑战，这为社会组织参与公共危机治理提供了机遇，也赋予公共危机治理路径以多样可能性（赵挺，2019）。

（3）山港桥社区：微信群给社区插上技术"翅膀"

山港桥社区拥有 3410 户、9490 人，疫情防控期间涌现出 119 名防疫志愿者。与前两个社区不同的是，该社区的志愿者一直都在居民微信群里，反映出微信群动员群众的有效性。然而在调研中，我们也一度困惑，微信群这种高效便捷的工具，为什么在很多社区无法广泛用于联系群众？经调研我们发现，原来基层工作人员存有三个方面顾虑：一怕烦，成员多、信息量大，回复甄别的任务重；二怕杂，鱼龙混杂、信息真假难辨，往往成为"灌水群""吐槽群"，充斥负能量；三怕责，涉及责任制，搞不好被问责。然而，在"互联网＋"时代和国家治理能力现代化的大背景下，怎样利用互联网等现代信息技术手段实现多元主体对社区治理的合作参与，最终实现公共利益最大化的命题显得尤为重要（徐家良、段思含，2019）。对此，山港桥社区党委书记 W 向我们介绍了不同于其他社区工作者的看法："用微信群那是必须的，我们社区 3400 多户，几个微信群共有 2100 多人，考虑到社区亮灯率与高龄家庭，基本上每户都在群，交流起来多方便。再说，有那么多居民骨干打底，社区干部耐心一点儿，怕什么负能量。"（访谈记录，编号：20200216）通过微信群动员，山港桥社区连续两年举办睦邻节活动，每次现场参加居民都达到 200 余人。调研期间，我们将山港桥社区党委书记 W 的观点与其他社区交流，跃龙社区工作者感到居民入群率还不高，立即改变过去仅仅在小区入口处张贴群二维码的"粗线条"做法，通过卡口发放、逐户张贴二维码又动员了 300 多人入群。对此，跃龙社区居委会主任 J 向我们解释道："有个新入群的居民，大肆吐槽、无理指责，我很郁闷，都要怀疑拉群的做法对不对了。又一想，好在有这个渠道。不然，……不是更糟吗？"（访谈记录，编号：20200209）事实上，有研究早已指出，信息及通信技术在应急状态下可以提升社区动员志愿者的能力，从而提升社区对突发事件的响应能力（Herranz, et al.，2014）。基于调研我们也越发认为，用微信群就是践行网上群众路线，其成效折射出社区干部的创新意识和担当精神。

（4）校西村社区：物管党建联盟助推疫情联防联控

钟秀街道校西村拥有 6 个物管小区，共计 5800 户、1.5 万名居民，是全区户数和人数均最多的社区。疫情防控期间，该社区涌现出 180 名防疫志愿者。调研发现，该社区在日常治理中就已组建区域化的红色物管党建联盟，形成物业联盟"四方会谈"常态议事动员机制（社区牵头，组织职能部门、物业、业主委员会、居民代表四方议事）。疫情发生后，物管公司动员了 61 名防疫志愿者，党员志愿者参与"三色"分级服务（红色人员隔离、黄色人员监管、绿色人员通行），服务隔离对象 280 余户。物管党建联盟还针对疫情防控，对 6 个小区的物业公司开展五星考评，考评项目为消杀消毒、入口管控、应急反应等，由党员志愿者日巡查、日通报、日考评，考评结果纳入物业季度考核。校西村社区党委书记 Z 介绍：

> 防疫期间，物管党建联盟机制帮了大忙。这些居民身边的志愿者，成为社区和居民之间不可缺少的桥梁和纽带，否则仅仅依靠十几个社区工作者是做不好防控工作的。（访谈记录，编号：20200315）

2. 防疫志愿者数量级对社区防疫与社区治理的作用

新冠肺炎疫情危机深刻揭示出社区不仅是居民群众的生活共同体，也是在公共危机面前保障群众安全的最后一道防线，而防疫志愿者是群众自助、互助共渡难关的重要力量。这是一批甘冒风险不求私利的奉献者，是一股协助社区应对危机的可靠力量，是一笔弘扬社会正能量的精神财富。

（1）增加社区人力

志愿者少的社区，社区干部往往反映"人手少，工作量太大了"。志愿者多的社区有充足的后备人力，社区可以科学安排，把工作做得更细一点儿。比如，濠西社区安排 98 名志愿者值守卡口，11 人从事宣传工作，9 人辖区巡逻，2 人为隔离户送餐。山港桥社区安排 40 人值守卡口，4 人宣传，75 人巡逻。

（2）缓和干群关系

防疫期间实行紧急措施，在一定范围内存在干群关系紧张的情况，而从社区群众中产生的防疫志愿者往往发挥独特作用。崇川区委办公室工作人员在结对社区卡口执勤时发现，当少数群众对封路等防疫举措质疑时，志愿者出面解释，比社区工作人员和机关工作人员效果好。所以，防疫志愿者数量越多，这种"润滑剂"的作用就越强。

（3）激发精神力量

防疫志愿者辛苦而光荣，面临高风险也收获高赞誉，一个社区的志愿者数量越多，工作者和群众的自豪感就越强。比如，跃龙社区，3 对"父子兵"、5 对"夫妻档"，退休领导干部、医生、企业人员……不论职业职务，来了就戴红袖标。社区还"劝退"了 13 名 70 岁以上老年报名者，但 70 岁的王保林说："我是党员，还是邻里支部书记，不先站出来，谁还愿意来？"

当然，我们调研也发现，少数基层工作人员对志愿者作用的认识偏"实用"，有的社区经费充足，认为能花钱购买服务，就不太注重动员志愿者了；有的工作人员还嫌志愿者时间不固定，给排班和业务培训带来麻烦。我们认为，这是没有充分认识到上述第二点和第三点的作用，在思考社区治理方面欠缺深度。

（四）崇川区志愿者参与社区防疫对未来优化社区治理的启示

分析防疫志愿者成长的社区根基，可以为平时基层工作人员经常吐槽的几个"老大难"问题提供这样一个启示，即一个社区只要坚持党建引领，培育发展各类社区社会组织，网络越密、类型越丰富、活跃度越高，居民参与度就越高，进而可以覆盖各类重点人群，解决各类"疑难杂症"。

1. 居民骨干老龄化如何破解？

我们认为，共建项目式组织是一个办法。一直以来街道和社区干部在多个场合都反映这个问题，特别是反映邻里支部书记、理事长大部分都是七旬老人，很快就会后继无人。有些社区负责人在分析防疫志愿者数量少时吐槽："我们社区老龄化严重，所以动员不了志愿者啊。"果真如此吗？跃龙社区 60 岁以上居民近 1500 人（占比近 20%）中，防疫志愿者 77 人。这说明老龄化本身不代表居民骨干就一定少，关键看社区如何动员。同时，跃龙社区工作者并不担心居民骨干老龄化，目前其邻里支部委员 30~60 岁 11 人、61~65 岁 6 人、66~70 岁 9 人、71~

72 岁 2 人。2019 年 10 月邻里换届时，跃龙社区动员 70 岁以上的邻里支部书记一律"下岗"。这个底气主要来自花园共建积攒的人气。2017 年跃龙社区推进首个邻里花园项目时，一位朴实的"汤阿姨"带领 7 名志愿者冲锋在前，社区则负责灌输共建理念、协调解决资金等关键问题。此后，另一位善于动员的"冯阿姨"加入，带动居民骨干"滚雪球"式参加。这个案例让我们坚信：一个万人社区，肯定不缺冒尖的群众骨干，包括带头人。然而，这些优质"种子"一般不会自动生长，需要基层党组织当好"播种人"，及时引领、创造条件，让良种效应波浪式扩展。

2. 拆迁安置小区如何动员群众？

我们认为，志愿服务式组织是一种方式。山港桥社区的鑫城南苑小区建于 2017 年，是一个拆迁安置小区，居民 3000 人，疫情发生后成功动员 45 名防疫志愿者。该小区有个强有力的社区社会组织——"鑫连心"志愿服务队，社区依靠这个组织就动员了 12 名防疫志愿者。跃龙社区管辖的瑞园小区，是 2012 年交付的拆迁安置小区，仅 1 栋楼，有居民 245 人，社区工作者曾对我们表示：

> 原来我们与老拆迁户搞关系有点难，后来推"花园共建"，吸引他们志愿参加劳动，干群关系缓和很多，3 位居民成为防疫志愿者。（访谈记录，编号：20200209）

3. 信访矛盾如何化解？

我们认为，社区社会组织是一种渠道。濠西社区原来有三个上访户。但这几年他们不再上访了。对此，濠西社区党委书记 G 曾向我们解释道："上访户也是怕孤单的，心里巴望着热闹热闹。社区组织类型多、开展活动多，总有一种组织能覆盖他，总有一类活动能吸引他。有归属感、有活干，上访就不得劲了。有个上访户喜欢文体活动，社区动员她加入合唱队，经常参加邻里演出。另一个喜欢写毛笔字，社区动他加入书画联谊社，帮他找老师，最近他主动值守卡口，也成了防疫志愿者。"（访谈记录，编号：20200208）山港桥社区有两个上访户，凡重大节日、重要时间节点均上访。2018 年开始，"鑫连心"志愿服务组织主动关心他们，带领他们参加社区公益活动，他们逐渐成为服务队的"铁粉"，至今未再上访。疫情发生后，有位居民还主动加入防疫宣传志愿者队伍。

四　结论与讨论：如何优化志愿者参与社区疫情防控机制？

南通市崇川区的案例，充分佐证了乔世东（2020）提出的观点，即"没有群众基础的社区，缺乏社区志愿者动员能力，面对疫情涌来的众多任务显得力不从心；有一定群众基础的社区，具备部分社区志愿者动员的能力，在疫情防控中能够调动社区部分居民参与，基本能完成疫情防控任务；群众基础比较扎实的社区，具有全面动员社区志愿者居民参与的能力，应对疫情得心应手、游刃有余"。

不过，我们在崇川案例分析中也发现这样一个事实：即使在崇川区，也并非每个社区都能充分调动社区志愿者参与社区疫情防控，也并非所有社区都有能力应对新冠肺炎疫情这一突发公共卫生事件。那么，在未来，我们应该如何推动新冠肺炎疫情防控成为社区治理改革的"拐点"，进而优化志愿者参与包括疫情危机在内的公共危机应对机制？基于崇川案例的经验和反思，我们认为以下几点值得我们关注和思考。

第一，强化社区自治属性。我国社区组织行政化过度问题，历来备受学界批评。有学者指出，我国社区居委会自治组织行政化问题主要表现为"组织设置功能行政化"、"自治章程、工作制度及人事决定行政化"、"经费收支行政化"以及"运作方式和考核机制行政化"（向德平，2006）。在我国现行行政体制下，社区居委会是政府在社区的"腿"，社区组织行政化不可避免，关键问题在于我们应如何实现"合理行政化"和"过度行政化"之间的平衡,否则那些被过度行政化的社区容易忽视社区居民需求,以完成上级摊派各项任务为主,缺乏社区居民认同基础,在疫情等危机防控中自然难以动员居民志愿者参与其中。为此,向德平(2006)建议,我们应理顺政府与社区的关系,推进政府职能转变;优化社区自治环境,培育社区自治功能;健全社区自治体系,提升社区自治功能;构建共同利益平台,提升社区参与度;培育社区社会组织,推动社区自治发展;加强社区工作者培训,提高社区的自治能力。而最新一项研究则提议我们应致力于打造"街居治理共同体",即街道办事处与社区居委会在城市基层治理实践中形成既分工又协作的关系模式(王德福,2019)。进而言之,其分工性表现为基于公共服务可达性和城市管理简约性目标,在职责划分和治理实践中进行层级间的分配;而街、居治理的协作性就是在分工的基础上,街、居两级在具体治理实践中互为主体,相辅相成地完成治理目标。换言之,行政化并非包括街道办事处在内的行政体系简单化地向下传递的结果,大量的行政性治理工作是由街、居两级通过分工协作共同完成的(王德福,2019)。总而言之,社区要使社区居民对其有吸引力,就应当以恰当的方式回归社区的原始本位,充分发挥其群众性和自治性的优势,把社区居委会真正打造成社区居民自我管理、自我教育、自我服务以及自我参与的基地(乔世东,2020)。

第二,织密社区居民动员网络。我们建议,政府在考核社区工作时,应该更加突出社区的组织密度、活跃度以及居民参与度。同时,应要求区、街道机关干部到所在社区报到,授权社区发布公职人员召集令,充实社区活动骨干力量。今后,社区要以疫情危机应对为契机,把"临时性"防疫志愿者不断组织化并转化为今后社区治理的"主力部队",从而织密社区居民动员的网络并提升其能力,进而逐渐形成以居民为主体的危机管理模式(東京ボランティア·市民活動センター,2000)。

第三,构建社区公共危机管理制度。从当下新冠肺炎疫情防控工作的进展来看，社区疫情防控过程中暴露出来的诸如志愿者动员困难等问题，在深层次上折射出我国城乡基层社区在包括公共卫生危机在内的公共危机预防、应对和防控等方面缺乏健全的机制。换言之，通过这次疫情危机我们发现，我国公共危机管理体系建设尚未延伸到基层社区层面，社区应急治理存在诸多亟待解决的问题。从近年来发达国家公共危机治理的实践来看，重心下移成为公共危机管理体系建设的基本趋势，而基层社区是连接政府与社会公众的基础力量，故社区公共危机应急治理能力的强弱，将成为国家公共危机管理体系建设的重要评估标准之一（俞祖成等，2020：104）。为此，我们建议今后应从"公共危机管理"的视角出发，遵循"危机防范—危机预备—危机确认—危机控制—危机解决—危机学习"这个完整的危机演化规律，同时结合我国城乡社区建设的实际情况并积极借鉴美、日等发达国家的相关经验，逐渐构建具有中国特色的社区公共危机治理制度，进而优化包括志愿者参与在内的公共危机联防联控机制。

【参考文献】

范黎惠、赵守飞，2018，《动员视域下城市社区志愿者发展路径探析》，《太原学院学报》（社会科学版）第 1 期。

高风尘，2019，《社区志愿者管理的"五环"工作法》，《中国社会工作》第 18 期。

何淼，2020，《社区工作者：坚守最后一道战"疫"防线》，http://society.people.com.cn/n1/2020/0311/c1008-31626855.html，3 月 11 日。

江建春，2018，《关于城市社区治理若干问题的调研报告——以南通市崇川区为例》（内部资料，南通市崇川区民政局提供）。

李佳，2016，《社会转型期城市社区志愿者组织动员的特征与影响因素分析——以济南市为例》，《中共青岛市委党校·青岛行政学院学报》第 2 期。

钱锁梅，2019，《在全区建设全国社区治理和服务创新实验区工作推进会上的讲话提纲》（内部资料，南通市崇川区民政局提供）。

乔世东，2020，《社区居民动员能力在基层疫情防控中的地位与作用》，https://mp. weixin. qq. com/s/W2_vP_kMXjAlRij4NKeqtw，3 月 15 日。

上海市人民政府，2020，《虹口区曲阳路街道的特别志愿者》，http://www. shanghai. gov. cn/nw2/nw2314/nw2315/nw15343/u21aw1428196. html？ phlnohdjmglngdbi，3 月 15 日。

上海市人民政府新闻办公室，2020，《2020 年 3 月 3 日上海市政府新闻发布会问答实录》，http://www. shio. gov. cn/sh/xwb/n790/n792/n1114/n1119/u1ai23819. html，3 月 15 日。

王德福，2019，《社区行政化与街居治理共同体》，《行政论坛》第 6 期。

吴旭，2015，《社区邻里基层社会治理体系建设的崇川实践》（内部资料，南通市崇川区民政局提供）。

习近平，2020a，《在统筹推进新冠肺炎疫情防控和经济社会发展工作部署会议上的讲话》，http://politics. people. com. cn/n1/2020/0224/c1024 - 31600400. html，2 月 24 日。

习近平，2020b，《在中央政治局常委会会议研究应对新型冠状病毒肺炎疫情工作时的讲话》，《求是》第 4 期。

习近平，2020c，《完善重大疫情防控体制机制，健全国家公共卫生应急管理体系》，http://cpc. people. com. cn/n1/2020/0215/c64094 - 31588184. html，2 月 15 日。

向德平，2006，《社区组织行政化：表现、原因及对策分析》，《学海》第 3 期。

徐家良、段思含，2019，《技术治理视角下"互联网＋"社区治理创新模式研究——基于上海市多案例的考察》，《中国第三部门研究》第 1 期。

俞祖成，2020a，《加强基层社区疫情防控能力建设》，《团结报》2 月 22 日，第 2 版。

俞祖成，2020b，《尽快构建城乡基层社区公共危机管理机制》，《中国妇女报》2 月 12 日，第 1 版。

俞祖成等，2020，《社区公共危机管理指导手册》，格致出版社、上海人民出版社。

赵挺，2019，《公共冲突治理中的社会组织参与：一项案例比较研究》，《中国第三部门研究》第 1 期。

中共南通市崇川区委，2019，《从社会管理到社区治理的崇川实践》（内部资料，南通市崇川区民政局提供）。

中共南通市崇川区委办公室，2020，《从防疫志愿者数量级看新时代社区动员群众的组织力——区委办防疫期间调研报告（一）》（内部资料，中共南通市崇川区委办公室提供）。

東京ボランティア・市民活動センター，2000，《災害時におけるコミュニティとボランティア：市民主体の危機管理》，筒井書房。

今川晃編，2014，《地方自治を問い直す——住民自治がひらく新地平》，法律文化社。

兪祖成，2017，《現代中国のNPOセクターの展開》，山口書店。

Herranz, S. Romero-Gomez, R. Diaz, P. and Onorati, T. 2014. "Multi-view Visualizations for Emergency Communities of Volunteers," *Journal of Visual Languages & Computing* 25 (6): 981 – 994.

Juliet, Musso A. , Young Matthew M. and Michael, T. 2019. "Volunteerism as Co-production in Public Service Management: Application to Public Safety in California," *Public Management Review* 21 (3 – 4): 473 – 494.

Laverack, G. and Manoncourt, E. 2016. "Key Experiences of Community Engagement and Social Mobilization in the Ebola Response," *Global Health Promotion* 23 (1): 79 – 82.

Mohan, J. and Bennett, M. R. 2019. "Community-level Impacts of the Third Sector: Does the Local Distribution of Voluntary Organizations Influence the Likelihood of Volunteering?" *Environment and Planning* 51 (4): 950 – 979.

主题论文

ARTICLES

中国社会组织研究　第 19 卷
第 111~132 页
© SSAP, 2020

组织嵌入、工作满意度与离开意愿

——基于 2014 年中国公益人才发展现状调查数据的分析[*]

杨　宝　胡　茜[**]

摘　要：本文基于 2014 年中国公益人才发展现状的调查数据，采用二元 logistic 回归分析探讨组织嵌入对公益组织员工离开行业意愿的影响，以及对工作满意度的中介作用。研究发现：①组织联系、组织匹配对公益组织员工离开行业意愿有显著的负向影响；②组织牺牲维度中的晋升空间与公益组织员工离开行业的意愿呈显著负相关，然而薪酬对公益组织员工离开行业意愿没有影响；③工作满意度是组织联系和离开意愿之间的完全中介变量，也对组织匹配影响离开意愿起到部分中介作用。研究表明，薪酬并没有影响公益人才的离开意

---

[*]　基金项目：国家社科基金项目“政府购买服务绩效差异及其优化路径研究”（项目编号：18CGL044）。

[**]　杨宝，重庆大学公共管理学院副教授，中国人民大学管理学博士，主要从事非营利组织管理、政社关系与公共服务创新、国家建设与社会治理等方面的研究，E-mail：yangbaoruc@163.com；胡茜，重庆大学公共管理学院硕士研究生，主要从事非营利组织和政社关系方面的研究，E-mail：Hxcqedu@163.com。

愿，因此，应该通过增强组织联系、提升组织匹配程度和扩大
晋升空间等行业建设措施留住公益人才。

关键词： 公益组织　离开意愿　组织嵌入　工作满意度

一　研究背景

近年来，公益组织已经成为社会治理创新和公共服务供给的重要
主体。然而，公益组织在发展过程中频繁遭遇人才流失严重的问题。数
据报告显示，2014 年深圳市平均在岗的社会工作者为 3535 人，离职人
数达 1622 人，其中 785 人选择离开了公益行业。[1] 2015 年深圳市公
布的年度数据显示，社会工作人才队伍的流失率达 18.08%，其中
88.00% 的人选择不再从事该领域相关工作。[2] 此外，中国发展简报的
调查显示，有 74.70% 的公益人才在离职后选择离开公益行业。[3] 可见，
公益组织的员工离职并不是单纯的组织间流动，而是离开公益领域。大
规模的人才流失不仅增加了公益组织的运营成本，也造成了服务质量
稳定性的下降，进而影响了组织及行业声誉（Selden and Sowa, 2015）。
因此，人才的吸引和保留是公益组织发展亟须解决的问题（Clerkin and
Coggburn, 2012）。

在探究影响公益组织员工离开意愿的因素时，媒体报道通常认为
工资水平低是公益人才流失的主要原因，学术研究则主要从宏观环境
或个体因素探讨公益组织员工离开行业的原因。第一，宏观环境方面。
公益行业作为新兴领域，资源和制度供给不足导致部分员工流失到其

---

[1] 《深圳社协公布 2014 年度深圳社工行业数据调查分析报告（含全文）》，社工观察，https://mp.weixin.qq.com/s?__biz=MjM5ODI4ODE2MQ==&mid=203367645&idx=1&sn=d2fdff7fe098ac2f93b343d9de1385f8#rd，最后访问日期：2020 年 4 月 24 日。

[2] 《深圳社工流失率八年来首次下降》，中国青年网，http://news.youth.cn/jsxw/201602/t20160222_7661719.htm，最后访问日期：2020 年 4 月 24 日。

[3] 《想换工作？这里有一份职业公益人跳槽指南》，中国发展简报网，http://www.chinadevelopmentbrief.org.cn/news-20981.html，最后访问日期：2020 年 4 月 24 日。

他行业（方英，2015；李学会，2014）。职业场域建构不足是公益组织
员工流失率高的原因（李学会，2014），而社会不承认是影响公益组织
员工离开意愿的先导条件，因此外部环境支持不足已经构成影响公益
人才离职的重要因素（聂德民、宋守华，2009；姜海燕、王晔安，
2016）。第二，个体因素方面。性别、年龄、受教育程度、婚姻状况等
人口学因素对公益组织员工离开意愿有显著影响（徐道稳，2017），同
时，职业认同、职业声望感知等态度因素也能够预测公益组织员工的离
开意愿（孙力强、李国武，2018）。综合来看，公益领域较少研究组织
因素对员工离职的影响，而"组织"恰好构成了工作的"独特场景"，
因此，员工与组织的关系对员工离开意愿有着关键性影响（Mitchell et
al.，2001）。

　　针对上述背景，本文聚焦于"组织嵌入"对公益组织员工离开行
业意愿的影响研究。组织嵌入是员工在组织内形成的各项紧密的社会
联结，包括组织联系、组织匹配、组织牺牲三种依附关系（Mitchell et
al.，2001）。近年来，有研究发现，组织嵌入对员工离职有显著的负向
影响（Lee et al.，2004），同时，组织嵌入影响员工离职的部分效应通
过工作满意度的中介作用产生（Jiang et al.，2012）。国内外的大量研
究已证明，组织嵌入对企业员工的离职行为和离开意愿有较明显的预
测作用。依此类推，组织嵌入对离开意愿的影响是否也适用于公益领
域？以及，传统预测离职的变量——工作满意度在组织嵌入与公益人才
离开行业意愿的关系中又有怎样的作用机制？

二　文献回顾与研究假设

　　离开意愿指员工在工作一段时间后产生了离开行业的想法和意向，
不同于离开组织的离职意愿。"意愿"是有效预测实际行为的最佳变量
（Mobley et al.，1979）。本文将重点梳理组织嵌入对离开意愿的影响及
其作用机制。

（一）组织嵌入与离开意愿

员工为什么会选择留在组织？工作嵌入理论认为员工做出离职决策时不仅仅考虑相对工资水平、工作机会等推动其"离开"的因素，也会考虑那些嵌入在组织内外的各种社会联结所带来的"保护"作用，最终的离开意愿则是推动离开与留职等因素的权衡结果（Mitchell et al.，2001；Felps et al.，2009；Smith，Holtom，and Mitchell，2011）。工作嵌入在公益领域中依然能够有效预测离开意愿（Moynihan and Pandey，2008）。工作嵌入具体又可分为"社区嵌入"和"组织嵌入"，前者指个人对工作所在外部社区的嵌入程度，后者指个人对工作所在组织的嵌入程度（Mitchell et al.，2001）。通常来讲，组织嵌入比社区嵌入的纽带作用更为强烈，也更加积极地影响离开意愿（Allen，2006）。组织嵌入包括组织联系、组织匹配及组织牺牲三个维度。

组织联系指员工与他人或组织间可识别的正式与非正式的"联结"（Mitchell et al.，2001）。在组织中，员工因具体工作任务与团队或直接上级形成工作联系，也会在工作之外的日常交往中和组织成员建立亲密关系。对于公益组织员工而言，当其在组织内部拥有一个强大且积极的社会网络时，就能够缓冲部分负面因素造成的冲击，促使员工自愿留在组织（Moynihan and Pandey，2008）。另有研究证明，公益从业人员得到同伴和同事的支持会降低离职倾向，使其不再产生离职行为（Ducharme，Knudsen，and Roman，2008）。由于工作岗位和个体性格差异，员工组织联系的数量和质量会有所不同，当员工在组织中的联系越多越重要时，组织和工作对员工的约束作用就越强，员工离开行业的可能性就越小（Friedman and Holtom，2002）。那些在公益组织中形成更多联系的员工会与组织中其他成员保持更频繁的沟通和互动，在组织中能够获得更多的尊重、信任和资源共享，从而不会轻易选择离开（Mossholder，Setton，and Henagan，2005）。

组织匹配指员工与自己所处工作环境的相容性（Mitchell et al.，

2001）。个人与组织的匹配通常包括两个方面：一是两者具有相似性，如个人价值观与组织文化匹配、个人专业技能符合工作要求等；二是一方能够满足另一方的需求，如组织能为员工提供财力、物力、培训机会等各项支持（Kristof，2006）。在企业场域中，杨春江、蔡迎春、侯红旭（2015）的研究指出组织匹配对员工离职决策有重要影响，员工在思考是否离职的时候会较多考虑对工作是否喜爱、能否实现价值目标等问题。而在非营利领域中，一项针对公共慈善机构专职员工的调查发现，认为自己与组织文化相适应且对工作有较高满意度的员工会在当前工作中停留更长时间（Treuren and Frankish，2014）。因此，公益组织中，当个人与组织在价值观层面保持较高一致性时，个人不太可能做出离职决定（Moynihan and Pandey，2008）。

组织牺牲指员工离开组织时会产生的物质和心理上的损失，员工预期离职时放弃的越多，就越不容易做出离职决策。员工一旦离开组织，将不得不放弃一些既得利益，既有可见的薪资报酬、福利待遇等经济损失，也有如员工关系、职业发展等隐性损失（Mitchell et al.，2001）。一方面，有关自愿离职的研究已多次证明，薪资报酬是解释退出组织决定的关键因素。对于非营利组织员工而言，他们在当前领域拥有较高的职位和较满意的工资水平时，离开该行业会产生较高的离职成本，因此他们不太可能产生离开行业的意愿。另一方面，员工在组织中拥有较大的职业发展空间和较多的晋升机会时，不会轻易做出离职决策。在非营利组织中，受教育程度较高的员工会因为缺乏职业发展而表现出更大的行业转换意愿（Jasmine et al.，2016）。另外，西方文献表明薪酬水平和职业晋升空间对非营利组织员工的离职意愿具有显著影响（Kim and Lee，2007）。

综上所述，提出如下假设。

假设1：公益组织员工的组织嵌入对其离开意愿有显著负向影响。

假设 1a：公益组织员工的组织联系与其离开意愿呈负相关关系。

假设 1b：公益组织员工的组织匹配与其离开意愿呈负相关关系。

假设 1c：公益组织员工的组织牺牲与其离开意愿呈负相关关系。

（二）工作满意度的中介作用

工作满意度是员工长期积累形成的对工作本身及工作环境的一种带有情绪色彩的感受和看法。国外的研究表明，工作满意度能够有效预测离开意愿，是解释员工流动的一个重要因素（Becchetti, Castriota, and Depedri, 2010）。对于营利组织而言，员工工作满意度的高低，不仅影响组织绩效好坏，也是影响人才流动与否的重要因素，即工作满意度削弱了员工的离开意愿（叶仁荪、王玉芹、林泽炎，2005；刘智强、廖建桥、李震，2006）。在公益领域中，整体工作满意度显著影响员工的离开意愿，从非营利组织到营利组织的人员流动与整体较低的工作满意度和职业发展满意度相关（Chulhee et al., 2015）。那些对自己的整体工作和工作特征各维度感到满意的员工会更加相信组织使命，并愿意留在组织中为实现这一使命做出贡献（Brown and Yoshioka, 2003）。

Holtom 和 Inderrieden（2006）对组织嵌入模型的拓展研究表明，组织嵌入程度对提升"工作满意度"有着显著的正向促进作用。国内学者对此的研究也发现，工作满意度在组织嵌入对离职行为影响的过程中起到部分或全部的中介效应（何川明、沈承明，2010）。更为深入的研究表明，工作满意度是"组织匹配"影响离职倾向的完全中介变量（韩翼、刘竞哲，2009），此时工作满意度又分为工作压力和管理因素两个维度（王忠、张琳，2010）。在营利性领域中工作满意度可以调节预测因素和离开意愿之间的关系（Knapp，Smith，and Sprinkle，2017）。因此，本文在研究公益领域员工工作嵌入对离开意愿的影响时也不能忽视工作满意度的作用。具体而言，包括以下几个方面。

首先，从组织联系来看，通过获得上级领导支持和拥有更好的人际关系能够让员工感受到更好的组织氛围，驱使公益组织员工表现出更高的工作满意度，他们会更加忠于自己的组织，离职可能性大大降低（Knapp，Smith，and Sprinkle，2017）。其次，从组织匹配来看，员工与所在公益组织保持较高的文化一致性和共同价值观时，员工能够和组织形成较高的匹配度，从而带来更高的工作满意度，降低其离职的可能性（Hsieh，2016）。最后，从组织牺牲来看，员工客观的薪酬水平会影响其对薪酬的满意度，对薪酬的不满情绪是员工离开的重要原因。学界在预测社会工作者离开意愿的研究中发现，显著的晋升机会影响员工的工作满意度，从而抑制其向其他工作领域流动（Devaro and Brookshire，2007）。因此，对薪酬和职业发展的不满会影响整体工作满意度，最终导致非营利组织优秀人才的流失（Kim and Lee，2007）。从组织嵌入各个维度的描述来看，公益组织员工对组织有较强的嵌入性会显著正向影响工作满意度，工作满意度的提高有利于降低离开的意愿和减少离开的行为。据此，提出如下假设。

假设2：工作满意度在组织嵌入与离开意愿的关系中起中介作用。

假设2a：工作满意度在组织联系与离开意愿的关系中起中介作用，即组织联系通过工作满意度影响公益组织员工的离开意愿。

假设2b：工作满意度在组织匹配与离开意愿的关系中起中介作用，即组织匹配通过工作满意度影响公益组织员工的离开意愿。

假设2c：工作满意度在组织牺牲与离开意愿的关系中起中介作用，即组织牺牲通过工作满意度影响公益组织员工的离开意愿。

三 数据、变量及方法

（一）数据来源

本文采用了 2014 年中国公益人才发展现状的调查数据，问卷内容涵盖了被调查者基本信息、机构信息、机构特征、人才成长、人才流动等多个板块，得到了南都公益基金会和其他 7 个基金会的支持，并由零点研究咨询集团执行（该公司是中国规模较大、较具权威的数据调查公司）。该调查对象覆盖了全国 30 个省、自治区、直辖市的公益组织，包括在民政部门登记注册的公益组织，在工商行政管理部门登记注册的以及没有登记注册的公益组织。零点研究访问集团最终收集了 500 份有效问卷。

（二）方法与变量设计

鉴于被解释变量公益组织员工离开意愿属于二分类变量，本文主要采用二元 Logistic 回归分析。各变量在问卷中的所选题项及测量如下。

1. 离开意愿

本文的被解释变量是公益组织员工离开行业意愿，即员工是否会真的退出该行业并转向其他部门（Kim and Lee，2007）。在问卷中操作化为：“您会把公益事业作为您毕生的职业吗？”答案分别为“会”、“不会”和“不确定”。其中对于选择“会”的情况定义为员工“无离开意愿”，赋值为 0。对选择“不会”和“不确定”（对未来充满不确定和怀疑）的定义为“有离开意愿”，赋值为 1。

2. 组织嵌入

本文的解释变量为组织嵌入，包括组织联系、组织匹配和组织牺牲三个维度。本文根据组织嵌入的概念界定及公益行业的特殊性，在参考了 Lee 等（2004）对 Mitchell 等（2001）开发的工作嵌入量表的修订以及梁小威、廖建桥和曾庆海（2005）编制的中文版工作嵌入量表后在问卷中选择相应题目作为组织嵌入各维度的测量题项。

组织联系，指个体在组织中与他人或机构联系的紧密程度，包括与上级、同事和团队关系的亲密性、融洽性和协调度等（Mitchell et al.，2001）。通过询问被访者"您觉得所在机构的人际关系和工作氛围如何"、"您觉得您的直接上级对您的帮助和指导如何"和"组织中有专门的人对您的工作进行指导吗"进行测量。选项答案均采用李克特5点计分，范围从"完全不"（1分）到"非常"（5分）。将三道题的得分加总取均值，分数越高，表明组织联系的程度越高。经检验，Cronbach's α 系数为 0.663，说明该变量的信度在可接受的范围以内。计算 KMO 值为 0.658，所有题项的因子载荷都大于 0.57，说明其效度符合要求。

组织匹配，指员工的个人价值观、职业目标和未来规划必须符合企业文化以及当前工作对知识、技能和能力的要求（Mitchell et al.，2001）。通过询问受访者"您认同所在机构的价值观和理念吗"、"您适应当前的工作方式吗"、"您喜欢目前的工作时间安排吗"、"您的工作很好地发挥了您的专业知识和技能吗""您认为在组织中能获得较好的职业发展和能力成长支持吗"等题项进行测量。选项答案均采用李克特量表的 5 点计分法，范围从"完全不"（1分）到"非常"（5分）。将各题得分加总取均值，分数越高，代表组织匹配程度越高。Cronbach's α 系数为 0.649，说明该变量的信度在可接受的范围以内。计算 KMO 值为 0.678，所有题项的因子载荷都大于 0.6，说明其效度符合要求。

组织牺牲，指个人因工作变动而感知到将会丧失的当前利益和预期收益（Mitchell et al.，2001）。在组织中员工的薪酬水平越高，其离开时的牺牲感就越强，从而会降低其离开意愿；在组织中预期升职和成长的空间越大，离开时的牺牲越多，员工就越不愿离开，因此本研究从"薪酬"和"晋升空间"两个方向做具体测量。薪酬通过月收入情况进行测量，问题为："您的月收入大概是多少？（这里指的月收入包括实际拿到的工资、奖金、实物等一切收入，也包括机构支付的社会保障和公积金收入）"为了消除样本之间因为地区差异带来的绝对工资差异，文章根据"个人的实际工资/样本所在地区城镇职工平均工资"生成了"相对工资"，以此作为薪酬变量。而晋升空间通过工资差来衡量，工资差越大代表员工预期在组织中有较好的职业发展前景和更大的晋升空间，用"期望工资－实际工资/实际工资"来计算工资差。

3. 工作满意度

工作满意度一般被定义为员工对工作的情感和态度，从工作特征的不同方面来看，它包括一系列与工作相关的子工作满意度，可采用总和评分法进行测量（冯缙、秦启文，2009）。选择题目"整体上看，您对目前工作中的以下因素满意吗？（a）个人价值实现，（b）个性化工作方式，（c）薪酬情况，（d）上升空间，（e）工作与生活平衡"作为工作满意度的测量指标。选项答案为"非常不满意"到"非常满意"，依次赋值为 1～5 分。各题得分加总取均值，分数越高，代表工作满意度水平越高。经检验，Cronbach's α 系数为 0.687，说明该变量的信度在可接受的范围以内。计算 KMO 值为 0.730，说明其效度符合要求。

4. 其他相关变量

既有研究发现，许多个体的人口统计学变量与员工的离开意愿之间存在一定关联（Faulk et al.，2013），因此，本研究把性别（0＝女性，1＝男性）、婚姻状况（0＝非在婚，1＝在婚）、文化程度（1＝初中及以下，2＝高中/中专/技校，3＝大专，4＝大学本科，5＝研究生及以上）和职务（0＝普通员工，1＝管理者）作为控制变量。表 1 提供了分析中使用的所有变量的描述性统计信息。具体而言，公益组织员工中女性所占比例为 54.6%，略微多于男性；且公益组织员工的文化程度普遍较高，本科及以上的学历占绝大部分，比例高达 72.8%；就婚姻状况而言，公益组织中在婚和非在婚员工差不多各占一半，非在婚员工占比为 50.8%，在婚员工占比为 49.2%；公益组织中普通员工占比为 32.0%，高层管理者占比为 68.0%。

表 1　主要变量描述性分析（*N* = 500）

变量	频数	均值	标准差
离开意愿	500	0.35	0.476
有离开意愿	173		
无离开意愿	327		
组织嵌入	500		
组织联系	500	3.94	0.675
组织匹配	500	4.038	0.488
组织牺牲（薪酬）	500	4114.53	3054.498
组织牺牲（晋升空间）	500	0.798	1.195
工作满意度	500	3.669	0.574
职务	500	0.68	0.467
普通员工	160		
管理人员	340		
性别	500	0.45	0.498
女	273		
男	227		
文化程度	500	3.83	0.789
初中及以下	5		
高中/中专/技校	22		
大专	109		
大学本科	281		
研究生及以上	83		
婚姻	500	0.49	0.500
非在婚	254		
在婚	246		

四　分析结果

（一）主要变量的相关分析

主要变量的相关性分析如表 2 所示，虽然部分解释变量间存在显著的相关性，但相关系数均在 0.6 以下，且方差膨胀因子（VIF）均在 1 左右，证明各自变量之间不存在严重的多重共线性。由表 2 还可知，员工的婚姻状况与离开意愿呈负相关（$r = -0.169$，$p < 0.01$），在组织中所任职务与离开意愿呈负相关（$r = -0.159$，$p < 0.01$），组织联系与离开意愿呈负相关（$r = -0.146$，$p < 0.01$），组织匹配与离开意愿呈负相关（$r = -0.165$，$p < 0.01$），组织牺牲的薪酬维度与离开意愿不相关，组织牺牲的晋升空间维度与离开意愿呈负相关（$r = -0.114$，$p < 0.05$），研究假设得到初步验证，接下来将采用 logistic 回归方法对数据进行处理和分析。

表 2 主要变量相关系数 （$N = 500$）

变量	1	2	3	4	5	6	7	8	9
1 性别									
2 婚姻	-0.030								
3 文化程度	0.003	-0.067							
4 职务	0.212***	0.135***	0.064						
5 组织联系	-0.079	-0.036	-0.037	-0.026					
6 组织匹配	-0.010	-0.068	0.062	0.008	0.564***				
7 组织牺牲（薪酬）	0.221**	0.146***	0.040	0.0231***	-0.049	-0.015			
8 组织牺牲（晋升空间）	0.056	0.125***	0.005	0.028	-0.003	0.077	-0.212***		
9 工作满意度	-0.080	0.020	-0.021	0.039	0.521***	0.440***	-0.011	-0.032	
10 离开意愿	-0.055	-0.169***	0.056	-0.159***	-0.146***	-0.165***	-0.015	-0.114**	-0.200***

* $p < 0.1$，** $p < 0.05$，*** $p < 0.01$。

（二）组织嵌入对公益组织员工离开意愿的影响

表 3 中模型 1 检验了控制变量对员工离开行业意愿的影响，其中婚姻状况对离开意愿有显著的负向影响，在婚者面临着更多的家庭责任和经济负担，一般不会轻易做出离职决定。同时，职务与离开意愿呈负相关，员工的职务越高，离开组织所面临的离职成本就越大，就越不会轻易离开当前领域，而性别和文化程度对离开意愿没有显著影响。模型

2 表示在考虑控制变量的基础上，组织联系与离开意愿呈显著负相关（$\beta = -0.517$，$p < 0.01$），假设 1a 得到验证。模型 3 结果显示，组织匹配与离开意愿呈显著负相关（$\beta = -0.743$，$p < 0.01$），假设 1b 得到验证；模型 4 和模型 5 在考虑其他变量的基础上，检验组织牺牲对离开意愿的影响。其中薪酬对离开意愿没有显著影响，晋升空间与离开意愿呈显著负相关（$\beta = -0.294$，$p < 0.05$），即在组织牺牲维度中薪酬与离开意愿不相关；而晋升空间显著地负向影响离开意愿，员工预期在组织中能拥有更好的发展前景，其离开行业的可能性就越小。因此，假设 1c 仅得到部分验证。模型 6 的数据分析表明，当组织嵌入各维度同时进入回归方程时，组织联系、组织匹配和组织牺牲（晋升空间）维度与离开意愿依然呈显著负相关，薪酬水平与离开意愿不相关。

表 3　组织嵌入对公益组织员工离开意愿的回归分析（$N = 500$）

	变量	模型 1	模型 2	模型 3	模型 4	模型 5	模型 6
控制变量	性别（1 = 男）	-0.140 (0.199)	-0.199 (0.203)	-0.148 (0.202)	-0.180 (0.204)	-0.122 (0.201)	-0.179 (0.210)
	婚姻（1 = 在婚）	-0.647*** (0.196)	-0.692*** (0.199)	-0.610*** (0.199)	-0.677*** (0.199)	-0.591** (0.198)	-0.610*** (0.206)
	文化程度	0.160 (0.128)	0.147 (0.129)	0.199 (0.130)	0.155 (0.128)	0.164 (0.129)	0.181 (0.131)
	职务（1 = 管理者）	-0.611*** (0.208)	-0.627*** (0.211)	-0.635*** (0.211)	-0.652*** (0.212)	-0.603*** (0.209)	-0.633*** (0.218)
自变量	组织联系		-0.517*** (0.147)				-0.326* (0.178)
	组织匹配			-0.743*** (0.206)			-0.474* (0.250)
	组织牺牲（薪酬对数）				0.193 (0.181)		0.043 (0.201)
	组织牺牲（晋升空间）					-0.294** (0.138)	-0.291* (0.150)
Cox & Snell R^2		0.051	0.074	0.076	0.053	0.062	0.092
Nagelkerke R^2		0.070	0.103	0.105	0.073	0.086	0.128

* $p < 0.1$，** $p < 0.05$，*** $p < 0.01$。

注：括号内的数值为标准差。

（三）工作满意度的中介效应检验

为探究工作满意度在组织嵌入和离职之间的中介作用，根据 Baron 和 Kenny（1986）提出的中介效应的检验方法：①自变量对因变量有显著性影响；②自变量对中介变量有显著性影响；③中介变量对因变量有显著性影响；④控制中介变量之后，自变量对因变量的影响不显著或显著性降低。同时满足上述四个条件即存在中介效应。依照该思路，我们检验工作满意度在组织嵌入和离开意愿之间的中介作用。

表3中已经证明了公益人才的组织联系、组织匹配和组织牺牲（晋升空间）维度对离开行业意愿有显著影响，满足条件（1）。然后需检验组织嵌入各维度和工作满意度之间的关系，以工作满意度为被解释变量，组织联系、组织匹配、组织牺牲（晋升空间）分别为解释变量进行回归分析，结果如表4所示。从模型7、模型8可知，普通员工组织联系对工作满意度有显著正向影响（$\beta = 0.442$，$p < 0.01$）；管理人员组织匹配对工作满意度有显著正向影响（$\beta = 0.521$，$p < 0.01$），条件（2）得到满足。从模型9的分析可知，组织牺牲（晋升空间）对工作满意度的影响不显著，也就无法证明工作满意度在组织牺牲（晋升空间）和离开意愿之间的中介效应。假设2c无法得到验证。

表4 组织嵌入对工作满意度的回归分析（$N = 500$）

变量		模型7	模型8	模型9
控制变量	性别（1 = 男）	- 0.059 （0.045）	- 0.103** （0.047）	- 0.104* （0.053）
	婚姻（1 = 在婚）	0.033 （0.045）	- 0.028 （0.047）	0.013 （0.052）
	文化程度	- 0.003 （0.028）	- 0.039 （0.029）	- 0.017 （0.033）
	职务（1 = 管理者）	0.074 （0.049）	0.075 （0.051）	0.072 （0.057）

续表

变量		模型 7	模型 8	模型 9
自变量	组织联系	0.442 *** (0.033)		
	组织匹配		0.521 *** (0.047)	
	组织牺牲 （晋升空间）			-0.015 (0.022)
R^2		0.278	0.205	0.011
F		38.071	25.491	1.122

* $P < 0.1$, ** $P < 0.05$, *** $P < 0.01$。

注：括号内的数值为标准差。

在此基础上，运用数据分析公益组织员工工作满意度对离开意愿的影响，即比较条件 3 和条件 4 的变化情况。表 5 中的模型 10 的回归结果显示，工作满意度与公益人才离开意愿呈负相关关系。最后，在其他控制变量不变时，检验工作满意度的中介作用。在模型 2 基础上，模型 11 引入工作满意度变量。此时工作满意度与离开意愿显著负相关（$\beta = -0.621$, $p < 0.01$），员工组织联系与离开意愿的显著性消失。因此，工作满意度对组织联系影响离开意愿有完全中介效应，假设 2a 得到验证。

从模型 12 和模型 3 的比较来看，当控制"工作满意度"（中间变量）时，工作满意度对离开意愿有显著的负向影响（$\beta = -0.618$, $p < 0.01$），而员工组织匹配与离开意愿的显著性明显降低。因此，工作满意度对组织匹配影响离开意愿有部分中介效应，假设 2b 得到验证。

表 5　工作满意度的中介作用（$N = 500$）

		模型 2	模型 3	模型 10	模型 11	模型 12
控制 变量	性别（男）	-0.199 (0.203)	-0.148 (0.202)	-0.224 (0.204)	-0.234 (0.205)	-0.211 (0.205)

续表

		模型 2	模型 3	模型 10	模型 11	模型 12
控制变量	婚姻状况（在婚）	- 0. 692 *** (0. 199)	- 0. 610 *** (0. 199)	- 0. 664 *** (0. 131)	- 0. 682 *** (0. 201)	- 0. 634 *** (0. 201)
	文化程度	0. 147 (0. 129)	0. 199 (0. 130)	0. 155 (0. 131)	0. 151 * (0. 131)	0. 181 (0. 132)
	职务（1 = 管理者）	- 0. 627 *** (0. 211)	- 0. 635 *** (0. 211)	- 0. 582 *** (0. 212)	- 0. 594 *** (0. 213)	- 0. 602 *** (0. 213)
自变量	组织联系	- 0. 517 *** (0. 147)			- 0. 249 (0. 171)	
	组织匹配		- 0. 743 *** (0. 206)			- 0. 431 * (0. 229)
中介变量	工作满意度			- 0. 772 ** (0. 178)	- 0. 621 *** (0. 205)	- 0. 618 *** (0. 196)
Cox & Snell R^2		0. 074	0. 076	0. 088	0. 092	0. 094
Nagelkerke R^2		0. 103	0. 105	0. 121	0. 126	0. 130

* $p < 0.1$, ** $p < 0.05$, *** $p < 0.01$。
注：括号内的数值为标准差。

五 结论与启示

本文旨在探索影响公益组织员工离开行业意愿的因素，运用 logistic 回归模型探究了组织嵌入三个维度对公益组织员工离开行业意愿的影响效应。通过上面的研究，得出如下几个主要结论。①组织联系、组织匹配对公益组织员工离开意愿有显著负向影响；组织联系、组织匹配的程度越高，员工越不愿意离开公益组织。②组织牺牲中的晋升空间与离开意愿显著负相关，然而薪酬水平对公益组织员工离开意愿没有显著影响。③进一步研究发现，工作满意度在组织联系影响离开意愿的过程中有完全中介效应，而在组织匹配与离开意愿的关系中只发挥了部分中介作用，在组织牺牲之晋升空间与离开意愿的关系中没有起到中介作用。

本文的创新之处在于在公益领域中首次运用全国性数据从组织层

面实证检验了专职员工的组织嵌入各维度对离开意愿的预测作用。与现有研究不同的是，本文发现组织牺牲之薪酬水平对离开意愿无显著作用，说明公益组织员工不受薪酬欲望等外在动力因素的影响。这也说明中国公益人才认为内在使命比工资报酬有更大的吸引力，受到利他主义、道德规范等的驱动更强，甚至可以在工资待遇方面接受一定程度的自我牺牲（Preston and Sacks，2009；Mesch，Tschirhart，Perry and Lee，1998；Lanfranchi and Narcy，2013）。研究结论与当前主流媒体报道并不一致，也不符合西方文献的相关规律。

当然，本文仍存在着一定的局限性。首先，本文使用的样本仅限于"草根组织"，尤其以社会服务机构为主，不包括基金会和官办公益组织，因此研究结论无法延伸至官方的公益组织甚至于其他领域。其次，本文主要从"离开意愿"做出分析，并没有关注政府、企业等其他部门流入公益部门的特征，所以无法准确预测未来公益领域的人才状况。鉴于本文使用的数据主要来自 2014 年的调查，我们也倡导学术界在未来的研究中采用更新的数据探讨上述问题。

与此同时，根据公益行业的研究结论可以得出如下启示。第一，加强公益领域员工的组织联系。组织要创造良好的人际关系和工作氛围，通过良好的人际互动增加沟通机会、提升情感联结，提高雇员对组织的认同和增强其对组织的信任；同时加强上级领导与雇员之间的沟通，给予雇员支持和反馈，提高公益人才的归属感，降低离开行业的意愿。第二，提高公益领域员工与组织的匹配度。加强组织的文化建设，通过宣传、教育、培训增强员工对公益价值观和理念的认同，提升员工价值取向与组织文化理念的契合度；同时，加强公益领域的专业技能培训，提高雇员的专业水平与岗位匹配程度。第三，优化公益人才晋升的空间。研究结论表明，公益领域员工更加注重未来的晋升机会，而不是表面上的薪酬待遇。而目前中国非营利组织的低度发展状况无法为员工提供预期的职业发展空间，员工离开现有行业损失的机会成本较小，离开行业意愿的可能性也随之增加。因此，单靠公益组织自身力量来改变雇员流失的困境显然是不够的，必须依靠政府对公益组织提供资源、政策等方面的支持，改变我国公益组织低度发展的状况，只有这样，才能从源头上使公益组织摆脱人才流失严重的困境。

【参考文献】

方英，2015，《青年社工流动性的现状、原因及对策分析——以广东为例》，《青年探索》第 2 期，第 31 ~ 38 页。

冯缙、秦启文，2009，《工作满意度研究述评》，《心理科学》第 32 期，第 900 ~ 902 页。

韩翼、刘竞哲，2009，《个人 - 组织匹配、组织支持感与离职倾向——工作满意度的中介作用》，《经济管理》第 31 期，第 84 ~ 91 页。

何川明、沈承明，2010，《基于工作嵌入的员工离职模型研究——以工作满意度和组织承诺为中介变量》，《天津商业大学学报》第 4 期，第 60 ~ 64 页。

姜海燕、王晔安，2016，《承认的作用：基于社会工作者离职倾向的实证研究》，《江苏社会科学》第 4 期，第 149 ~ 158 页。

李学会，2014，《为何社会工作者流失率高？——职业场域视角下的解读》，《社会工作》第 4 期，第 55 ~ 57 页。

梁小威、廖建桥、曾庆海，2005，《基于工作嵌入核心员工组织绩效——自愿离职研究模型的拓展与检验》，《管理世界》第 7 期，第 106 ~ 115 页。

刘智强、廖建桥、李震，2006，《员工自愿离职倾向关键性影响因素分析》，《管理工程学报》第 4 期，第 142 ~ 145 页。

聂德民、宋守华，2009，《大陆社工人才流失现象的社会学解读》，《社会工作》（下半月）第 12 期，第 62 ~ 64 页。

孙力强、李国武，2018，《社会组织从业青年的职业流动意愿及其影响因素——基于北京市的调查研究》，《中国青年研究》第 9 期，第 78 ~ 84 页。

王忠、张琳，2010，《个人 - 组织匹配、工作满意度与员工离职意向关系的实证研究》，《管理学报》第 7 期，第 379 ~ 385 页。

徐道稳，2017，《社会工作者职业认同和离职倾向研究——基于对深圳市社会工作者的调查》,《人文杂志》第 6 期,第 111～118 页。

杨春江、蔡迎春、侯红旭,2015,《心理授权与工作嵌入视角下的变革型领导对下属组织公民行为的影响研究》,《管理学报》第 12 期,第 231～239 页。

叶仁苏、王玉芹、林泽炎,2005,《工作满意度、组织承诺对国企员工离职影响的实证研究》,《管理世界》第 3 期,第 122～125 页。

Allen, D. G. 2006. "Do Organizational Socialization Tactics Influence Newcomer Embeddedness and Turnover?" *Journal of Management* 32 (2): 237 – 256.

Baron, R. M., and Kenny, D. A. 1986. "The Moderator-mediator Variable Distinction in Social Psychological Kesearch: Conceptual, Strategic, and Statiscal considerations," *Journal of Personality & Social Psychology* 51: 1173 – 1182.

Becchetti, L., Castriota, S., and Depedri, S. 2010. "Working in the Profit Versus not for Profit Sector: What Difference Does it Make? An Inquiry on Preferences of Voluntary and Involuntary Movers," *Euricse Working Papers*, 23 (4): 1087 – 1120.

Brown, W. A., and Yoshioka, C. F. 2003. "Mission Attachment and Satisfaction as Factors in Employee Retention," *Nonprofit Management and Leadership* 14 (1): 5 – 18.

Chulhee, Kang, Sooyeon, Hug, Sangmi, & Cho, et al., 2015. "Turnover and Retention in Nonprofit Employment: the Korean College Graduates' Experience," *Nonprofit and Voluntaerg Sector Quarterly*.

Clerkin, R. M., and Coggburn, J. D. 2012. "The Dimensions of Public Service Motivation and Sector Work Preferences," *Review of Public Personnel Administration* 32 (3): 209 – 235.

Devaro, J., & Brookshire, D. 2007. "Promotions and Incentives in Nonprofit and for-Profit Organizations," *Industrial and laber Relations Review* 60 (3), 311 – 339.

Ducharme, L. J., Knudsen, H. K., and Roman, P. M. 2008. "Emotional Exhaustion and Turnover Intention in Human Service Occupations: The Protective Role of Coworker Support," *Sociological Spectrum: Mid-South Sociological Association* 28 (1): 81 – 104.

Faulk L. , Edwards L. H. , Lewis G. B. , et al. 2013. "An Analysis of Gender Pay Disparity in the Nonprofit Sector: An Outcome of Labor Motivation or Gendered Jobs?" *Nonprofit and Voluntary Sector Quarterly* 42 (6): 1268 – 1287.

Felps W. , Mitchell T. R. , Hekman D. R. , et al. 2009. "Turnover Contagion: How Coworkers' Job Embeddedness and Job Search Behaviors Influence Quitting," *Academy of Management Journal*, 52 (3): 545 – 561.

Friedman, R. A and Holtom B. 2002. "The Effects of Network Groups on Minority Employee Turnover Intentions," *Human Resource Management* 41 (4): 405 – 421.

Holtom, B. C. and Inderrieden, E. J. 2006. "Integrating the Unfolding Model and Job Embeddedness Model to Better Understand Voluntary Turnover," *Journal of Managerial Issues* 18 (4): 435 – 452.

Hsieh, J. Y. 2016. "Spurious or True? An Exploration of Antecedents and Simultaneity of Job Performance and Job Satisfaction Across the Sectors," *Public Personnel Management* 45 (1): 90 – 118.

Jasmine, McGinnis, Johnson, Eddy, S. , and Ng. 2016. "Money Talks or Millennials Walk: the Effect of Compensation on Nonprofit Millennial Workers Sector-switching Intentions," *Review of Public Personnel Administration* 36 (3): 283 – 305.

Jiang, K. , Liu, D. , Mckay, P. F. , Lee, T. W. , and Mitchell, T. R. . 2012. "When and How is Job Embeddedness Predictive of Turnover? a Meta-analytic Investigation," *Journal of Applied Psychology* 97 (5): 1077.

Kang, C. , Huh, S. , Cho, S. and Auh, E. Y. 2015. "Turnover and Retention in Nonprofit Employment: the Korean College Graduates' Experience," *Nonprofit and Voluntary Sector Quarterly* 44 (4): 641 – 664.

Kim, S. E. , & Lee, L. W. 2007. "Is Mission Attachment an Effective Management Tool for Employee Retention? an Empirical Analysis of a Nonprofit Human Services Agency," *Review of Public Personnel Administration* 27 (3): 227 – 248.

Knapp, J. R. , Smith, B. R. , and Sprinkle, T. A. (2017). "Is It the Job or the

Support? Examining Structural and Relational Predictors of Job Satisfaction and Turnover Intention for Nonprofit Employees," *Nonprofit and Voluntary Sector Quarterly* 46 (3): 652 – 671.

Kristof, A. L. 2006. "Person-organization Fit: an Integrative Review of its Conceptu-alizations, Measurement, and Implications," *Personnel Psychology* 49 (1): 1 – 49.

Lanfranchi, J. and Narcy, M. 2013. "Female Overrepresentation in Public and Non-profit Sector Jobs: Evidence From a French National Survey," *Nonprofit and Voluntary Sector Quarterly* 44 (1): 47 – 74.

Lee, T. W., Mitchell, T. R., Sablynski, C. J., Burton, J. P., and Holtom, B. C. 2004. "The Effects of Job Embeddedness on Organizational Citizenship, Job Performance, Volitional Absences, and Voluntary Turnover," *The Academy of Management Journal* 47 (5): 711 – 722.

Mesch, D. J., Tschirhart, M., Perry, J. L., and Lee, G. 1998. "Altruists or Eg-oists? Retention in Stipended Service," *Nonprofit Management and Leadership*, 9 (1), 3 – 22.

Miller, J. S., Hom, P. W., and Gomez-Mejia, L. R. 2001. "The High Cost of Low Wages: Does Maquiladora Compensation Reduce Turnover?" *Journal of International Business Studies* 32 (3): 585 – 595.

Mitchell, T. R., Holtom, B. C., Lee, T. W., Sablynski, C. J., and Erez, M. 2001. "Why People Stay: Using Job Embeddedness to Predict Voluntary Turnover," *The Academy of Management Journal* 44 (6): 1102 – 1121.

Mobley, W. H., Griffeth, R. W., Hand, H. H. and Meglino, B. M. 1979. " A Review and Conceptual Analysis of the Employee Turnover Process," *Psychological Bulletin* 86 (6): 517 – 532.

Mossholder, K. W., Settoon, R. P. and Henagan, S. C. 2005. "A Relational Per-spective on Turnover: Examing Structural, Attitudinal, and Behavioral Prdeic-tiors," *Academy of Management Journal* 48 (4): 607 – 618.

Moynihan, D. P. and Pandey, S. K. 2008. "The Ties that Bind: Social Networks,

Person-Organization Value Fit, and Turnover Intention," *Journal of Public Administration Researchand Theory*, 18 (2), 205 – 227.

Preston, E. A. and Sacks, W. D. 2009. "Nonprofit Wages: Theory and Evidence," Handbook of Research on Nonprofit Economicsand Management, Cheltenham: Edward Elgar Publishing Limited.

Selden, S. C. , and Sowa, J. E. 2015. "Voluntary Turnover in Nonprofit Human Service Organizations: the Impact of High Performance Work Practices," *Human Service Organizations Management*, *Leadershipand Governance* 39 (3): 182 – 207.

Smith, D. R. and Holtom, B. C. , and Mitchell, T. R. 2011. "Enhancing Precision in the Prediction of Voluntary Turnover and Retirement," *Journal of Vocational Behavior* 79 (1): 290 – 302.

Treuren, G. J. M. , and Frankish, E. 2014. "Pay Dissatisfaction and Intention to Leave," *Nonprofit Management and Leadership* 25 (1): 5 – 21.

中国社会组织研究　第 19 卷
第 133～168 页
© SSAP，2020

互联网募捐及其规范治理

——以轻松、水滴两平台为对象进行透视*

马剑银　刘逸凡**

摘　要：随着移动互联网科技的蓬勃发展，互联网募捐依托于科技、市场和公益三大行业的相互融合，逐渐成为中国公众日常捐赠的重要渠道。《中华人民共和国慈善法》虽然规定了互联网募捐的基本法律规范，但是这些规范原则性强，还远远跟不上日新月异的互联网产品的发展，因而在市场逻辑和公益目标之间的张力中逐渐出现了互联网募捐的各种乱象。为此，需要反思互联网募捐的法律定位，进一步加强对互联网募捐行为的规范治理。本文借助对轻松、水滴两个平台的调研与分析，提出了相应的政策建议。

* 基金项目：国家社会科学基金重大项目“政府培育发展社会组织的效应研究”（批准号18ZDA116）；比尔及梅琳达·盖茨基金会资助项目“中国公众日常捐款实证研究”。
** 马剑银，北京师范大学法学院副教授，公益慈善与非营利法治研究中心主任，清华大学法学博士、公共管理学博士后，主要从事法哲学与法社会理论、比较法与法文化、宪制与法治、公益慈善与非营利法制等方面的研究，Email：majy@ bnu. edu. cn；刘逸凡，北京师范大学法学院法学理论专业硕士研究生，公益慈善与非营利法治研究中心研究助理，主要从事法理学、公益慈善与非营利法制研究，Email：853005239@ qq. com。

关键词: 互联网募捐 公募平台 公益慈善

一 引言

社交媒介、电子商务、移动支付等的助力,使传统公益慈善模式在互联网时代下发生了巨大嬗变,朝着人人慈善、广覆盖、精细化的趋势发展。最具代表性的是"互联网募捐"。"互联网募捐"从广义上可理解为个人、组织出于公共利益或救助特定个人的目的,借助互联网平台,面向公众所发布的筹款项目及其过程,既包括具有公募资格的慈善组织发起的互联网公开募捐,也包括旨在救助特定个人的互联网个人求助和互助计划。

2016 年 3 月 16 日,《中华人民共和国慈善法》(以下简称《慈善法》)由十二届全国人大四次会议通过,标志着公益慈善领域第一部基础性、综合性法律的诞生,《慈善法》还正式将互联网募捐方式列入公开募捐的法定范围,突破了传统公募的地域限制,有人称"互联网公益时代真的来了"。[①] 随后,民政部依据《慈善法》先后分两批指定了22 家"慈善组织互联网公开募捐信息平台"(以下简称"互联网公募平台",后有两家退出,现共 20 家)。互联网公募平台成为开展互联网公募活动的合法且必要的渠道。互联网募捐凭借强大的信息流,获得了巨大的项目数量、捐赠人次、募款总额,以及广泛的社会覆盖面和巨大的影响力。仅以抗击新冠肺炎疫情为例,2020 年 2 月 17 日至 3 月 2 日,20 家平台新增上线项目 120 个、新增善款 1.14 亿元。[②] 然而互联网募捐由于门槛低、手续少、效率高等特点,促使出现了许多个人求助、互

---

① 《见识丨互联网公益时代真的来了》,《解放日报》官网"上观",https://www.shobserver. com/news/detail? id=64440,最后访问日期:2020 年 7 月 10 日。

② 《抗击新冠疫情——互联网筹款平台数据第二阶段统计分析》,参考公众号"方德瑞信 CAFP",最后访问日期:2020 年 3 月 7 日。

助计划等。但由于互联网个人求助、互助计划等相关配套制度不完善，募集资金虚高、善款支配不透明甚至骗捐、诈捐等现象随之而来，引发公众与舆论关注。"罗尔事件"、"一元购画"、"同一天生日"、"99 公益日"机器刷单事件、"冰花男孩"事件以及"水滴筹接连引发舆论争议"相继入选 2016～2019 年度慈善行业十大热点事件（杨团，2016，2017；2018；2019），严重影响了互联网慈善事业的公信力。

互联网募捐亟须规范治理，但法律之进步并非一蹴而就，再观理论界，为了文献研究的尽可能全面，笔者将与本文研究内容相关的关键词作宽泛化处理，从"互联网募捐""网络募捐"扩大至"互联网慈善""互联网公益""网络公益""互联网众筹""网络众筹""网络慈善"，得到的相关文献颇多，且其中大部分涉及监管或规范化治理等内容。

学术研究来源于实践问题。21 世纪初期即出现了以互联网慈善募捐为话题的文献（张书明，2007），但这类文献一直比较少，直到 2015～2016 年这类文献数量大幅增加，并且，伴随着对 2016 年出台的《慈善法》的探讨（盛人云，2015；高一村，2016），互联网募捐相关话题的热度持续不降。关于互联网募捐的规范治理，有些学者从所涉关键问题，如互联网个人求助、网络互助、社会信任机制创新、平台法律地位等出发探讨。也有学者从不同的研究视角出发，探讨互联网募捐的立法、民刑法规制、侦办难点、社会信用建设等问题。还有一些文章综合性地列举互联网募捐规制建议，如填补法律制度空白、设置独立监管部门、严格监管方式、建立黑名单制和隐私权保护制度等，内容重复率较高，且相对零散和宽泛。

笔者梳理以往文献发现，文献数量虽多，质量却参差不齐。部分文献具有研究角度和内容上的创新意义，比如早先总结出互联网募捐主体资格、募捐地域限制和平台法律规范三大困境（金锦萍，2017）、运用工具理性和价值理性的分析框架（赵文聘，2018）、提出互联网公益慈善的信任机制创新（赵文聘、徐家良，2019）、从风险及其规制的角度探讨网络互助（赵文聘，2019）等，对于学界的进一步研究都起到了引领和开拓作用。但也有相当一部分是引用实际数据或案例、指出问题、提出建议的"套路"式文章，缺乏对问题的深入分析和论证阐述，无理论基础而直接谈及实践规制，无异于空中楼阁。此外，相当多文献是从政府管理、社会治理等角度分析，着重从法律内部详细剖析者不多。笔者认为，目前我国学界关于互联网募捐及其规范治理最显著的问题是缺乏对基础理论的研究，尤其是缺乏站在法学理论角度的研究。虽然最终建议貌似大同小异，但是由基础理论推致的规制思路会具有更通畅的逻辑性和更有力的说服性，本文即寄希望于此。

本文综合法学和社会学研究方法，采用从实证到规范、从事实到理论、从实然到应然的逻辑，以民政部指定的 20 家互联网公募平台为线上调研对象，并对轻松、水滴两平台进行实地访谈，在充分了解目前互联网募捐领域的项目、数据、资讯等信息的基础上，结合我国现行法律规范与法治理论，剖析互联网募捐的运作与问题，并为互联网慈善事业的科学、理性与依法发展提出规范性建议。

二　互联网募捐与互联网公募平台的理论与实践

（一）互联网募捐的概念厘清

无论是学界，还是业界，对于"公益""慈善"及"捐赠""募捐"等相关概念的使用一直纷杂不明，即使相关法律已经对此有非常明确的界定，但应然之法与实然之行为之间仍然有很大的落差，本文在此尝试从我国法律规范与理论研究两方面对其进行一定的梳理。

1. 公益与慈善

2016 年《慈善法》施行之前，公益慈善活动尤其是慈善募捐活动的相关规定散见于《中华人民共和国公益事业捐赠法》（以下简称《公益事业捐赠法》）、《中华人民共和国信托法》、《基金会管理条例》等立法文本以及各省区市相继颁布的以促进慈善事业或规范募捐行为等为目标的地方立法文本，但这些法律文件均未对"慈善""公益"做出概念界定，只强调公共利益与非营利性，行文中将两者模糊、混用。

《公益事业捐赠法》与《中华人民共和国信托法》中的"公益信托"专章，都对"公益"进行了开放性列举式的界定模式，用"符合公共利益目的"、"非营利"且"促进社会发展和进步的""社会公共和福利事业"等的措辞进行"同义反复"。①《公益广告促进和管理暂行办法》用"传播社会主义核心价值观，倡导良好道德风尚，促进公民文明素质和社会文明程度提高，维护国家和社会公共利益的非营利性（广告）"来界定"公益"。

2006 年《甘肃省慈善捐助管理办法》以地方政府规章的形式将"慈善（捐助）"界定为"自愿无偿地为救助灾害、救济贫困、扶助残疾人等困难社会群体和个人捐赠款物的行为"；2011 年《宁波市慈善事业促进条例》将"慈善活动"界定为"以捐赠财产或者提供慈善服务等方式，自愿、无偿开展的扶老、助残、救孤、济困、助医、助学、赈灾和其他公益事业等活动"。这些地方立法将《慈善法》之前的"小慈善"观念以法律的语言表达出来，其最集中的体现就是 2014 年发布的《国务院关于促进慈善事业健康发展的指导意见》中的"灾害救助、贫困救济、医疗救助、教育救助、扶老助残和其他公益事业"。虽然这些文件中对"小慈善"观念的表达都具有"开放性"，即用"等""其他公益事业"等措辞兜底，但与"公益"的法律表达之间仍有不少距离。2013 年《北京市促进慈善事业若干规定》对"慈善"的界定是"大慈善"的观念，已经与《公益事业捐赠法》中的"公益"范围、《慈善

---

① 《公益事业捐赠法》出台之前，"捐赠"一词主要用于指代海外华侨对国内公益事业的捐赠，各个地方都出台了有关华侨捐赠的地方性法律规范，而且该"公益事业"往往还包括"工农业生产"，指代有些模糊与混乱。《公益事业捐赠法》1999 年出台之后，地方的华侨捐赠法规也将公益事业的范围与《公益事业捐赠法》保持一致。

法》中的"慈善"范围基本等同。①

2016 年《慈善法》界定"慈善"的方式没有变化，依旧是开放式列举，但与"小慈善"的表达相比，在明确列举方面多了"（四）促进教育、科学、文化、卫生、体育等事业的发展"与"（五）防治污染和其他公害，保护和改善生态环境"，并丰富了"小慈善"的表述"（一）扶贫、济困；（二）扶老、救孤、恤病、助残、优抚；（三）救助自然灾害、事故灾难和公共卫生事件等突发事件造成的损害"，兜底项更为简洁"（六）符合本法规定的其他公益活动"。这被很多人解读为"（大）慈善"等于"公益"（马剑银，2016a）。《慈善法》实际上并未真正厘清"慈善"与"公益"的概念纠葛，但有一点可以确定，至少在范围或者外延上，"慈善"与"公益"的区别基本可以忽略。

在学术界，"慈善"与"公益"之间的关系就更为纷繁复杂了。绝大多数学者将"公益"和"慈善"直接并列混合使用（朱英，1999；刘继同，2010；王振耀、童潇，2013），但也有学者对两个概念进行了界定和区分。例如王名虽指出公益更关注结果，慈善更强调动机（王名，2016a），但认为慈善和公益并非泾渭分明，在伦理上是相互支撑和转化的，并将《慈善法》中的"慈善"等同于具有非营利性和公共性的民间公益（王名，2014）。主张"公益"和"慈善"应区分对待的学者，如李芳（2015）认为"公益"具有"公共利益"的含义，《慈善法》的调整范围应当是"公共慈善活动"即"大慈善"，针对特定人利益的慈善活动属于私人慈善，应交由社会自治。玉苗（2014）和曾桂林（2018）也分别从历史和语义发展的角度分析了现代公益和传统慈善，但前者认为两者应界分开来，而后者在结论中却并未持此观点。另

---

① 《北京市促进慈善事业若干规定》第二条规定："慈善组织接受自然人、法人、其他组织捐赠财产或者以提供服务等方式，在本市行政区域内开展下列慈善活动适用本规定：（一）救助灾害、救济贫困、扶助困难的社会群体和个人；（二）支持教育、科学、文化、卫生、体育事业；（三）支持环境保护、社会公共设施建设；（四）支持促进社会发展和进步的其他社会公共和福利事业。"

外，部分学者也关注"慈善"尤其是法律意义上"慈善"的界定，如金锦萍（2011）认为内在为"慈"，外在为"善"，慈善即"以慈行善"，慈善立法就是要为内在的慈转化为外在的善提供通道。王名（2014）认为"慈"是心理、道德、精神层面的，"善"是行动层面的给予、帮助，并且英文语境中，"charity"指施舍，带有一方相对于另一方的地位优势和怜悯之意，属于传统慈善概念，而"philanthropy"的含义更宽泛，核心是利他、公益，无关强弱，倾向于现代慈善概念。王名（2016b）还提到，与针对贫困弱势群体、以少数富人为行为主体的传统"小慈善"相对应，《慈善法》结合中国特殊国情使用了"大慈善"概念，但并未否定"小慈善"，而是将慈善分成两个层次，即特别关注扶危济困的（小）慈善和一般意义上的（大）慈善。吕鑫（2016）也强调要界定法律意义上的慈善，并详细阐述了慈善法上"公益"概念的建构、识别问题。

本文依循《慈善法》，采用"大慈善"的概念，并将其范围扩大至与"公益"基本等同的范围，行文过程中不对两者进行特别区分。但同时我们认为，《慈善法》未对"慈善"或"公益"的判别标准做出明确界定，于是在"公（共）"的传统与现代、中国与西方的多重文化背景中陷入困境，存在一些认知和评价矛盾（马剑银，2016a），例如出现了个人求助、直接捐赠与慈善的关系的认知困惑。法律应当具有精确性，而慈善或公益都与文化、道德层面有着无法割裂的联系（马剑银，2016b），故当前对于法律意义上的公益慈善及其相关概念做出界定和逻辑梳理尤为迫切。

2. 捐赠、募捐与互联网募捐

《慈善法》界定"慈善捐赠"为"自然人、法人和其他组织基于慈善目的，自愿、无偿赠与财产的活动"，此处的"慈善目的"应该解读为等同于公益目的，也就是《公益事业捐赠法》中的"公益"；但与《公益事业捐赠法》或者之前的有关华侨捐赠的地方立法相比，《慈善法》有关捐赠的界定还是有所变化的。例如《公益事业捐赠法》中，受赠人是"依法成立的公益性社会团体和公益性非营利的事业单位"以及"发生自然灾害时或者境外捐赠人要求"时的"县级以上人民政府及其部门";而《慈善法》中受赠人除了可以是"慈善组织",还可以直接是"受益人",并且,这个规定并未替代或"排除"《公益事业捐赠法》的相关规定,也就是说,实际上《慈善法》并未禁止向"慈善组织"之外的"公益性社会团体与公益性非营利的事业单位"进行捐赠,向这些组织捐赠自然也可以基于"慈善""公益"目的。"直接捐赠"的概念,也是后来引发"个人求助"与"慈善"关系的导火索之一。一个"直接捐赠"行为,如果从捐赠人视角来看,则属于慈善活动,但若这一"直接捐赠"行为是受益人主动求助而引发的,则主流观点认为不受《慈善法》管辖,这是一种如何的认知分裂?①

如果说捐赠针对的是慈善款物的输出方,那么募捐就针对作为受赠人的慈善组织(当然还包括其他法律认可的组织),基于慈善目的主动劝服捐赠人进行捐赠从而达到募集款物的行为,我国台湾地区将之称为"劝募"。

《慈善法》将"慈善募捐"分为面向社会公众的公开募捐和面向特定对象的定向募捐。这种区分源自 2004 年《基金会管理条例》对基金会的分类。《基金会管理条例》将基金会区分为"公募基金会"和"非公募基金会";该条例还根据募捐的地域范围,将公募基金会区分为全国性公募基金会和非全国性公募基金会,而这一分类也因为互联网募捐的产生而在事实上被突破。《慈善法》中,只有"在公共场所设置募捐箱"和"举办面向社会公众的义演、义赛、义卖、义展、义拍、慈善晚会等",才需要在慈善组织登记的民政部门管辖区域内进行,"确有必要在其登记的民政部门管辖区域外进行的,应当报其开展募捐活动所在地的县级以上人民政府民政部门备案",而即使这一点也已经被

---

① 《中华人民共和国慈善法》第三十五条规定"捐赠人可以通过慈善组织捐赠,也可以直接向受益人捐赠",这到底是该条自身的立法疏漏,还是其他法律条文未与该条立法精神配套,有所争议,这其实是值得继续深思讨论的问题,有关讨论也可参见马剑银(2016b)。

突破。

但与"捐赠"概念一样,《慈善法》也没有解决"募捐"概念的所有问题,如同样为了特定个人利益而借助互联网平台的"募集款物",如果由有公开募捐资格的慈善组织(以下简称"公募组织")发起,则可以转化为法律上的慈善,纳入慈善募捐范畴,而若由其他组织或者个人发起的则被划归为区分于慈善的"个人求助",这也是目前像"轻松筹""水滴筹"等为个人求助提供帮助的平台面临的困境之一。

本文讨论的互联网募捐,无论从捐赠的视角还是从募捐的视角来看,都是广义的,也就是说,不仅限于《慈善法》中的慈善募捐,即需要由公募组织在互联网公开募捐信息发布平台上发起的慈善募捐活动,同样也包括由非公募组织或个人发起的网络募集款物活动,其目的在于进行个人求助、网络互助等。从捐赠视角来看,《慈善法》第三十五条规定,通过互联网直接向受益人捐赠的活动也需要被考虑在内。所以,本文在关注水滴公司和轻松公司的同时,也关注它们作为互联网公开募捐平台的资质,研究由公募组织在其平台发起的募捐活动,关注它们运营其他非公募性质的项目内容,将轻松筹、水滴筹作为研究互联网募捐和捐赠的内容。至于其他具体用语,均采纳《慈善法》及其配套法律规范中的官方表述。

(二) 互联网公募及其平台的实践状况

由于本文采取广义的互联网募捐概念,所涉平台较多较杂,暂只对民政部指定的 20 家互联网公募平台做出梳理和研究,这些平台发展规模较大、内容较丰富、模式较成熟、影响范围也较广,具有代表性。

1. 互联网公募平台的发展现状和特点

(1) 发展现状:迅猛但不均衡

从整体来看,依托互联网公募平台的互联网募捐发展势头强劲,已经成为慈善行业的重要增长点。根据民政部年度考核数据,2018 年,

20 家互联网公募平台共为全国 1400 余家公募慈善组织发布募捐信息 2.1 万条，网民点击、关注和参与超过 84.6 亿人次，募集善款总额超过 31.7 亿元，同 2017 年相比增长 26.8%（郑滴心、石浩天，2019）。仅 2019 年上半年，20 家互联网公募平台就发布募捐信息 1.7 万余条，累计获得 52.6 亿人次的点击、关注和参与，募集善款总额超过 18 亿元。① 在这样的体量和增速下，做好互联网募捐的监管和规范治理工作就尤为重要。

但从内部来看，根据 2018 年（2019 年的数据尚未公布）各平台的募捐金额、参与人次、项目数量等参数，各互联网公募平台之间的发展呈现两极分化的特点。

第一，在募捐金额上，据 2018 年各互联网公募平台公布的运营情况报告，前十大互联网公募平台的募捐总金额为 30.6 亿元，占 20 家平台募捐总金额（31.7 亿元）的 96.5%。其中，排名前三的腾讯公益、支付宝公益、阿里巴巴公益的募捐总额为 28.35 亿元，占全部平台募捐总额的 89.4%，"头部效应"明显。②

第二，在参与人次上，联劝网、新华公益和公益宝的人均捐赠金额排名前三，分别为每人次 175.3 元、71.8 元和 44.4 元。人均捐赠金额居后三位的支付宝公益、阿里巴巴公益、京东公益，分别为每人次 1.2 元、1.0 元和 0.5 元，③ 却成为募捐总额的巨头。可见，平台的活跃用户和用户黏性是吸引公众募捐的重要因素。

第三，在项目数量上，最多的腾讯公益（15743 个）与最少的广益联募（188 个）相差数十倍。④ 可见平台之间核心产品竞争力的差异，

---

① 《2019 年上半年，我国互联网公开募捐总额超 18 亿元》，新华网，http://www.charityalliance.org.cn/gov/12667.jhtml，最后访问日期：2020 年 4 月 11 日。
② 《社会引领丨2018 十大互联网募捐平台募捐总额突破三十亿元，参与人次超十亿》，公众号"中国公益研究院"，最后访问日期：2019 年 10 月 9 日。
③ 《社会引领丨2018 十大互联网募捐平台募捐总额突破三十亿元，参与人次超十亿》，公众号"中国公益研究院"，最后访问日期：2019 年 10 月 9 日。
④ 《社会引领丨2018 十大互联网募捐平台募捐总额突破三十亿元，参与人次超十亿》，公众号"中国公益研究院"，最后访问日期：2019 年 10 月 9 日。

如腾讯"99 公益日"吸纳大流量的慈善组织入驻，继而影响其发起项目数量和募捐金额及撬动的社会资源。

（2）特点：多元化与个性化

从现有数据资料可知，我国各大互联网公募平台在项目内容、入驻组织、核心产品等方面各具特色、各有千秋（见表 1）。

表 1　2018 中国互联网在线募捐信息平台新锐 TOP 20

单位：分

排名	平台	用户量	创新性	传播度	成长性	总分
1	蚂蚁金服公益	2.7	1.8	2.1	1.6	8.2
2	腾讯公益	2.25	1.6	2.4	1.6	7.85
3	轻松公益	2.4	1.4	2.4	1.6	7.8
4	淘宝公益	1.95	1.6	1.8	1.8	7.15
5	京东公益	1.95	1.6	2.1	1.4	7.05
6	美团公益	1.95	1.4	1.8	1.6	6.75
7	苏宁公益	2.1	1.5	1.5	1.4	6.5
8	新浪微公益	1.8	1	2.1	1	5.9
9	滴滴公益	2.1	1	1.5	1.2	5.8
10	百度公益	1.95	0.8	1.5	1	5.25
11	融 e 购公益	1.5	1.1	1.2	1.1	4.9
12	帮帮公益	1.2	1.2	1.2	1.2	4.8
13	易宝公益	1.2	1.1	1.2	1.2	4.7
14	公益宝	0.9	1.2	1.5	0.9	4.5
15	善源公益	1.2	0.8	1.2	1	4.2
16	水滴公益	1.2	0.8	1.2	0.8	4
17	新华公益	0.9	0.6	1.8	0.6	3.9
18	联劝网	0.9	0.6	1.2	1	3.7
19	广益联募	0.9	0.6	1.2	1	3.7
20	中国社会扶贫网	1.2	0.8	0.9	0.8	3.7

注：该表并非网上的原始出处，目前网上无法找到原始出处，数据仅供参考。

资料来源：《9.8 亿善款、36 亿人次关注，互联网公开募捐平台综合实力 TOP 20 榜单发布》，搜狐网"搜狐财经"频道，http://business.sohu.com/20181025/n553346446.shtml，最后访问日期：2020 年 2 月 15 日。

首先，从项目内容来看，公益、私益并存。依据现行法律，互联网募捐平台上的项目分为"慈善募捐"和非"慈善募捐"两类。前者是具有公募资格的慈善组织发起的，属于公益范围，归慈善法体系管辖；后者是互联网个人求助、互助计划等由不具有公募资格的个人或组织发起的，被排除出公益和慈善法范畴。然而，若以受益对象为标准，则仍然可以分为公益和私益两类：前者是为了不特定多数人的利益即公共利益，后者则是为了特定个人的利益即私人利益。于是此处产生一个逻辑难题，公募组织发起的救助特定个人的项目，为何就被法律认定属于"慈善募捐"呢？仅仅依据项目发起人来判别该项目是否属于慈善募捐、是否归慈善法管辖，这样的标准是否合理？下文将细谈。

其次，从入驻组织来看，组织来源多元。从各平台选择合作组织的偏好来看，既有偏向于省级及以下具有公开募捐资格的组织合作的平台，也有主要同大型、全国性公募组织合作的平台。例如，截至2018年底，在腾讯公益平台累计注册的362家公募组织中，50家为全国性公募组织，占比为13.81%，省级及以下公募组织共312家，占比为86.19%；2018年度与京东公益合作的42家具备公募资格的慈善基金会中，省级以下的基金会为24个，占比为57.14%。[①]

再次，从募捐的领域偏好来看，聚焦扶贫。整体而言，扶贫已成为互联网公募平台的主要募捐领域之一。2018年腾讯公益超90%的项目涉及扶贫，涵盖了教育扶贫、健康扶贫、生态扶贫、救灾扶贫等多个领域，为扶贫类公益项目筹款约15.5亿元。2018年支付宝公益平台慈善募捐总额为6.7亿元，其中平台97%的项目为扶贫类项目，累计获得慈善募捐金额6.5亿元。京东公益平台2018年扶贫类项目占比超过67%。[②]

[①] 《社会引领｜2018十大互联网募捐平台募捐总额突破三十亿元，参与人次超十亿》，公众号"中国公益研究院"，最后访问日期：2019年10月9日。
[②] 《社会引领｜2018十大互联网募捐平台募捐总额突破三十亿元，参与人次超十亿》，公众号"中国公益研究院"，最后访问日期：2019年10月9日。

最后，核心产品上各平台个性特征明显。各平台均依据自身特点打造个性化的核心产品。腾讯、阿里巴巴、支付宝、新浪等互联网公司依托其在大量活跃用户资源与大数据手段上的既有优势，如阿里巴巴公益的"公益宝贝"是高度融合商业模式的产物，新浪微公益则是利用了新浪微博在粉丝资源方面的集结优势。而联劝网、广益联募等以慈善组织为主要运营主体的平台便结合了自身的专业性，打造差异化的核心产品。如广益联募链接政府和企业资源，以线下活动助推线上项目；联劝网则通过搭建自有传播渠道服务于其产品。

2. 互联网募捐及其平台法律规制现状：逐步完善但不健全

互联网募捐的雏形虽然最早可以追溯到 1995 年互联网商用之初（陈一丹等，2019），随着门户网站、电子邮件、论坛等传播途径的兴起而蓬勃发展，但关于互联网募捐及其平台的法律规制，其自 2016 年《慈善法》颁布之后才进入逐步规范化、完善化的阶段。

其一，互联网募捐行为的法律规范。2016 年 9 月 1 日起正式施行的《慈善法》第二十三条在公开募捐方式中明文写入"互联网"，正式将互联网募捐作为公开募捐的法定渠道。随后，民政部联合有关部委出台了一系列与慈善法配套的政策，从慈善组织认定登记、公开募捐管理、志愿服务，到慈善信托、慈善活动支出、慈善信息公开、慈善财产保值增值等都做出了详细规定，涉及互联网募捐行为的法律规制体系逐步建立健全。此外，与互联网募捐相关的非专门性法律规范林立，例如《中华人民共和国网络安全法》、《社会团体登记管理条例》、《基金会管理条例》、《民办非企业单位登记管理暂行条例》、《互联网信息服务管理办法》、《互联网用户账号名称管理规定》、《非金融机构支付服务管理办法》、《慈善组织信息公开办法》、《慈善组织认定办法》、《公开募捐违法案件管辖规定（试行）》和《印发〈关于对慈善捐赠领域相关主体实施守信联合激励和失信联合惩戒的合作备忘录〉的通知》等，这些法律法规和规范性文件从不同的角度规制着互联网募捐行为。

其二，互联网募捐平台的法律规范。2016 年 8 月 31 日，《民政部

关于指定首批慈善组织互联网募捐信息平台的公告》发布，名单内的
13 家互联网平台系对提交申报材料的 47 家平台进行形式审查后，由包
括公益慈善专家、互联网专家、慈善组织代表、两会代表、新闻媒体代
表、捐赠人代表等无利益关联的专家团队评审，择优遴选出来的。该公
告某种程度上为公募平台设定了资格门槛，改变了互联网募捐平台庞
乱、公开募捐信息与其他信息混杂的状况。2018 年 4 月，民政部依然
按照"统筹规划、循序渐进，公开透明、自愿申请、依法依规、优中
选优"原则，遴选了 9 家平台。后来，中国慈善信息平台、基金会中心
网两家平台退出，现共有 20 家（见表 2）。针对互联网公募平台的规
范，如《公开募捐平台服务管理办法》规定了募捐平台在信息查验、
信息保存、协助调查、信息透明、风险提示、信息报告等方面细化的义
务；又如 2017 年 7 月 20 日，民政部发布《慈善组织互联网公开募捐信
息平台基本技术规范》和《慈善组织互联网公开募捐信息平台基本管
理规范》两项推荐性行业标准，对互联网公募平台的技术性标准以及
制定、运行、服务、监管等方面进行了规范。局限性在于后者并无强制
效力，对于平台的规范力度还并不够。

表 2 民政部指定的 20 家互联网公开募捐信息平台

序号	平台名称	运营主体
1	腾讯公益	腾讯公益慈善基金会
2	淘宝公益	浙江淘宝网络有限公司
3	蚂蚁金服公益	浙江蚂蚁小微金融服务集团有限公司
4	新浪微公益	北京微梦创科网络技术有限公司
5	京东公益	网银在线（北京）科技有限公司
6	百度公益	百度在线网络技术（北京）有限公司
7	公益宝	北京厚普聚益科技有限公司
8	新华公益	新华网股份有限公司
9	轻松公益	北京轻松筹网络科技有限公司
10	联劝网	上海联劝公益基金会
11	广益联募	广州市广益联合募捐发展中心

续表

序号	平台名称	运营主体
12	美团公益	北京三快云计算有限公司
13	滴滴公益	北京小桔科技有限公司
14	善源公益	北京善源公益基金会（中国银行发起成立）
15	融 e 购公益	中国工商银行股份有限公司
16	水滴公益	北京水滴互保科技有限公司
17	苏宁公益	江苏苏宁易购电子商务有限公司
18	帮帮公益	中华思源工程扶贫基金会
19	易宝公益	易宝支付有限公司
20	中国社会扶贫网	社会扶贫网科技有限公司（国务院扶贫办指导）

资料来源：《民政部关于发布慈善组织互联网公开募捐信息平台名录的公告》，民政部官网，http://www.mca.gov.cn/article/xw/tzgg/201806/20180600009425.shtml，最后访问日期：2020 年 2 月 21 日。

（三）互联网募捐及其平台的突出问题

在互联网募捐如火如荼开展的同时，公共事件迭出，从发文救女的"罗尔事件"到德云社吴鹤臣筹款事件，再到"互联网个人大病求助第一案"莫春怡事件，均是筹款幕后隐瞒实际财产所致。此外，诸如四川凉山网络主播做"伪慈善"、"同一天生日"事件、水滴筹"扫楼筹款"事件以及部分电商平台制作虚假病例、票据等材料的黑色产业链（何欣禹，2019）等，都引发公众对于互联网募捐本身以及平台的质疑，消耗着公众对于互联网慈善募捐的信任，甚至波及公众对整个公益慈善行业的态度，这都使我们去挖掘背后存在的问题。以上现象，并不仅仅是求助人或发起人本身之过，也并不仅仅是慈善组织或互联网募捐平台的管理过失，而是整个互联网募捐生态链多因素综合作用的结果。

仅 2017 年上半年，腾讯公益就被举报 10 次，主要举报内容包括"公益组织不及时主动地发布项目进展、月度反馈报告"和"公益组织在项目页面提供的联系电话失效，无法联系"等。蚂蚁金服公益平台

2017 年上半年也被举报 7 次，"项目设计是否能真正解决受助群体长期问题，呈述材料是否详尽真实"和"慈善组织是否能第一时间详尽地提交项目执行进展"等成为该平台备受关注的争议点（唐孜孜，2018）。此外，还有报道称部分电商平台存在制作虚假材料的产业链。为骗取医保和捐款，制作虚假病历、票据材料的黑色产业滋生。门诊全套病例、住院全套病例甚至病情严重程度都可根据个人需求定制，还配有专业写手撰写筹款文案、商家负责推广，以便获得更多网友的关注和捐款（何欣禹，2019）。2018 年，民政部依据《慈善组织互联网公开募捐信息平台基本管理规范》《慈善组织互联网公开募捐信息平台基本技术规范》两项行业标准约谈平台 18 次，全面巡检 2 次，发出责令整改通知书 7 份、改进建议书 9 份，要求提交书面说明和整改材料 7 次（李昌禹，2019）。以上反映了在互联网蓬勃发展的同时，其背后的问题也不容忽视。

从这些年互联网募捐领域的争议事件可见，其背后隐藏的问题集中于个人求助的法律界定及与慈善法的关系、互联网公募平台的准入与监管（其中包含慈善组织和平台的责任），这从在莫春怡案件审判后，朝阳法院向民政部提交的司法建议书中也可见一斑（张蕾，2019）。在互联网募捐领域，主要问题有如下几点。

1. 互联网个人求助法律界定不明

《慈善法》否认了个人开展公开募捐活动的权利，但对于不依赖慈善组织、为了特定个人利益的个人求助却并未加以禁止。轻松筹、水滴筹等互联网平台的个人求助如日中天，"罗尔事件"等骗捐诈捐事件也频频将个人求助项目及其发布平台推向风口浪尖，其法律定性可谓学术界、实务界以及社会公众最为敏感和关注的问题。

第一，个人求助与公开募捐的界限模糊。《慈善法》规定不具有公开募捐资格的组织或者个人如果与公募组织合作，也可以进行公募活动，只是应由该慈善组织执行并管理善款。据此，个人若不借助公募组织的力量，则其进行的公开募捐活动即为不规范。但是"公开"如何界定？和公募项目一样，个人求助虽然主要是通过微信群、微信朋友圈、微博转发等面向熟人社会关系的形式，但网络具有传播力强、受众范围广的特点，随着过程的推进可以逐渐接近不特定公众，这是否实质上相当于公开募捐？

第二，个人求助信息真实性的法律责任归属不合理。《公开募捐平台服务管理办法》第十条规定，平台应针对互联网个人求助项目向公众进行风险防范提示，告知公众该信息不属于慈善公募信息，由发布者个人对信息的真实性负责。推荐性行业标准《慈善组织互联网公开募捐信息平台基本管理规范》对此做出了相同的规定，实践中各平台亦依据此发表免责声明。而平台虽是沟通求助者与潜在的公众捐赠人之间达成捐助关系的渠道，但法律是否可以仅凭个人求助不属于公开募捐就排除了平台对于信息真实性的责任有待商榷，这明显加大了捐助人参加慈善活动的风险，需要通过完善平台责任加以平衡。

第三，个人求助骗捐诈捐的法律救济缺乏依据。由于《慈善法》将个人求助排除出其规制范围，司法实务中如"互联网个人大病求助第一案"莫春怡案的审理法院即将其纳入合同法体系处理。且先前，已有学者主张个人求助依民事（违反赠与契约约定）、刑事（对诈骗、非法集资等行为处以刑罚）等其他部门法律来规制即可（安树彬，2016：142）。但赠与合同属于民事私法的内容，而个人求助所建立起来的多对一之间的捐赠关系，属于公益资源的聚集和再分配过程，超出了传统民事领域的意思自治（金锦萍，2017），显然不能完全归属于民事赠与合同的范畴。另外，如果个人求助出现了骗捐诈捐现象，或者没有按照求助时约定的用途使用，需要怎样的情节或者善款数额才能达到入罪标准？这些在目前的法律规范里尚属空白。

2. 互联网募捐平台法律规制不完善

第一，公募平台准入缺乏法律依据。根据《慈善法》及《公开募捐平台服务管理办法》的规定，互联网公募平台应当符合《广播电视管理条例》、《出版管理条例》、《电信条例》和《互联网信息服务管理办法》等规范中的条件,最终由民政部优中选优、分批指定。此处存在三个问题。其一,以上条件只是网络运营商的一般性准入条件,而不是专门针对互联网公募平台的标准,换言之,其准入门槛和主体资格最终依赖民政部"指定",并没有法定的刚性标准。其二,民政部门对于互联网公募平台的"指定"行为缺乏行政法律依据,并不符合行政许可的要件,需要进一步明确。其三,在此情形下,已具备资格的平台缺乏退出机制,而未获得资格的平台又缺乏准入的渠道,从而致使互联网公募平台的固化,不利于互联网募捐事业的长远、持续、健康发展。

第二,互联网募捐平台的法律监管疏漏。互联网募捐是一项复杂的系统工程,涉及慈善组织、平台、捐助人、受助人等多方主体,而平台作为连接项目发起人、受助人、捐助人三方主体的媒介,需要在公益性、透明度、高效性之间实现平衡。这单单靠平台内控和行业自律是不够的,还需要刚性的法律作为兜底性准则。就目前来看,《慈善法》《公开募捐平台服务管理办法》均规定了平台对于募捐信息审查验证的义务,但是对于其衍生责任例如出现虚假信息等情况的责任并未提及。2018 年 10 月,"爱心筹""轻松筹""水滴筹"3 家平台联合签署发布《个人大病求助互联网服务平台自律倡议书》及《个人大病求助互联网服务平台自律公约》,但没有强制效力,且范围只波及成员组织,影响力有限。此外,对于不具有公募信息发布资格的平台以及个人,两者进行互联网募捐活动的权利、义务与法律责任更是缺乏法律规制。

3. 互联网募捐相关行业、公众伦理问题

互联网募捐本是一种出于善心、做出善举、获取善果的活动过程,即便目前个人求助没有被纳入慈善法范畴,其也依然包含着伦理因素,符合道德准则和秩序应是公众共识。但实践中不管是平台还是筹款人,甚至是某些商家,都可能在互联网募捐活动中违背伦理,破坏公益慈善秩序。

第一,平台筹款伦理。2019 年底水滴筹引人注目的"扫楼筹款"事件就是公益和商业两种价值之间博弈的表现,水滴筹作为公众心目中

"救急难"的平台，却像销售人员一样为了筹款业绩开展地推，并且员工按单提成、追逐利润，引发了公众对于此类平台运营模式的巨大争议。

第二，求助人筹款伦理。轻松筹、水滴筹等平台为身在病难之境需要帮助的人提供了高效的求助渠道，也为不轨之人提供了可乘之机。"罗尔事件"、"吴鹤臣事件"以及"莫春怡事件"，都是被举报隐瞒财产真实状况，伤害的是捐助人的善心，撼动的是公众对整个公益慈善的信心。

第三，相关产业经营伦理。在互联网募捐产生如此巨大影响力的背景下，相关黑色产业链也随之滋生，虚假病例、票据、筹款文案等证明材料都显得有利可图，且黑色产业反哺骗捐诈捐，形成恶性循环，更会扰乱公益慈善的秩序。

三　以轻松、水滴两平台为对象进行深度透视与分析

为更深入地了解互联网募捐及其平台的现实状况，发掘其存在的法律问题，我们选取了由北京轻松筹网络科技有限公司（以下简称"轻松公司"）和北京纵情向前科技有限公司（以下简称"水滴公司"）运营的两平台（以下简称"轻松平台""水滴平台"）作为实地调研对象。

在众多互联网募捐平台中，轻松公司和水滴公司两家的定位、内容、模式、性质具有极大的相似性与独特性，可概括为互联网"公益＋商业"，是具有代表性的一种平台类型。两家公司的最初定位都是社交众筹平台，都将目标聚焦在公众健康保障领域，主打产品即在社交领域广为传播的、公众最为熟知的"轻松筹"和"水滴筹"，发布个人求助项目信息。"轻松公益"和"水滴公益"分别是两家公司后来推出的新业务，用于发布慈善组织的公开募捐项目信息，属于"慈善募捐"，分别于2016年和2018年入选民政部指定的互联网公募平台。此外，两公司的主要营利来源是其互联网保险业务，即"轻松保"和"水滴保"，该板块还下设网络互助计划性质的"轻松互助"和"水滴

互助"。本文将上述板块统称为"轻松（水滴）平台"。从本质上说，两家公司都是借助互联网保险营利的商业组织，但采用商业模式运营互联网公益，同时利用社交媒介的强大传播力和影响力，占据了下沉市场的大体量用户，为其商业产品带来了巨大流量，力求实现商业利益与社会公益的双赢。

表 3、表 4 分别为轻松公司（平台）大事记和水滴公司（平台）大事记。

表 3　轻松公司（平台）大事记

时间	事件
2014 年 9 月	北京轻松筹网络科技有限公司成立；"轻松筹"正式上线
2016 年 4 月	轻松互助上线
2016 年 2 月	"中国红十字基金会－轻松筹微基金"成立
2016 年 9 月	轻松筹入选民政部指定的首批慈善组织网络公开募捐平台名单
2017 年 7 月	轻松筹 3.0 版上线，引入"阳光链"
2018 年 7 月	更新"阳光链 2.0"，从原有的私有链向高性能公有基础链转变
2019 年 7 月	轻松筹累计筹款 360 亿元，用户数突破 6 亿，用户遍布 183 个国家

资料来源：轻松筹官网，https://www.qschou.com/page/detail/about，最后访问日期：2020 年 4 月 16 日；《轻松筹 360 亿成功登顶全球互联网筹款行业：一边下沉，一边上升》，载公众号"财经国家周刊"，最后访问日期：2019 年 7 月 22 日。

表 4　水滴公司（平台）大事记

时间	事件
2013 年 8 月	北京纵情向前科技有限公司成立
2016 年 5 月	水滴互助上线
2016 年 7 月	水滴爱心筹上线
2017 年 1 月	水滴爱心筹升级为水滴筹
2018 年 6 月	水滴公益入选民政部指定的第二批互联网公募平台名单
2019 年 6 月	水滴筹累计筹款金额超过 160 亿元，爱心用户赠与次数超过 5 亿次；水滴公益累计筹款超过 1 亿元

资料来源：《一分钟了解"水滴筹"》，搜狐网，https://www.sohu.com/a/222651968_166196，最后访问日期：2020 年 4 月 16 日；《累计筹款超过 160 亿元，水滴筹的社会企业价值之路》，公众号"深响"，最后访问日期：2019 年 6 月 21 日。

（一）从公、私益项目对比看互联网个人求助

虽然对于"公益"和"私益"的界定标准还有待商榷，但本文为便于进行类型化分析，暂按照目前学术界和实务界的通识：轻松（水滴）公益即标注"慈善募捐"字样的项目，属于公益项目，系具有公开募捐资格的组织发起和执行；轻松（水滴）筹项目属于私益项目中的个人求助，即为特定个人的利益募款；轻松（水滴）保项目属于私益项目中的互助计划，不属于慈善也不属于保险。由于实践中对于公开募捐和个人求助两类型项目争议较大，本文暂着重对此两者进行分析。

1. 公、私益项目数量和筹款额差距较大

轻松（水滴）公益和轻松（水滴）筹两类项目的数量和筹款额形成了鲜明对比。2018 年，轻松公益筹款约 1 亿元，轻松筹筹款约 70 亿~80 亿元，轻松保筹款约 30 亿元。截至 2019 年 6 月 30 日，水滴公益申请发起项目数 2400 个，筹款金额为 1.9 亿元，而水滴筹共申请发起项目 140 万个，共筹款 200 亿元。关于发起项目数量差异的原因，笔者推测跟项目发起主体有关，公益项目由慈善组织发起，项目规模、周密性、调动人员数量均高于个人求助项目，而由于我国庞大的人口基数，个人求助项目亦成为众多不堪重负家庭的自救方式之一。关于项目筹款金额差异的原因，据水滴公司负责人的说法，一是捐赠渠道是否直接影响到捐赠人心理，二是捐赠对象的亲疏关系影响到捐赠动力。个人求助项目大约 70% 以上赠与人与求助人之间是熟人关系，比如亲属、朋友、同事、同学等维度的熟人关系或者是亲友的亲友，赠与人与求助人之间完全属于陌生人关系或者亲友关系层数很多的比例非常低。①

2. 公、私益项目用户重合度较高

关于慈善募捐项目和个人求助项目之间的用户重合度，轻松公司

---

① 源自 2019 年 9 月 9 日对水滴公司工作人员的访谈。经笔者要求，水滴公司后来通过随机抽取一定时间段的个人项目数据进行了大数据分析，基本可以支持这个结论，熟人比例在 70% ~90%，当然，不同求助人、不同赠与金额、不同赠与人数的求助项目，熟人占比有所不同。

和水滴公司负责人均表示，其公益项目用户主要依靠个人求助项目的流量吸纳。也就是说，绝大多数轻松（水滴）公益的用户均同时是轻松（水滴）筹的用户，其他有少量轻松（水滴）公益的非重合部分用户来自与其他平台的合作、基金会传播、平台传播等渠道（见表5）。[①]如水滴公司提供数据如下：截至 2019 年 6 月 30 日，水滴筹用户累计25000 万人，水滴公益用户 600 万人，两者交叉用户 500 万人。且水滴筹复捐率为 50%，水滴公益复捐率为 20%，水滴公司备注可能由于水滴公益上线时间远晚于水滴筹，故复捐率较低。[②]

表 5 仅在水滴公益捐款用户来源渠道

单位：%

渠道	占比
合作渠道	27
基金会传播渠道	24
水滴筹传播渠道	15
水滴公益传播渠道	10
其他	24

资料来源：2019 年 9 月 9 日由水滴公司提供数据。

3. 公、私益项目用户画像形成对比

由于轻松公司和水滴公司均表示，两平台能得到的捐赠人数据仅限于腾讯授权获取的数据，限于头像、昵称、性别、地域、年龄等。[③]故根据水滴公司提供的数据（见表6、表7），水滴公益和水滴筹受益人（求助人）的性别、年龄段画像，男女比例大致相当，但各年龄阶段对应数量呈现显著相反的特征，原因暂不明晰，不过其中的一个原因是慈善组织的救助人群偏好，慈善组织筹划的救助儿童少年的项目比

---

① 源自 2019 年 9 月 3 日对轻松公司工作人员的访谈和 2019 年 9 月 9 日对水滴公司工作人员的访谈。
② 源自 2019 年 9 月 9 日由水滴公司提供的数据。
③ 源自 2019 年 9 月 3 日对轻松公司工作人员的访谈和 2019 年 9 月 9 日对水滴公司工作人员的访谈。

较多，救助也相对比较容易，而关怀老年人群体的公益项目较少，救助也相对比较困难。

表 6　水滴公益求助人用户画像

单位：%

人口特征	
性别	占比
男	58
女	42
年龄	
0～10 岁	54
11～20 岁	20
21～30 岁	8
31～40 岁	9
41～50 岁	6
50 岁以上	3

资料来源：2019 年 9 月 9 日由水滴公司提供数据。

表 7　水滴筹受益人用户画像

人口特征	
性别	占比
男	60
女	40
年龄	
0～10 岁	6
11～20 岁	4
21～30 岁	8
31～40 岁	14
41～50 岁	24
50 岁以上	44

注：在平台上开展大病救助项目的受益人画像主要指水滴公益受益人。

资料来源：2019 年 9 月 9 日由水滴公司提供数据。

（二）从平台运行状况看互联网募捐平台治理

1. "0 管理费"即平台自身承担管理费

据线上观察，轻松筹和水滴筹两个平台均声明"0 管理费"或"0 服务费"（最初轻松筹收取一定比例手续费，2017 年宣布免收手续费），意味着捐赠人捐赠的财产全额进入求助人的账户。但平台中的"慈善募捐"项目在项目预算表大多存在"管理费"一项，由发起项目的慈善组织收取，用于项目行政运营、财务管理、线上线下培训支持、公募项目评估评价等。以轻松公益上"助推三湾蜂蜜树品牌"扶贫公益项目为例，发起机构和善款接收方均为南昌市青少年发展基金会，执行机构为永新县志愿者协会，公示的项目预算总计 482383 元，其中管理费占 7.24%，约 34903 元，作为基金会执行费用。但笔者注意到，项目预算中另外还存在一项"项目执行费"，注明用于员工工资、差旅费、人员培训费、执行办公耗材等。[①] 项目执行费和机构管理费之间的关系，也是当前慈善组织运行成本管理与研究的一个难题。

对此，在对轻松公司负责人的访谈中，对方表示，个人求助项目确实是零服务费，至于实际花费的执行费，全部来自轻松筹的营利业务即轻松保。[②] 另根据新闻报道，水滴筹亦表示从未收取过手续费，一直由平台进行补贴，自 2019 年 10 月中旬起还加大了对特别困难人群、积极自救人群的补贴力度。[③] 这一点可看作轻松筹和水滴筹两平台积极承担

---

① 《助推三湾蜂蜜树品牌》，轻松公益网站，https://qsgy.qschou.com/detail? ChannelId = ncsqsnfzjjh&id = 20190904000000059717126，最后访问日期：2019 年 10 月 26 日。

② 源自 2019 年 9 月 3 日对轻松公司工作人员的访谈。

③ 水滴筹在 2019 年 5 月和 10 月两次辟谣过有关收取服务费和手续费的事，"水滴筹沈鹏" 2019 年 5 月 7 日的微博，https://weibo.com/1696340717/Ht8E84Nsn? from = page_10050516 96340717_profile&wvr = 6&mod = weibotime#! /1696340717/Ht8E84Nsn? from = page_10050516 96340717_profile&wvr = 6&mod = weibotime&type = comment#_rnd1582204351781；"水滴筹" 2019 年 10 月 14 日的微博，https://weibo.com/5984979307/IbtHoA2Wr? from = page_1006065 984979307_profile&wvr = 6&mod = weibotime#! /5984979307/IbtHoA2Wr? from = page_10060 65984979307_profile&wvr = 6&mod = weibotime&type = comment，最后访问日期：2019 年 12 月 31 日。

社会责任的表现。轻松筹和水滴筹，利用个人求助项目的流量来助推商业保险业务，同时也用商业利润来反哺公益慈善事业，形成公益与商业的良性循环。

2. 利用技术保障平台信息公开

轻松平台与水滴平台各类项目均展示项目内容、项目发起人（机构）和执行人（机构）信息、项目预算、项目进度、留言互动及相应佐证材料等。此外，两家平台各具特色的是，水滴筹页面上设置"个人大病救助信息公示系统"和"失信筹款人黑名单"。前者除了公示求助人的疾病治疗证明资料，还在"增信补充"一栏详细展示了求助人的房产和车产数量、价值及状态；有无医保、商业重疾保险；家庭年收入、金融资产情况等。后者对于编造或夸大求助信息、隐瞒个人财产信息、制造假病历、不当挪用医疗款等行为的恶意筹款人予以公示，信息包括失信人的手机号、身份证号、昵称、筹款项目标题、失信时间等，其中，手机号和身份证号采取模糊化处理。此外，轻松公益引入区块链技术打造"阳光链"，展示实时交易状态（包括交易数量、账号数量、智能合约、最新区块、区块时间、区块速度、最新交易等），以及共识节点、项目公示、进展追溯、捐款明细等内容。根据轻松公司负责人的介绍，虽然此类数据全部以代码的形式呈现，不易被公众所直观理解，但"阳光链"正是利用区块链技术的不可篡改性，避免了在形象化公开过程中的"再包装"，保障了每一笔捐赠都有据可循，从而倒逼整个公益慈善流程可以在阳光下运行。①

3. 合作组织及其募款状况两极分化

截至 2020 年 3 月 12 日的数据，轻松公益平台"已有 110 个公募基金会加入"。但笔者发现，各慈善组织募款效果两极分化现象明显。例如，中国少年儿童慈善救助基金会总筹款 34987748. 27 元，总支持 1444213 人次，高居榜首；深圳壹基金公益基金会总筹款 23807707. 41

---

① 源自 2019 年 9 月 3 日对轻松公司工作人员的访谈。

元，总支持 765126 人次；中国红十字基金会总筹款 21151489.08 元，总支持 924366 人次。另有中国社会福利基金会、中国华侨公益基金会、中华慈善总会、中国发展研究基金会、河南省慈善总会、深圳市慈善会、湖南省慈善总会等均有较高筹款数和较高支持人次数。① 再如，表 8 为水滴公司（水滴公益平台）提供的募捐效果较佳的 9 家合作公募慈善组织的信息。不过在轻松公益平台上观察得到，有相当数量的公募组织筹款量较低，也有如河北省新联合公益基金会、河南省学生安全救助基金会、贵州省红十字会、重庆市慈善总会等机构总筹款数和总支持数均为 0，此类组织约数十家，而且有的合作慈善组织未能在轻松公益平台筹到善款就不再与平台合作了。水滴平台的情况也类似。

表 8　水滴公益平台入驻基金会及其发起项目数、筹款金额、捐款人次

水滴公益入驻的慈善组织	申请发起项目数（个）	筹款金额（元）	捐款人次（人）
中华少年儿童慈善救助基金会	1175	129000000	6000000
中国社会福利基金会	703	39000000	1900000
深圳壹基金公益基金会	15	5000000	230000
北京天使妈妈慈善基金会	161	4000000	210000
四川省红十字基金会	11	3400000	120000
新疆红石慈善基金会	47	1700000	77000
中国妇女发展基金会	12	1450000	53000
泰安市泰山慈善基金会	49	1300000	72000
河南省慈善总会	40	1000000	48000

资料来源：2019 年 9 月 9 月由水滴公司提供数据。

关于入驻平台的慈善组织募款效果两极分化的原因，轻松公司负责人解释，一方面是一些慈善组织的初衷是为完成与互联网平台对接的任务而入驻，募款动力不足，另一方面是互联网捐赠具有小额、单笔、多次、分散的特点，一些慈善组织为减少捐赠源混杂性导致的财务

① 轻松公益网站，https://qsgy.qschou.com/foundation，最后访问日期：2020 年 3 月 12 日。

负累，而倾向于在更多的入驻平台上不发或少发项目。目前来看，两个平台仅仅存在慈善组织的入驻机制，且仅限于审批报告、评估报告等形式审核，流程简单，尚不存在慈善组织的考核和退出机制。[①]

4. 善款处理争议点复杂

第一，个人求助项目所筹善款的流向。根据轻松公司负责人的说法，个人求助项目的善款除了一般理解的直接进入求助人账户外，还有两个渠道，一是由某基金会代管，二是由治疗医院代管和执行。轻松公司表示，轻松筹平台更倾向于后者，即征得求助人同意后将善款交付医院，因为跟医院对接更有利于了解求助人的患病情况、所需金额和治疗动态，加之医院具有一定的公信力，在资金保管和使用上也有助于提升捐助人的信赖感（轻松筹，2019）。

第二，个人求助项目的退款争议。第一种情形是主动退款，即受助人由于康复、死亡，或者发生争议不堪压力，自愿放弃善款，进行原渠道返还，此类并无争议。第二种情形则是被动退款：其一，捐赠人出于意思表示瑕疵，但善款已经交付管理方或执行方；其二，如果捐赠人当时意思表示真实，但事后反悔要求退款；其三，由于受助方过错，捐赠人产生怀疑要求退款。在以上三种情况下，捐赠人的退款请求处理方式还需要司法实践和政策跟进。

第三，个人求助项目的余款争议。若发生受助人死亡或康复的情况，此时按照规定应当将余款用作其他相同目的，但受助人或者其继承人也可能主张余款的所有权，在此种情况下，我国法律和相关案例已经明晰，余款应当由相关平台和组织用作其他相同目的，受助人或其继承人无法主张所有权。轻松公司负责人表示，轻松筹平台对此情况采取的预防措施是将大额的善款分批给付（轻松筹，2019）。关于个人求助项目目标筹款金额设置，鉴于目前国家卫生健康委员会、国家医疗保障

---

① 源自 2019 年 9 月 3 日对轻松公司工作人员的访谈。

局、社会保险经办机构等相关部门都未出台规范性的分类、标准或者范围（网络互助计划中的大病种类的确定、年龄阶段的划分、不予救助事项等也存在着相同的问题），水滴筹方面的流程是，根据医院历史上相关类型疾病的治疗金额等数据记录，并且加强与医院的线下沟通，来与求助人协商确定合理的筹款金额和方案。①

四 未来互联网募捐及其平台的规范治理设想

在如今物质技术和信息数据高频更迭的时代，公益慈善的价值不止于捐赠，也不限于项目，更体现在制度、技术和流程方面。正如 2019 年互联网公益峰会上各路业内人士达成的共识，我国互联网公益慈善应面向科技向善与理性公益，真正成为一种由善心善念出发，而又在理性精神统摄之下的价值观念、思考方式和生活方式。② 在此基础上，笔者认为，互联网募捐还应当走法治的道路，在合法合规的框架内运行，方能走得更稳更远。

（一）明确互联网个人求助法律性质及监管模式

针对法律监管的灰色区域——互联网个人求助，笔者认为首先有必要从法律上对"个人求助"行为进行界定和区分，其次再考虑将个人求助纳入何种监管体系。

关于法律概念的界定，可采取主客观标准相结合的方式。"个人求助"与《慈善法》中的"个人慈善募捐"两者的信息发布主体都是个人，但性质大相径庭，其关键区别在于面向的对象特定与否。此处面向

---

① 源自 2019 年 9 月 9 日对水滴公司工作人员的访谈。
② 《中国互联网公益峰会召开：再倡导"理性公益、科技向善"》，澎湃新闻网，https://baijia-hao. baidu. com/s？ id = 1633692672293357846&wfr = spider&for = pc，最后访问日期：2020 年 1 月 1 日。

的对象有两个层面，首先是受助人是否特定？其次是筹款对象是否特定？

首先，如果是受助人不特定，那么肯定属于现行《慈善法》中有关公益慈善的界定范畴，个人没有公开募捐资格，无法以公开募集款物的方式来开展慈善活动，这是《慈善法》中的禁止行为。如果受助人特定，且与自身有一定的亲友关系，这就属于个人求助范畴。如果受助人是自己或者近亲属，那么就是典型的个人求助；如果受助人是其他亲友甚至是陌生人，那么可以通过"代理"制度，获得受助人的授权，开展个人求助行为。说到底，轻松筹和水滴筹作为平台，就是一种个人求助的"代理"行为。那么陌生人，尤其是明星等公众人物通过自己的流量为特定的他人募款时，如果仅仅是转发，依然是属于个人求助的范畴。只有为特定他人进行募款，但又无法证明这是一种"代理行为"，例如无法证明是受助人的账户来接收款物等，就不属于"个人求助"的范畴，需要法律特别的介入。

其次，筹款对象是否特定，如果筹款对象不特定，那么这种行为具有面向不特定公众筹款的"公开"性质。正如费孝通（2012）所喻，中国的社会格局类似于丢石头形成同心圆波纹，每个人都以自己为中心，由内而外，从家人、亲属到熟人再到陌生人，形成自近至远的亲疏关系。如果个人为自己或者亲友仅仅是在家人、亲戚以及同学、同事等的熟人关系范围内进行款物筹集，则仍属于面向特定对象的范畴，即肯定不属于公开募捐；而一旦突破了特定的关系网络延伸至陌生人，就可能转变为面向对象为不特定公众的"以公开募捐方式的个人求助"，具有了特定的公益性质。

但是同时应注意到，由同一求助人发起的同一求助信息，由于网络传播的迅捷性与不受空间限制的特点，在信息转发、善款筹集的过程中，客观效果易发生转化，并且此种转化往往会突破发起人主观动机和目的的主导。比如一则个人求助信息，经过亲友的层层转发，已经扩及按照求助人本人的能力远不可及的范围，那么就已经达到了公开募捐的客观效果，无法用简单的"个人求助"来认定，然而在主观上，该发起人具有个人求助或者公开募捐的主观意愿都是有可能的。正如笔者在线上调研时，从对公益互联网募捐和私益互联网募捐的爱心人士的比较来看，私益性质的募捐项目除了最初由亲友、同学、邻里等熟人圈捐赠外，很快便扩散到与公益募捐一样的陌生爱心人士。

因此，或可采取主客观相结合的标准来区分"一般个人求助"与"以公开募捐方式进行的个人求助"，不能仅仅就客观层面的波及范围和实际效果就断定该行为属于何种性质，还应当考察行为人的主观方面，即出于何种动机、具有何种目的。如果行为人出于向不特定公众筹集善款的主观意愿，又达到了实际效果，则主客观一致，属于"以公开募捐方式进行的个人求助"。但是如果行为人最初仅仅是出于向亲友进行求助的目的，由于网络的不可控而达至了公开募捐的实际效果，则不应当按照"以公开募捐方式"来定性，而应当界定该行为本身属"一般的个人求助"，按照《慈善法》以外的民法手段来处理，进行善款的退还等。

通过互联网平台来进行"个人求助"，实际上就是"以公开募捐方式的个人求助"，既不同于一般的个人求助，也不同于慈善法上的个人募捐，因此需要特别的法律规定，目前这个规定是缺失的。建议参考《慈善法》上的募捐行为对"以公开募捐方式的个人求助"进行特别规制。将为个人求助提供信息发布功能的平台和互联网公募平台融为一体，并分类监管。关于个人求助的监管，包括监管的法律体系、主管部门、监管手段，笔者认为一刀切地把个人求助排除出慈善法归在民法体系下，或者是把个人求助完全纳入慈善法框架，都是不合理的。个人求助处于私法和公法的边缘地带，应该对此进行更精细的划分，进行分类监管。此外，个人求助发生了余款争议，有关部门可以参照慈善募捐财产的处理方式，另作相似目的使用，当然，如果捐赠人要求返还的，应该予以返还。

(二) 推进互联网募捐信息平台规范化运行

1. 完善互联网公募平台的准入机制

目前 20 家互联网公募平台系民政部分两批指定，采取的是自主申报—形式审核—实质评审的遴选机制，按民政部的说法，这种"指定"不属于行政许可，实质上也缺乏行政法上的依据。民政部发布的《慈善组织互联网公开募捐信息平台基本技术规范》和《慈善组织互联网公开募捐信息平台基本管理规范》两项推荐性行业标准虽然起到了一定的指导意义，但是缺乏强制性，不构成申报遴选互联网公募信息平台的门槛限制。在此情况下，互联网公募平台就缺乏法定的遴选标准，而是有可能根据每批申报平台在技术、业绩、管理方面评分的高低进行排序和择优，如此，很有可能由于各批申报的平台的水平的整体情况不同，结果也出现浮动，实质上使遴选出的平台质量参差不齐。再者，平台遴选通过后亦缺乏资质复核与整改淘汰机制，目前仅仅由民政部门采取约谈的形式来规制，长此以往，容易形成互联网公募平台圈子固化的问题，已经占据一席之地的平台缺乏竞争心理，而尚未获得公募资格的平台又缺乏进入的渠道，或将形成"垄断"。建议按照行政许可的程序对互联网公募平台进行市场化准入和退出机制的设计，完善竞争机制和政府监管机制。

2. 严格互联网募捐平台法律监管

对于互联网募捐平台的法律监管历来争议颇多。如前文所述，平台扮演互联网募捐过程中连接发起人、捐助人、受助人多方主体的枢纽角色，平台的运行是否规范、监管是否严格，关系到募捐过程的顺利进行、各方权益的合理保障，长远来看也是作用于整个公益慈善行业的关键一环。因此，针对理论界和实务界关于互联网募捐平台的关注焦点，笔者有如下看法。

第一，明确互联网募捐平台的信息真实性保障法律责任。前文谈及，尤其是在互联网个人求助项目上，法律明确要求平台给予用户风险提示，说明此类信息不属于慈善募捐信息，由信息发布个人负责。笔者认为欠妥，因为在慈善募捐项目中，由于发起人是具有公募资格的慈善组织，从规范化程度上看，其具有从初始环节保障信息真实性的能力，但是与之相比，个人求助项目的发起人是个人，其信用度以及规范性远远不及。而且个人求助吸引到的流量、捐赠额等甚至显著大于互联网公益项目，一旦信息不实，实际上就把风险转移到了众多捐助人身上。在信息真实性保障本就薄弱的情况下，如果单纯排除掉平台的信息真实保障责任而全部转移到发起人头上，则有责任分配不均衡而加大公众风险之嫌。故笔者认为，法律应当不仅仅规定平台的信息审核责任，更要在个人求助项目上规定其信息真实性保障责任，与项目发起人共同承担。

第二，完善社会信用体系建设以倒逼平台及行业的内部控制。对于互联网募捐来说，公众、媒体和法律的作用很大程度上是事中和事后的监管、惩戒。更为理想的路径是正本清源，推动互联网募捐平台及其行业的自我控制、自我监督。然而，单纯依靠内控过于依赖平台的自觉性，规范过"软"，效力有限。故笔者认为，在推动社会信用体系建设的大背景下，可以形成互联网募捐行业内部的信用制度来倒逼平台的规范化运行。正如2018年国家发展改革委、人民银行、民政部等40个部门和单位联合签署的《关于对慈善捐赠领域相关主体实施守信联合激励和失信联合惩戒的合作备忘录》，建立涵盖慈善组织及其负责人、募捐项目发起人、求助人、项目执行人等多方主体的信用数据库，联合惩戒诈捐、骗捐等失信行为，这就是一个很好的例子。在信息时代互通互融的背景下，加之互联网募捐平台的运营者相当一部分是腾讯、阿里、美团等商业组织，其信用好坏关乎企业多方面声誉和利益，由此对平台的自我规范起到警示和倒逼作用。

（三）以制度设计引导行业和公众伦理

第一，平台应在商业和公益之间形成价值平衡。水滴筹的"扫楼筹款"事件之所以引发公关危机，是因为商业价值与社会价值之间存在博弈。虽然水滴公司等主体本身是合法登记的商业组织，但当商业组织涉及公益慈善，其主体性质和行为性质就具有了复杂性，需要具体分析。尽管水滴筹声称自己为"免费筹款工具"而不是公益组织，但笔者认为，行为规范应当按照行为的实际性质来判断。商业组织在从事公益慈善相关行为时也应当恪守相关伦理，屏除筹款人的盈利、提成等行为，进言之，平台应当在组织架构、运营板块等方面在商业和社会价值之间进行区隔，实行差异化管理模式。

第二，督促相关利益组织实现产业的规范化运作。对于互联网骗捐诈捐来说，互联网信息发布平台仅仅是利益链条中的一环，比如部分电商平台存在制作假病历、假票据、代写文案等虚假材料的黑色产业链，这就从上游污染了互联网公益慈善这条河流。故想要正本清源，就不能局限于局部，而要从整体和全局观念出发，进行整个互联网公益慈善流程的规范治理。且行业自律约定仅出于自发自控，不具有强制性，未来我国法律仍应着手进一步明确平台权利、义务与责任，不仅是公募平台，不具有公募资格但事实上存在募捐行为的互联网平台（尤其是个人求助信息发布平台）也应当被纳入法律的框架，建议与对互联网公募平台一样对其进行统一分类监管。

第三，引导公众形成诚信求助、理性捐款观念。一方面，求助人和发起人个人是整个互联网募捐活动的缘起，尤其是互联网个人求助中，更应当恪守信息公开、诚信求助的原则，而不能用隐瞒真实财产、转移善款用途甚至是非法牟利的做法消费公众的爱心。对此，除了舆论教化，依然可以参照平台企业的管理方式，通过个人信用制度建设来督促。另一方面，处于信息获取和保护弱势方的爱心人士应当培养理性公益观念。一是注意信息的甄别、筛选，分清由慈善组织发起的公开募捐项目和个人求助项目、互联网互助计划和互联网商业保险，了解"个人求助信息发布条款"、"用户协议"和"隐私政策"等相关条款和声明，在理性分析、判断后决定是否捐赠、资助。二是增强维权意识，因现大多数平台都提供实时流水记录和发票，捐赠人可持续关注后期财务、项目执行等信息披露，自主索要并保留捐款凭证。三是加强责任观念。部分平台的个人求助项目提供知情者的证明板块，以增强信息的可信度，爱心人士应当在确实了解相关情况时进行证明，而非基于人情和感性。

【参考文献】

安树彬，2016，《慈善法前沿问题研究》，厦门大学出版社。

陈一丹、吴朋阳、周子祺、马天骄等，2019，《中国互联网公益》，中国人民大学出版社。

费孝通，2012，《乡土中国》，北京大学出版社。

高一村，2016，《慈善法背景下的互联网公益筹款之路如何走？》，《中国社会组织》第 9 期，第 26 ~ 27 页。

何欣禹，2019，《网络捐款，你还信吗？》，《人民日报》（海外版）5 月 15 日，第 8 版。

金锦萍，2011，《慈善法：以慈行善之法》，《检察日报》10 月 14 日，第 5 版。

金锦萍，2017，《〈慈善法〉实施后网络募捐的法律规制》，《复旦学报》（社会科学版）第 4 期，第 162 ~ 172 页。

李昌禹，2019，《互联网＋公益　爱心添动力（大数据观察）》，《人民日报》5 月 28 日，第 20 版。

李芳，2008，《慈善性公益法人研究》，博士学位论文，山东大学。

李芳，2015，《慈善法应界定为"公益慈善法"申论》，《东方论坛》第 6 期，第 97 ~ 100 页。

刘继同，2010，《慈善、公益、保障、福利事业与国家职能角色的战略定位》，《南京社会科学》第 1 期，第 90 ~ 96 页。

吕鑫，2016，《法律中的慈善》，《清华法学》第 6 期，第 168 ~ 189 页。

马剑银，2016a，《大慈善＝公益吗？——对慈善立法的文化语境解读》，《法制日报》3 月 23 日。

马剑银，2016b，《"慈善"的法律界定》，《学术交流》第 7 期，第 87～93 页。

轻松筹，2019，《轻松筹联合上海市儿童医院开通互联网个人大病求助绿色通道》，《中国社会组织》第 22 期，第 43 页。

盛人云，2015，《用制度规范化解网络募捐的诚信危机》，《福建日报》11 月 3 日，第 1 版。

唐孜孜，2018，《第二批网络募捐平台开选 首批平台 4 家被约谈 1 家退出》，《南方都市报》1 月 8 日。

王名，2014，《现代慈善与公民社会——实践发展、制度建设与理论研究》，《北航法律评论》第 1 辑，第 235～246 页。

王名，2016a，《中国公益慈善：发展、改革与趋势》，《中国人大》第 7 期，第 40～44 页。

王名，2016b，《慈善法将推进全新国家社会关系格局的建构》，《中国民政》第 13 期，第 44～47 页。

王振耀、童潇，2013，《现代公益和现代慈善的兴起和培育——北京师范大学王振耀教授访谈》，《甘肃社会科学》第 1 期，第 38～42 页。

杨团主编，2016，《中国慈善发展报告（2016）》，社会科学文献出版社。

杨团主编，2017，《中国慈善发展报告（2017）》，社会科学文献出版社。

杨团主编，2018，《中国慈善发展报告（2018）》，社会科学文献出版社。

杨团主编，2019，《中国慈善发展报告（2019）》，社会科学文献出版社。

玉苗，2014，《论现代公益与传统慈善的关系》，《学会》第 8 期，第 15～21 页。

曾桂林，2018，《从"慈善"到"公益"：近代中国公益观念的变迁》，《文化纵横》第 1 期，第 44～49 页。

张蕾，2019，《"水滴筹"发起人被判全额退款》，《北京晚报》11 月 6 日，第 7 版。

张书明，2007，《关于网络募捐的监管问题》，《山东师范大学学报》（人文社会科学版）第 4 期，第 139～142 页。

赵文聘，2018，《网络公益创新的价值偏失与纠治》，《国家行政学院学报》第 6 期，第 118～122 页。

赵文聘，2019，《风险及规制：网络大病互助的集成治理》，《社会建设》第 4

期，第 13～22 页。

赵文聘、陈保中，2019，《国外公益慈善监管发展趋势及对我国的启示》，《上海行政学院学报》第 6 期，第 91～99 页。

赵文聘、徐家良，2019，《制度性组织、新纽带与再嵌入：网络公益慈善信任形成机制创新》，《社会科学》第 6 期，第 87～97 页。

郑渭心、石浩天，2019，《公益事业的中国进度》，《经济观察报》9 月 7 日。

朱英，1999，《戊戌时期民间慈善公益事业的发展》，《江汉论坛》第 5 期，第 66～71 页。

中国社会组织研究　第 19 卷
第 169～192 页
© SSAP，2020

脱贫攻坚三圈互动机制研究

——以 C 市家禽产业协会参与脱贫攻坚为例*

邹新艳　史云贵**

摘　要：社会组织是脱贫攻坚的重要主体，是推进反贫困实践的重要力量。基于三圈互动理论，以社会组织为代表的第三部门圈与政府圈、企业圈互动，实现扶贫资源的优化配置和效益最大化。但在脱贫工作实践中，社会组织与政府部门、企业的互动不足，获取支持不够，对脱贫攻坚成效产生了不利影响。为推动政府圈、企业圈、第三部门圈良性互动，促进扶贫资源优化配置，提升扶贫工作效能，本文运用整体性治理理论和三圈互动理论对 C 市家禽产业协会脱贫攻坚工作实践进行研究分析，探索构建由对话机制、整合机制、协调机制和反馈

　* 基金项目：教育部重大项目"县级政府绿色治理体系构建与质量测评研究"（16JZDW019）；四川大学国家人文社科重大攻关项目培育计划"我国社会治理体系构建及其运行机制研究"（SKZD201704）。
** 邹新艳，四川大学公共管理学院博士研究生，主要从事公共部门信息资源管理、社会组织管理服务等方面的研究，E-mail：932453327@ qq. com。史云贵，四川大学公共管理学院教授，南京大学历史学博士，主要从事中国政府与政治、地方政府治理、绿色发展与绿色治理、行政体制改革、公共政策等方面的研究，E-mail：shyg700@ 163. com。

机制构成的脱贫攻坚三圈互动机制谱系，以为我国社会组织
参与脱贫攻坚工作实践创新提供新的思路。

关键词：三圈互动机制　脱贫攻坚　社会组织

一　引言

党的十九大报告指出，坚持精准扶贫，精准脱贫要动员全党，全国、全社会力量。社会组织作为社会治理的重要主体，具有专业性强、机动灵活、志愿性等独特优势，是参与脱贫攻坚的重要力量，并在脱贫实践中取得了一定成效。据民政部统计，2018 年以来，全国共有约 4.2 万家社会组织专门立项开展脱贫攻坚，项目超过 6 万个。其中，全国性社会组织共有 686 家，开展项目 1536 个，支出约 323 亿元，受益建档立卡贫困人口约 581 万人（中华人民共和国民政部，2019）。

脱贫攻坚是一项系统性工程，需要政府、企业、社会组织等协同推进。从宏观上讲，可以把社会划分为三个部门。政府是第一部门，掌握国家公共权力。企业是第二部门，以营利为目的。社会组织是第三部门[①]，介于政府和企业之间，链接各方资源、提供社会服务。实际工作中，第一部门制定公共政策、投入财政资金，实施脱贫项目。第二部门投入资金和提供技术支持。第三部门作为联系第一部门和第二部门的纽带和平台，链接政府、企业和社会资源，投入脱贫攻坚工作。三个部门互动协作，各负其责，共同推动各类扶贫资源的优化配置，推动各类扶贫举措落地实施，共同推进脱贫攻坚工作。因此，三个部门的互动状况直接影响脱贫攻坚的成效。

但是在推进脱贫攻坚的实践中，三个部门的互动也时常出现支持不足、配合不到位等问题。这不利于三个部门的良性互动，不利于实现

[①] 广义的第三部门概念是指政府、企业以外的所有提供社会服务和公共服务的组织，包括社会组织、事业单位、自治组织等。狭义上的第三部门概念仅指民办非企业单位、社会团体和基金会。本文采用狭义的第三部门概念。

扶贫资源的优化配置和效能最大化，一个突出表现就是社会组织获取政策和资金支持不够，推进脱贫攻坚的作用没有充分发挥。

C 市家禽产业协会属于第三部门圈，是 C 市国家级先进扶贫单位，在 J 市（C 市下辖县级市）的脱贫攻坚中，与政府圈（C 市民政部门、J 市民政部门、L 乡政府等）、企业圈（包括 S 公司、T 公司）建立了"沟通 - 协调 - 整合 - 反馈"全环节互动机制，实现了资金、技术等扶贫资源的优化配置和效益最大化，取得了良好的工作成效。

基于三圈互动理论，本文以 C 市家禽产业协会为例，探寻政府圈、企业圈和第三部门圈协同推进扶贫攻坚的互动机制，从而采取有效措施，促进三个部门之间良性互动，为实现扶贫资源的优化配置和效益最大化探索可行路径。

二 社会组织参与扶贫文献回顾

（一）国外关于社会组织参与扶贫的文献

国外从资源动员、扶贫路径选择方面对社会组织参与扶贫进行研究，取得了较为丰富的研究成果。在资源动员方面，社会组织较多通过政社合作、推动企业承担社会责任、社社合作、发展社会企业等方式参与扶贫。在政社合作方面，孟加拉国的社会组织普罗西卡与政府一道帮助解决贫困户贷款问题（Sanyal，1994）；在推动企业承担社会责任方面，社会组织的策略主要有：通过高质量的报告游说和倡导、对公司进行社会审计、对企业实施污名化策略、号召抵制公司的产品或者出售公司的股票、游说政府制定标准（Winston，2002）；在社社合作方面，不同的社会组织会通过交流来促进贫困地区人道主义的进步和社会组织的发展（Begum，Zaman，& Khan，2004）；在发展社会企业方面，社会企业在扶贫领域能创造出可持续的商业模式，并激励传统企业承担更多的社会责任（Seelos，2007）。在扶贫路径选择的实践方面，社会组织通过慈善救助、增权赋能、岗位开发等方式参与扶贫。在慈善救助方面，最早可追溯到中世纪，英国的社会救助职能主要通过社会组织和一些生产组织对穷人开展慈善救助（陈成文、黄开腾，2018）；在增权赋能方面，阿玛蒂亚·森分析了权力与贫困的关系，把发展人的可行能力看作消除贫困的更重要的方法（2001），"发展人的可行能力"实质上就是对贫困人口"增权赋能"；在岗位开发方面，孟加拉国的社会组织格莱珉银行和法国达能公司合伙创办了格莱珉达能公司，为当地贫困妇女提供就业岗位（尤努斯，2011）。

（二）国内关于社会组织参与扶贫的文献

我国学者关于社会组织参与扶贫的研究成果较为丰富。首先在理论上可以明确非政府组织参与扶贫确实有利于完善资源配置（陈益芳、张磊、王志章，2015）；其次在具体扶贫实践中，中国社会组织在生存扶贫、技术扶贫、教育扶贫、幸福工程、人口扶贫、合作扶贫、文化扶贫、实务扶贫和环保扶贫等 9 方面取得了良好成效（王名，2001）。有关社会组织参与扶贫的研究主要集中在以下几个方面。一是社会组织与政府合作扶贫关系研究。主要包括：社会组织依附于政府；排序博弈形式的合作；从"控制—依附"关系到"合作—自主"关系，再到"对称性互惠"关系变迁等（张勇，2011；蔡科云，2014；刘风、向德平，2017）。二是社会组织参与扶贫优势。包括志愿性、机动灵活性、精准性、专业性、创新性等（覃志敏，2015；庄天慧、陈光燕、蓝红星，2015）。三是社会组织参与扶贫路径。包括"委托–代理"型、"协作–互助"型、"外展–介入"型，承接扶贫项目、加强舆论宣传、完善法规制度、搭建协作平台、培养专业人才等（李迎生、徐向文，2016；徐家良，2018；张博，2018）。四是社会组织参与扶贫的局限。包括发展水平不一、能力还有待提升、地位不能被过分夸大、不能忽略依靠政府主导的独特政治优势所取得的斐然成绩等（黄林，2017；高飞，2017；黄承伟，2016）。五是社会组织与其他主体共同参与扶贫相关机制的研究。包括多元主体联动机制、多元主体协同机制、多元主体合作机制、多元主体协同运行机制、精准扶贫动员机制等的研究（白福臣、肖书兴、汪维清，2019；沈菊，2017；李曼音、周梦冉，2017；夏一璞，2018；林彩虹，2018）。

通过对学界既有的社会组织参与扶贫研究的相关文献的梳理，可以得出以下结论：已有社会组织参与扶贫研究主题集中在社会组织资源动员、与政府合作扶贫的关系、参与扶贫优势、参与扶贫路径、参与扶贫局限、多元主体共同参与扶贫相关机制等层面；研究视角主要是公共管理学、社会学、政治学等方面；研究内容丰富，但如何增强社会组织与政府、企业的互动，从而使政府、企业为社会组织提供更多支持的相关研究较少，因而难以为解决社会组织资源困境问题提供现实有效的策略。鉴于此，在新时期新形势下，有必要加深对社会组织参与脱贫攻坚工作中与政府圈、企业圈的互动机制的研究，构建有效的三圈互动机制，加大政府、企业对社会组织的支持和投入力度，提升社会组织脱贫攻坚成效。

三 三圈互动机制研究框架

机制，起初是自然科学领域的概念，原指机器的构造和动作原理，借指一种生物功能的内在工作方式，包括有关生物结构组成部分的相互关系、其间各种变化过程的物理化学性质和相互关系（韩明安，1991）；或者指一个工作系统的组织或部分之间相互作用的过程和方式（莫衡，2001）。在社会科学领域，机制指的是"在人们交往过程中的某个场域内，通过某种动力促使参与主体通过某种方式、途径或方法趋向或达到目标的过程。机制有内外两层含义：从表象来看，机制往往外显为某种方式、方法或途径；从内在来看，机制是主体之间趋向或完成目标的动力"（霍春龙，2013）。三圈互动机制是指政府、企业、社会组织多元主体在脱贫攻坚场域，针对社会组织资源困境，以满足贫困群众需求为原则，以政府、企业和社会组织共同的目标为驱动力，扩大政府圈、企业圈与第三部门圈的重合范围，加大政府圈、企业圈对第三部门圈的融入力度，在圈层互动中给予其支持，形成脱贫攻坚合力，实现有效脱贫的过程和方式。

整体性治理是 20 世纪 90 年代兴起于西方的政府治理的新理论，其核心思想是以公民需求为导向，以破解政府治理的碎片化问题为目的，以协调、整合和责任为机制，对公私部门关系、功能等进行有机整合的政府治理模式（竺乾威，2008）。整体性治理的核心特征是合作的"跨界性"，跨界可以多种形式存在，包括公共部门和私营部门之间的合作等（丁煌、方壄，2016）。可见，虽然整体性治理理论是政府治理理论，但是它立足于整体思维方式，主张通过跨部门、跨组织、跨区域的合作实现工作的联合，破解组织目标冲突、组织功能分散的碎片化问题，也就是说，整体性治理理论的跨边界思想也同样适用于讨论一些跨区域、跨部门、跨组织合作的问题。

当前很多学者认为整体性治理实现机制有赖于协调机制、整合机制和信任机制的形成和落实（胡象明、唐波勇，2010；韩兆柱、杨洋，2013；杜春林、张新文，2015）。但是，笔者认为中国在当前情境下实现整体性运作的机制有所不同。信息技术可以打破时间、空间、组织等界限，实现多元主体互动信息流无阻碍的流通，因而应该成为多元主体互动机制的基础；平等对话是实现主体间协调的前提；协调是整体性治理的根本机制和深层内核，是碎片化问题的解决之道（曾凡军，2010）；整合是建立在成功协调的基础上并以行动为依归的（吴春梅、谢迪，2012）；反馈是形成互动成效、实现动态调整的依据。因此，整体性治理的实现机制应该是以信息技术为基础，由对话机制、协调机制、整合机制和反馈机制共同形成的"四位一体"机制谱系。

徐家良（2012）构建的三圈互动理论指出，第三部门、政府、企业各是一个圈，即第三部门圈、企业圈和政府圈，不同的社会组织在资源配置方面优势和不足并存，需要通过增强第三部门圈、企业圈和政府圈三圈互动使资源配置最大化和有效化。落实到参与脱贫攻坚的社会组织，其同样需要通过与政府圈、企业圈合作互动来实现脱贫攻坚资源的有效配置。政府、企业、社会组织是三个性质完全不同的组织，社会组织通过链接政府、企业的资源参与脱贫攻坚，客观上也是跨部门、跨组织的协作，属于整体性治理范畴，所以，用整体性治理的实现机制来研究政府圈、企业圈和第三部门圈的良性互动的实现有其合理性。因此，基于整体性治理理论和三圈互动理论的研究，笔者认为，社会组织在参与脱贫攻坚工作中，实现三圈良性互动的现实路径是构建由对话机制、协调机制、整合机制和反馈机制共同形成的"四位一体"的三圈互动机制。

（一）对话机制——三圈互动机制运行的前提

对话机制是指第三部门圈、政府圈和企业圈平等参与，以解决问题、建立信任、实现合作为目标，建立信息交流平台，展开友好协商和直接对话，消除刻板偏见，扫除交流障碍，畅通利益表达渠道，以理性合法的形式表达自己的利益诉求，推动政府、企业和社会组织达成共识，并促成互信与合作，推动形成三圈协作实现共同目标的局面。

（二）整合机制——三圈互动机制运行的基础

整合机制是指通过建设合作平台，适应达成共同目标的需要，在政府圈、企业圈和第三部门圈之间构建分工合理、职责完善的组织结构，整合和重组以政府、企业和社会组织为主体的三圈互动机制，破解三圈扶贫工作中不同主体功能和资源上的"碎片化"难题，形成扶贫工作合力，提升扶贫工作效能。

（三）协调机制——三圈互动机制运行的关键

协调机制是指政府圈、企业圈、第三部门圈为了实现共同的脱贫目标，协调政府、企业和社会组织的关系、行动，减少因信息不对称等造成的脱贫攻坚工作环节的不确定性，消除政府、企业和社会组织因价值取向、工作理念差异产生的分歧，促进扶贫工作顺利推进的一系列制度及其运行机制。

（四）反馈机制——三圈互动机制运行的保障

"反馈机制"是指第三部门圈、政府圈、企业圈共同构成脱贫攻坚主体系统，主体系统在脱贫攻坚实践中持续收集和传递脱贫攻坚需求、进展、成效等动态信息，政府圈和企业圈据此来调整对社会组织的支持、投入，社会组织据此来调整工作策略和方法，形成可持续的反馈循环。

四　C 市家禽产业协会参与脱贫攻坚案例解析

本文根据三圈互动机制分析框架，基于实地调查，选取 C 市家禽产业协会作为追踪研究的个案，以期在实践中验证三圈互动机制的有效性。[①] 2017 年，C 市家禽产业协会在 C 市民政局、J 市民政局、L 乡政府的支持下，在 L 乡 6 个村实施"送鸡苗、教技术、包回购"扶贫项目，并获得了 S 公司、T 公司技术和资金支持，扶持 6 个村贫困群众发展土鸡养殖产业，成功带动了 6 个贫困村的 487 户、1537 名困难群众脱贫，成为政府圈、企业圈和第三部门圈良性互动的典型案例。

（一）三圈互动对话机制

1. 参与对话的动力

一方面是扶贫主体权利和责任的变化。现如今，扶贫领域出现了扶贫政策的低效率和扶贫资源难以有效到达贫困户等问题，于是，政府逐

---

① 本文数据来源于笔者现场访谈 C 市民政局民间组织管理处工作人员和 C 市家禽产业协会负责人，以及由他们提供的第一手资料。

渐转变职能，社会组织随之进入扶贫领域，政府从脱贫攻坚工作主导者的单一角色转变为既是主导者，也是管理者、购买者的多元角色，将资源和权利适当转移到社会。社会组织承担了更多的扶贫责任，拥有了更多的权利和资源，也就拥有了更多的社会责任和公共权利。另一方面是信息技术发展的推动作用。互联网、QQ、微信等信息技术为政府、企业、社会组织参与对话提供了线上平台，有助于推动多元主体实现跨组织的信息资源共享和扶贫工作协同，从而增进对共同利益的探索。

政府与社会组织对话的动力有两点，一是推动行政体制改革和政府职能转变、创新社会治理体制的需要，国家层面也出台了支持社会组织参与脱贫攻坚工作的政策，例如《民政部、财政部、国务院扶贫办关于支持社会工作专业力量参与脱贫攻坚的指导意见》。二是政府和社会组织需要双向了解，明确脱贫工作职责，建立合作关系，例如政府需要通过对话了解家禽产业协会以前开展项目或者活动的成效，通过专家评审后予以立项，给予政策支持和资金支持。（访谈记录，编号：20190915）

我们（C市家禽产业协会）与政府或者企业对话的动力主要是链接政府和企业的资源。项目是政府政策支持和资金支持的一种方式，政府在网上挂出项目申报通知，我们了解到这个信息后就开始准备立项申请工作，结合我们自身特点选定了相对来说扶贫成本较低、效益更易实现、符合当地实际条件的家禽养殖产业扶贫，项目通过评审后获得了政府的资金支持。（访谈记录，编号：20190806）

有些企业有社会责任感，想参与脱贫攻坚，但是他们不知道哪里有贫困群众。社会组织的优势就是直接与贫困群众打交道，了解贫困群众最真实的情况。S公司和T公司就是具有社会责任感的企业，他们想为脱贫攻坚出一份力，但是不知道哪里有脱贫需求，我们就主动与他们联系，向他们提供脱贫需求信息，获得了他们的信任，因而给我们的项目配套了资金。（访谈记录，编号：20190806）

2. 参与对话的方式

C市家禽产业协会与C市民政局、J市民政局、L乡政府，以及S公司、T公司之间通过定期座谈研讨，建立工作微信群、QQ群等方式，拓宽线上和线下的对话渠道，有关政府部门通过与企业线上沟通交流、线下实地检查评估等方式传达脱贫政策，跟进了解C市家禽产业协会扶贫项目工作进展和资金使用情况，监督C市家禽产业协会扶贫工作开展，等等。同时，C市家禽产业协会也通过线上和线下对话的方式与有关政府部门和企业沟通，寻求有关政府部门和企业的帮助以解决扶贫工作遇到的困难。

针对社会组织参与脱贫攻坚，国家出台了很多直接和间接的支持政策，C市也陆续出台了《C市城市社区公共服务和社会管理一般性转移支付资金管理办法》（2016）、《C市民政部门政府购买服务指导性目录》（2018），以及培育发展社会组织、社会组织发展专项资金使用等相关政策，并分别在各级政府门户网站、微信公众号、官方微博等平台宣传发布政策信息，还与其他广播、电视、网络等媒体联合发布。（访谈记录，编号：20190915）

协会（C市家禽产业协会）在2017年8月申报社会组织农村脱贫攻坚项目获得批准后，首先对6个贫困村进行实地考察，通过对接L乡政府了解贫困村实际情况，因地制宜展开精准扶贫工作。现阶段扶贫工作区域主要是自然条件较差、经济基础较弱的农村地区。这6个贫困村位置偏僻，交通不发达，70%以上的年轻劳动力外出打工，留守的老、妇、幼群体普遍体力较差，受教育水平偏低，因此难以在当地实现规模化养殖。根据当地家禽养殖业的实际、贫困户的脱贫需求以及项目成本，协会决定实施"送鸡苗、教技术、包回购"定点扶贫项目。项目确定了，但是协会不了解贫困群众相关信息，贫困群众对协会也不了解，尚未建立信任。因此协会立即通过 L 乡政府与 6 个贫困村的村两委对接，贫困村村两委非常支持协会的脱贫攻坚工作，向困难群众广泛宣传我们协会，增强困难群众对协会的认识和认同，从而有利于协会开展扶贫工作。贫困村村两委还积极配合提供本地建档立卡贫困户信息和家禽养殖业的实际情况信息，有利于协会根据当地家禽养殖业的实际和贫困户的脱贫需求，精准发放鸡苗，共向 487 户、1537 人发放鸡苗 19492 只、饲料 62.72 吨。（访谈记录，编号：20190806）

3. 对话成效

基于线上和线下平台，C 市家禽产业协会分别与 C 市民政局、J 市民政局、L 乡政府等政府部门，以及与 S 公司、T 公司等企业建立了全天候的沟通渠道，明确了各自的工作职责，强化了合作关系，达成了工作共识。

通过微信、QQ 群等线上沟通方式，座谈、打电话等线下沟通方式，我们与 C 市民政局、J 市民政局、L 乡政府等政府有关部门顺利沟通，明确各方职责，并签订了项目协议。（访谈记录，编号：20190806）

（二）三圈互动整合机制

1. 整合动力

一是社会责任推动。政府、企业和社会组织担负的社会责任使三者具有推进脱贫工作的共同目标。二是行政力量推动。政府通过制定政策和资金支持，引导鼓励社会组织链接社会资源，推进扶贫工作开展。三是机构发展需要。企业有通过支持扶贫工作塑造企业良好形象、增强企业竞争力的内生动力。社会组织也有通过参与脱贫工作获得社会认同、提升社会公信力，以及促进自身健康发展的内在需求。

> 我们参与 6 个村的脱贫攻坚主要是一种社会责任感，希望通过链接政府和企业的资源参与扶贫，为社会做出贡献。另外，（C 市）家禽产业协会运行和发展需要资源，政府和企业的支持很重要。（访谈记录，编号：20190806）

2. 整合方式

一是整合主体。C 市家禽产业协会、相关政府部门、多家企业共同构成了"政府 + 企业 + 社会组织"的三圈互动联合体。政府圈包括 C 市民政局、J 市民政局、L 乡政府等；企业圈包括 S 公司、T 公司等。第三部门圈包括 C 市家禽产业协会等。二是整合功能。脱贫攻坚工作中，政府主体主要负责社会组织参与脱贫攻坚有关政策制定、扶持社会组织实施脱贫攻坚项目以及对有关项目工作和资金进行监管等；企业主体对社会组织参与脱贫攻坚提供技术支持、资金支持；社会组织主要是通过承接政府扶贫项目等方式，链接政府、企业和社会资源，推进扶贫工作开展。

> 协会（C 市家禽产业协会）主要是通过链接、整合政府和企业资源投入脱贫攻坚工作。整合的资源主要有资金、技术、志愿者等。一是资金，主要来自政府和企业。协会通过承接（C）市民政局的社会组织发展专项基金扶持项目，获得政府项目资金支持。协会还与家禽养殖产业方面的 S 公司和 T 公司沟通，获得了他们匹配的资金。二是技术，S 公司和 T 公司是家禽养殖方面的公司，拥有很多家禽养殖专家，贫困群众遇到养殖技术问题都请他们帮助解

决。由于6个贫困村地处偏远，考虑到交通、住宿、饮食、人力等成本，平时贫困群众在养殖过程中遇到的技术问题大部分是通过微信、电话实时与专家联系解决。三是志愿者，协会动员了很多成员单位的工作人员作为志愿者参与到脱贫攻坚项目工作中。（访谈记录，编号：20190806）

3. 整合成效

在政府圈、企业圈平等对话和沟通的基础上，通过整合机制，根据政府部门、企业和社会组织扶贫工作的共同目标和达成的共识，签订合作协议，实现政府、企业和社会组织的资源整合、信息整合、优势互补，形成三圈互动联合体，有力地推动了C市家禽产业协会在6个贫困村的扶贫工作。

> 协会（C市家禽产业协会）申请到了2017年社会组织发展专项基金项目中的社会组织农村脱贫攻坚项目，并与相关部门签订了项目协议，然后具体实施了"送鸡苗、教技术、包回购"项目。在项目实施的过程中，经与S公司和T公司联系，他们对我们的扶贫工作比较认可，就为协会的这个项目配套了10万元的资金，协会还动员他们公司的专家向贫困群众提供家禽养殖方面的技术支持，从而使这个项目开展的过程更加顺利。（访谈记录，编号：20190806）

（三）三圈互动协调机制

1. 协调动力

一是实现共同目标的需要。基于共同的扶贫工作目标，政府部门、企业和社会组织具有根据完成工作任务的需要而调整行为策略的内在动力。二是资源集聚与互补的内在动力。政府、企业和社会组织各自拥有不同的资源，链接组织间资源和能力的最佳方式是与同伴协作

（Graf & Rothlauf, 2012）。三是履行契约精神的外部动力。政府部门、企业和社会组织有根据签订的合作协议中明确的职责和有关条款，针对工作需要而做出调整的义务。

> 我们和政府、企业的目标是一致的，就是带领贫困群众脱贫。但是，我们和政府、企业的工作理念、机构特点、角色定位并不完全相同，在实际工作中，有时会出现一些分歧，需要通过协调沟通来调整各自的行为，使之等合推进工作的需要。（访谈记录，编号：20190806）

2. 协调方式

一方面搭建互动平台。C市民政局、J市民政局、L乡政府搭建工作平台，实现三方共享政策、需求等信息，配套制定周例会等协调制度。三方代表每周召开会议，研究会商推进扶贫工作，及时解决扶贫工作中出现的困难和问题。

> 2017年7月以来，C市下辖的J市民政局牵头，探索社会组织集成攻坚扶贫模式，引入8家对口帮扶社会组织（包括C市家禽产业协会），成立了由J市民政局、扶贫办，L乡政府，8家对口帮扶社会组织，D村村两委负责人，12名D村困难群众代表组成的协调机构，推进D村脱贫攻坚工作，协调机构的成立相当于搭建了一个工作平台，政府、社会组织、贫困群众共同参与进来，协调各方工作理念，调整各方工作方式，推动脱贫工作顺利开展。（访谈记录，编号：20190915）

3. 协调成效

协调机构通过促使C市家禽产业协会与C市民政局、J市民政局、L乡政府、S公司、T公司实时沟通协调，保证了有关政府部门和企业对 C 市家禽产业协会提供的政策支持、资金支持、技术支持及时到位，同时，也促使了 C 市家禽产业协会针对扶贫工作实际及时调整工作策略、改进工作方法，从而保证了扶贫工作的顺利推进。

> 协调机构定期组织各方代表沟通协调，使大家的认识和行为朝着让贫困群众脱贫这个目标而求同存异，相互理解，消除分歧，从而达到脱贫攻坚行为上的一致，使三方脱贫工作形成合力，实现脱贫效益最大化。例如局上（C 市民政局）了解到很多社会组织对社会组织参与脱贫攻坚政策不了解，就依托高等学校和 C 市社会组织学院，面向包括 C 市家禽产业协会在内的相关社会组织的负责人、业务人员进行全面系统的政策解读、案例讲解和实务指导，先后组织开展集中培训 9 场次，培训 500 余人次，切实帮助社会组织提升了队伍人员的能力素质、弥补了工作薄弱环节，为社会组织依据脱贫攻坚政策开展工作、调整工作方式方法提供了有力的帮助。（访谈记录，编号：20190915）

（四）三圈互动反馈机制

1. 反馈动力

一是政府工作绩效要求。政府部门需要了解社会组织扶贫工作实际效果，为下一步决策提供参考依据。同时，也需要通过向社会组织反馈扶贫工作评估情况，督促指导社会组织针对存在的不足，改进工作方式方法，推动社会组织严格按既定协议要求完成扶贫工作。二是企业投入绩效要求。企业需要通过了解社会组织扶贫工作效果，针对促进自身投入资金和技术支持的效能最大化反馈推进工作的意见和建议，同时，也为后续决策提供参考，如是否继续与该社会组织合作，如果继续投入资金和技术支持，投入的数量是增加还是减少等。三是社会组织机构发展需要。社会组织针对推进工作需要反馈遇到的困难和建议，以推动解决有关问题，完成扶贫工作任务。同时，需要通过向有关政府部门和企业反馈扶贫工作成效，获得更多的认同和支持，促进机构的长远发展。

> 协会（C 市家禽产业协会）在实施项目过程中了解到一些贫困群众有意愿配合协会工作，希望通过养殖土鸡脱贫，但是缺乏土鸡养殖技术。我们将这个情况反馈给 S 公司，S 公司内有很多家禽养殖中疫病防治、饲养、保温保暖等方面的专家和技术人员，S 公司根据我们的反馈，调动这些专家和技术人员积极参与对 6 个村的精准扶贫，通过微信、电话等方式与贫困群众建立联系，及时解答贫困群众在家禽养殖方面的问题，提升了协会参与脱贫攻坚的成效。还有一些贫困群众缺乏销售土鸡的渠道，养大了的土鸡没有地方卖，我们就联系 S 公司和 T 公司，通过他们的电商平台销售鸡肉，将贫困户养殖成本、电商成本、物流成本、购买保险等成本分摊入鸡肉价格，定价为 100 元/只，20 天即将鸡肉全部售出，实现销售收入 22 万元。
>
> 协会通过家禽养殖的方式对 6 个贫困村进行产业扶贫，顺利完成"送鸡苗、教技术、包回购"定点扶贫项目，实现了预期目标，增强了协会参与扶贫的信心，也增强了协会的公信力，有利于协会进一步与政府、企业合作开展脱贫攻坚。（访谈记录，编号：20190806）

2. 反馈方式

政府部门通过项目评估、监督检查、群众满意度测评等方式，了解社会组织扶贫工作实际情况，并及时通过线上工作提示、线下座谈研讨等方式，向社会组织反馈有关情况，总结社会组织扶贫工作进展，指出社会组织扶贫工作中存在的不足，提出改进工作的建议。

C市民政局委托第三方对包括C市家禽产业协会"送鸡苗、教技术、包回购"定点扶贫项目在内的160多个社会组织发展专项基金扶持项目进行了中期评估、实地走访以及结项评估，从而通过评估跟踪和监测项目进度和项目执行情况，保证了项目质量。（访谈记录，编号：20190915）

企业通过派出代表现场监督检查等方式，了解社会组织扶贫工作实际进展，对自身投入资金和技术支持产生的效能进行评估，并及时通过线上和线下相结合等方式，针对提升自身投入资金和技术支持的效能向社会组织反馈工作建议。

S公司和T公司为"送鸡苗、教技术、包回购"项目配套了10万元资金，公司肯定要关注配套资金的使用，希望资金能用在该用的地方，产生应有的效果。S公司和T公司分别派出代表对项目实施情况进行了监督检查，每月检查两次。原来协会（C市家禽产业协会）要求S公司的土鸡养殖专家现场指导，后来两家公司的代表提出运用微信视频的方式进行指导，通过实际应用证明确实可行，节省了很多交通、食宿等扶贫成本。（访谈记录，编号：20190806）

社会组织通过提交工作照片、做好台账记录、接受现场检查和项目评估等方式，向有关政府部门和企业反馈工作进展、成效以及遇到的困难和问题，并据此提出推进工作的建议。对于脱贫攻坚工作开展较好的社会组织，政府和媒体应对其脱贫成效进行宣传报道，提升社会组织公信力和参与脱贫攻坚的积极性。

协会（C市家禽产业协会）对项目实施的效果进行了跟踪调查。在"送鸡苗、教技术、包回购"定点扶贫项目结束后，协会向贫困群众进行了项目满意度问卷调查，贫困群众普遍选择了满意。项目实施完成后，协会向C市民政局提交了工作照片、台账，以及群众满意度调查情况报告，顺利通过了第三方机构的评估。协会还向S公司和T公司反馈了资金使用情况和脱贫工作开展情况，获得了S公司和T公司的肯定。（访谈记录，编号：20190806）

C市家禽产业协会通过整合社会力量，发挥家禽养殖、销售专业优势，参与C市6个贫困村脱贫攻坚工作并获得了良好成效，《中国社会组织》、《四川日报》、C市民政局官方网站和微信等媒体平台及时宣传协会参与脱贫攻坚工作的成效亮点、经验做法，带动了C市其他社会组织踊跃参与精准扶贫工作。（访谈记录，编号：20190915）

3. 反馈成效

在项目实施的过程中，6个村的贫困群众的需求在变化，最开始是鸡苗、饲料，然后是养殖技术，最后是销售渠道。C市家禽产业协会收集贫困群众需求信息，将之反馈给C市民政局、J市民政局、L乡政府、S公司和T公司，及时地对接政府、企业的资源与贫困群众的需求，动态调整资金、技术等投入，实现了扶贫效益最大化。项目实施初期和中期，C市民政局、J市民政局、L乡政府、S公司、T公司对"送鸡苗、教技术、包回购"定点扶贫项目进行了评估，并在项目结束后进行了评审检验，对C市家禽产业协会的扶贫工作表示认可。反馈机制的运行实现了脱贫需求和资源的动态对接，有力地提升了脱贫攻坚工作成效。

政府、企业、贫困群众都从这个项目中获得了收益。政府脱贫攻坚工作取得了成效，企业树立了品牌，为进一步与当地群众合作、发展养殖产业打下了基础，贫困群众实现了增收。（访谈记录，编号：20190806）

五 增强三圈互动：社会组织有效参与
脱贫攻坚理性路径

当前我国脱贫攻坚已进入"深水区"，扶贫难度大，打赢脱贫攻坚战需要社会组织广泛深入参与精准扶贫。新形势下社会组织参与脱贫攻坚需要通过良好的互动机制增强与政府圈、企业圈的互动，获得更多支持，从而发挥有效链接资源的作用。本文通过对 C 市家禽产业协会的案例研究发现，由对话机制、整合机制、协调机制和反馈机制构成的脱贫攻坚三圈互动机制的构建有利于增强三圈互动，提升社会组织参与脱贫攻坚成效。同时，本文在创新完善社会组织参与脱贫攻坚的三圈互动机制方面提出以下建议。

（一）强化目标导向：健全对话机制

政府、企业、社会组织坚持以实现脱贫为共同目标，深化观念转变，配套完善对话制度，拓展对话渠道，强化平等合作关系。一是三者要切实转变主体观念。政府部门要适应构建多元治理格局的需要，充分认识到社会组织链接社会资源推进脱贫攻坚的重要作用，切实将社会组织作为脱贫攻坚的合作伙伴，协力推进扶贫攻坚。企业既要强化对自身作为脱贫攻坚主体的认知，切实转变自身作为脱贫攻坚"旁观者"和"打下手"的角色定位，也要充分认识到社会组织是联结政府部门、企业和社会的枢纽和平台，彼此合作推进脱贫攻坚将产生一加一大于二的效果。社会组织要强化脱贫攻坚主体的角色定位，主动推进与政府部门和企业的扶贫合作，积极履行社会责任。二是配套健全对话制度。政府要进一步完善政策制定听证会等制度，在制定脱贫攻坚相关政策时，组织社会组织代表参加有关听证会、研讨会，充分听取社会组织的工作建议。同时，政府要完善有关部门与社会组织的联系机制，增设专门电子邮箱、微信、QQ 工作群等，指定专门机构、人员定期收集社会组织对于推进脱贫攻坚工作的意见和建议，积极研究采纳有关合理化建议。企业要构建与社会组织的战略合作对话制度，同步建立脱贫攻坚座谈会、恳谈会等工作制度，积极就实现二者资源互补、协同推进扶贫攻坚、实现多方互利双赢展开对话。社会组织要主动完善与政府部门、企业的日常联系交流机制，围绕履行社会责任、推进脱贫攻坚，深入调研，积极向政府部门、企业建言献策，寻求平等合作。

（二）强化需求导向：健全整合机制

政府、企业和社会组织以对接贫困群众需求为宗旨，健全完善整合制度，整合多方资源。政府要进一步健全完善培育发展社会组织制度、财政补贴制度、政府向社会组织购买服务制度，制定完善社会组织参与脱贫攻坚税收优惠政策、行政事业性费用减免政策、企业参与脱贫攻坚税收优惠政策等。政府要推进社会组织孵化培育基地建设，培育发展有影响、规范化的社会组织，逐步增加政府购买脱贫攻坚服务支出，对参与脱贫攻坚的社会组织给予财政补贴、税收优惠，支持更多社会组织通过项目化、社会化的方式，撬动更多社会资源投入脱贫攻坚。政府要对于向脱贫攻坚社会组织捐赠的企业实施更具体可行的税收优惠政策，使企业更有意愿承担社会责任，投入资源支持社会组织开展脱贫攻坚工作。参与脱贫攻坚的社会组织应充分利用政府大力支持培育发展社会组织这个有利的外部环境，提升自身脱贫攻坚工作能力，通过承接政府购买脱贫攻坚服务项目、吸纳企业会员、直接与企业合作等方式，整合政府、企业的资源，形成合力投入脱贫攻坚。

（三）强化问题导向：健全协调机制

政府、企业和社会组织以解决脱贫攻坚过程中出现的问题为目的，健全协调机制，完善协调手段，提升协调能力。配套健全协调议事制度，通过建立由政府、企业、社会组织各方代表组成的议事机构，协商解决脱贫攻坚中出现的目标和利益分歧等问题，明确人员负责协调解决脱贫工作遇到的各种困难。社会组织也应积极参与政府议事协调机构，与政府、企业各方代表就脱贫攻坚项目实施过程中出现的目标偏离、利益诉求发生改变，以及脱贫攻坚工作执行过程中的协议履行情况、项目推进情况、资金和技术困境等展开协商，确保脱贫攻坚工作顺利进行。

（四）强化绩效导向：健全反馈机制

政府、企业和社会组织以脱贫攻坚工作绩效为方向，进一步健全完善脱贫攻坚项目评估制度，政府、企业加强对社会组织脱贫攻坚工作的监督管理，通过线上视频、线下实地走访、问卷调查等方式定期对社会组织参与脱贫攻坚项目进展情况展开评估，社会组织配合政府部门做好项目评审和项目评估等工作，积极反馈脱贫项目成效。政府和企业以社会组织脱贫攻坚工作绩效为依据，为后续合作提供参考。社会组织应积极围绕脱贫攻坚工作向政府提供具有前瞻性、战略性、可操作性的意见和建议，协助政府科学决策。政府和企业还应通过各类媒体加强对社会组织脱贫攻坚典型事例的宣传报道，提升社会组织公信力，加深公众对社会组织的了解，使贫困群众加强对社会组织脱贫攻坚工作的配合。

【参考文献】

阿玛蒂亚·森，2001，《贫困与饥荒》，王宇、王文玉译，商务印书馆。

白福臣、肖书兴、汪维清，2019，《"互联网＋精准扶贫"联动机制：理论逻辑与案例实证》，《江苏农业科学》第3期，第278～282页。

蔡科云，2014，《政府与社会组织合作扶贫的权力模式与推进方式》，《中国行政管理》第9期，第45～49页。

陈成文、黄开腾，2018，《制度环境与社会组织发展：国外经验及其政策借鉴意义》，《探索》第1期，第144～152页。

陈益芳、张磊、王志章，2015，《民族贫困地区农民对国家扶贫政策满意度的影

响因素研究——来自武陵山区的经验》,《广西经济管理干部学院学报》第
　　2 期, 第 87 ~ 91 页。

丁煌、方堃, 2016,《基于整体性治理的综合行政执法体制改革研究》,《领导
　　科学论坛》第 1 期, 第 5 ~ 17 页。

杜春林、张新文, 2015,《乡村公共服务供给: 从"碎片化"到"整体性"》,
　　《农业经济问题》第 7 期, 第 9 ~ 19 页。

高飞, 2017,《精准扶贫与民间组织转型: 基于政治 - 过程的二维分析》,《中
　　南民族大学学报》(人文社会科学版) 第 5 期, 第 133 ~ 137 页。

韩明安主编, 1991,《新词语大词典》, https://kns. cnki. net/kns/brief/result. as-
　　px? dbprefix = CRPD, 最后访问日期: 2020 年 2 月 12 日。

韩兆柱、杨洋, 2013,《整体性治理理论研究及应用》,《教学与研究》第 6 期,
　　第 80 ~ 86 页。

胡象明、唐波勇, 2010,《整体性治理: 公共管理的新范式》,《华中师范大学
　　学报》(人文社会科学版) 第 1 期, 第 11 ~ 15 页。

黄承伟, 2016,《中国扶贫开发道路研究: 评述与展望》,《中国农业大学学报》
　　(社会科学版) 第 5 期, 第 5 ~ 17 页。

黄林, 2017,《新形势下社会组织参与精准扶贫的经济学思考》,《中国财政》
　　第 16 期, 第 53 ~ 55 页。

霍春龙, 2013,《论政府治理机制的构成要素、涵义与体系》,《探索》第 1 期,
　　第 81 ~ 84 页。

李曼音、周梦冉, 2017,《河北省扶贫工作中建立多元主体合作机制的研究》,
　　《中外企业家》第 2 期, 第 243 页。

李迎生、徐向文, 2016,《社会工作助力精准扶贫: 功能定位与实践探索》,
　　《学海》第 4 期, 第 114 ~ 123 页。

林彩虹, 2018,《农村精准扶贫动员机制分析》,《合作经济与科技》第 17 期,
　　第 190 ~ 192 页。

刘风、向德平, 2017,《贫困治理中政府与社会组织关系的变迁及走向》,《中
　　国农业大学学报》(社会科学版) 第 5 期, 第 111 ~ 118 页。

莫衡等主编, 2001,《当代汉语词典》, https://kns. cnki. net/kns/brief/result. aspx？dbprefix = CRPD，最后访问日期：2020 年 2 月 12 日。

默罕默德·尤努斯，2011，《格莱珉达能：永不分红》，《商界》（评论）第 5
　　期，第 140～144 页。

沈菊，2017，《农村精准扶贫多元主体协同机制研究》，《沈阳农业大学学报》
　　（社会科学版）第 3 期，第 264～268 页。

覃志敏，2015，《连片特困地区农村贫困治理转型：内源性扶贫——以滇西北波
　　多罗村为例》，《中国农业大学学报》（社会科学版）第 6 期，第 5～11 页。

王名，2001，《NGO 及其在扶贫开发中的作用》，《清华大学学报》（哲学社会科
　　学版）第 1 期，第 75～80 页。

吴春梅、谢迪，2012，《村庄整体性治理视阈下的权责碎片化整理研究》，《农
　　村经济》第 5 期，第 11～15 页。

夏一璞，2018，《论精准扶贫中多元主体协同运行机制》，《经济研究参考》第
　　37 期，第 72～77 页。

徐家良，2012，《第三部门资源困境与三圈互动：以秦巴山区七个组织为例》，
　　《中国第三部门研究》第 1 卷，上海交通大学出版社，第 34～58 页。

徐家良，2018，《扶贫腐败的特点、成因与防治之策》，《国家治理》第 30 期，
　　第 23～27 页。

曾凡军，2010，《论整体性治理的深层内核与碎片化问题的解决之道》，《学术
　　论坛》第 10 期，第 32～36 页。

张博，2018，《PPP 模式下社会组织参与精准扶贫的路径探究》，《人民论坛·学
　　术前沿》第 21 期，第 88～91 页。

张勇，2011，《基于 SWOT 分析法的中国非政府组织扶贫模式探讨》，《桂海论
　　丛》第 3 期，第 74～78 页。

《中国社会报》，2019，《回望 2019 社会组织篇：脱贫路上，社会组织与你同
　　行》，中华人民共和国民政部官网，http：//www. mca. gov. cn/article/xw/mt-
　　bd/201912/20191200022590. shtml。

中华人民共和国民政部，2019，《回望 2019 社会组织篇：脱贫路上，社会组织
　　与你同行》，http：//www. mca. gov. cn/article/xw/mefod/201912/20192000225
　　90. shtml。

竺乾威，2008，《从新公共管理到整体性治理》，《中国行政管理》第 10 期，第 52 ~ 58 页。

庄天慧、陈光燕、蓝红星，2015，《精准扶贫主体行为逻辑与作用机制研究》，《广西民族研究》第 6 期，第 138 ~ 146 页。

Begum，S. F. Zaman，S. H. and Khan，M. S. 2004. "Role of NGOs in Rural Poverty Eradication：A Bangladesh Observation，" *Brac University* 1（1）：13 – 22.

Graf，N. and Rothlauf，F. 2012. "Firm-NGO Collaborations：A Resource-based Perspective，" *Zeitschrift für Betriebswirtschaft* 82（S6）：103 – 125.

Sanyal，B. 1994. "Cooperative Autonomy：The Dialectic of State-NGOs Relationship in Developing Countries（RS 100），" *Geneva ILO Research*，（1），130，转引自陈成文、陈建平，2018，《社会组织与贫困治理：国外的典型模式及其政策启示》，《山东社会科学》第 3 期，第 58 ~ 66 页。

Seelos，C. 2007. "Mair J. Profitable Business Models and Market Creation in the Context of Deep Poverty：A Strategic View，" *Academy of Management Perspectives* 21（4）：49 – 63.

Winston，M. 2002. "NGO Strategies for Promoting Corporate Social Responsibility，" *Ethics & International Affairs* 16（1）：71 – 87.

书　评

BOOK REVIEW

中国社会组织研究　第 19 卷
第 195～208 页
© SSAP，2020

从"地平"图到"地圆"图：非营利组织
研究的范式转换[*]

——评《草根组织》

肖　龙　薛美琴[**]

摘　要：既有关于非营利组织的研究较多地聚焦于授薪制组织，而对于草根组织的关注则严重不足。大卫·霍顿·史密斯（David Horton Smith）的《草根组织》一书则是这一知识增长点上的奠基石，该书主要由志愿非营利部门研究的"地圆"图、草根组织特性、理论范式与总结三个部分构成。该书通过对草根组织研究的理论与实践经验进行综合，将研究的范围从时间与空间两个维度进行富有洞见的拓展，即将其纳入史前时期与整个人类发展史，以及全球范围内草根组

---

[*]　基金项目：江苏省社会科学基金青年项目"'党建联盟'提升基层社会组织发展质量的江苏经验研究"（项目编号：19DJC002）；陕西省教育厅科研计划项目"中国环境群体性事件的治理与防控机制研究"（项目编号：18JK0860）。

[**]　肖龙，南京大学政府管理学院政治学博士生，延安大学政法学院政治学系讲师，主要从事基层治理方面的研究，Email：xiaolong@smail.nju.edu.cn。薛美琴，南京理工大学公共事务学院讲师，上海交通大学管理学博士，主要从事社会组织方面的研究，Email：tjuswu@126.com。

织与草根志愿行动的宏观视野。该书系统而全面地检视了志
愿非营利组织研究的基本概念、核心论题、研究方法以及现有
研究在理论与方法上的局限，堪称非营利组织研究领域中的
一次范式转换。

　　关键词： 草根组织　非营利部门　志愿行动　范式转换

一　引言

　　1831 至 1832 年的 9 个月时间，时年 25 岁的法国贵族托克维尔
（Tocqueville）在游历了美国之后，写成了传世名作《论美国的民主》
一书。托氏论述的核心要义在于考察维持美国民主良好运转的各种要
件，其中就有草根组织扮演的关键角色（托克维尔，2017）。但根据美
国学者大卫·霍顿·史密斯（David Horton Smith）的研究，草根组织
（Grassroots Associations，GAs）对人类社会公共事务的影响远远早于
此，其源头最早可追溯到至少一万年以前的中东地区，且此后的几千年
草根组织一直活跃于全球各地的前文明社会（preliterate societies）
（Smith，1997）。因此，草根组织一直与人类社会的发展相伴相生，成
为人类社会中重要的组织形态之一，并在现代国家建构中产生了重要
影响（塞尔兹尼克，2014）。但长期以来，学界对于作为非营利部门中
占 90% 之多的草根组织却缺乏应有的关注与重视，其隐蔽在学术研究
的另一个世界。

　　史密斯《草根组织》（*Grassroots Associations*）一书的出版使得这一
情形有了根本性的改观。史密斯教授 1965 年获得哈佛大学社会学博士
学位，此后长期在波士顿学院执掌教鞭，是美国非营利组织领域的重要
研究者和组织者。此外，他也是知名的社会活动家，曾长期担任联合国
资深顾问。1971 年创建了全球第一个非营利组织和志愿行动研究会
（The Association for Research on Nonprofit Organization and Voluntary Ac-
tion，ARNOVA），以及《非营利和志愿部门季刊》（*Nonprofit and Volun-*

tary Sector Quarterly），从而奠定了其在非营利组织研究领域的非凡地位。史密斯长期耕耘于公民社会与非营利组织领域，累计有 50 余篇论文发表于 SSCI 期刊上，现为 *Voluntaristics Review* 杂志主编。其实，史密斯最早为中文世界所熟知是因为他与英格尔斯 1974 年合著的《从传统人到现代人：六个发展中国家中的个人变化》（*Becoming Modern：Individual Change in Six Developing Countries*）一书，该书被收入 20 世纪 80 年代颇有影响的"走向未来丛书"，成为改革年代中国学人思想启蒙的重要读物，是一本至今仍然被引证的经典著作。但在西方学界，史密斯影响最大的还是其关于非营利组织和志愿行动的研究，在他的大力推动下，非营利组织日益成为一个跨学科的全球性的研究领域。2018 年以史密斯为第一主编的《帕尔格雷夫志愿服务、公民参与和非营利组织手册》（*Palgrave Handbook of Volunteering，Civic Participation and Nonprofit Associations*）一书出版，该书从非营利组织的概念、历史、类型、理论、内部治理结构等方面进行了系统而全面的阐释与梳理，成为该领域的一部百科全书。

整体来看，在《草根组织》一书中，史密斯的研究大致依循如下脉络展开。首先，史密斯开宗明义地指出了既有非营利部门研究中主要关注的是授薪制组织，而对于数量众多的草根组织却忽视了，提出了应该以更宽广的理论视野来囊括和涵盖非营利部门研究中的"暗物质"（草根组织），即以非营利部门研究的"地圆"图来取代"地平"图。其次，随着研究对象与范围的拓展，该书相应地对既有研究进行了理论和经验上的系统检视，主要偏重于实证检验的角度，聚焦于草根组织的组织体系，以及其与授薪制组织在内部组织架构和运营流程方面的差异性。最后，该书对理论范式与研究概况进行了总结，提出应该使"地圆"范式与"地平"范式互为参照，予以补充、完善和均衡，建立一种较为完备的志愿非营利部门（Voluntary Nonprofit Sector，VNPS）的总体性理论。

二 史密斯的问题意识

其一，现象的谜团，即为数众多的草根组织何以被忽视。该书作者史密斯对草根组织的界定是地方性、高度自治、由志愿者运营的正式非营利组织（史密斯，2019：9）。其主要基于草根组织虽然数量众多但是没有得到学界应有的重视这一吊诡现象来展开论述。他借用天体物理学中宇宙暗物质与亮物质的比例结构，来说明既有研究对于草根组织研究的严重忽视。既有研究绝大多数关注的是那些显而易见的"亮物质"，即那些显而易见的组织，例如授薪制非营利组织（paid-staff nonprofit）。然而，在志愿非营利领域，大量的作为"暗物质"的草根组织及其志愿者没有引起研究者的足够重视。史密斯将学界忽视草根组织的做法称为"授薪制志愿组织地平范式"。这种范式塑造了一个扁平而狭窄的授薪制志愿组织世界，仿佛这些团体就是"已知的非营利世界"的全部，而忽略了剩余的非营利组织。这种情况类似于在哥伦布发现新大陆以前，欧洲的绘图师们会将欧洲作为"地平"的中心并认为欧洲是世界最大的大陆。现象的谜团点出了作者日后将要深耕的领域，它的发现不仅推开了组织研究的新领域，也反向映射出了现有研究的参考系。

其二，理论的迷思，即如何以新的理论来涵盖草根组织。史密斯提出了一个描述志愿非营利部门的总体理论术语——志愿性利他主义理论（A Theory of Voluntary Altruism）。众所周知，试图对非营利组织的概念进行界定始终是一件极为困难的事情，学界往往众说纷纭，难以达成共识。较为常见的概念，诸如"志愿组织""非营利部门""第三部门""独立部门""慈善部门"等。史密斯的定义方式与之前学者有很大差别，他首先定义志愿性利他主义，然后据此来定义志愿行动，廓清了志愿性非营利部门、草根组织和志愿行动之间的重要共同点。史密斯凭借志愿性利他主义理论建起了志愿性非营利部门和草根组织研究的理论大厦。首先，利他主义在政府部门、商业部门、家庭部门和志愿部门都不同程度的存在；其次，将利他主义定义为"服务"的原因，将"服务"定义为利他主义的结果，祛除了利他主义的情感标签；再次，志愿性利他主义与其他部门的利他主义的区别在于，它是一种建立在人道主义关怀、社会支持与分享上的志愿性行为；最后，志愿性利他主义与七种人道主义核心社会价值观紧密联系在一起。总之，基于经验层面对草根组织研究忽略的反常现象，史密斯提出了质疑与反思，进而开始了理论层面的建构。

其三，研究的精进，即应该如何推进草根组织研究。综合上述，草根组织长期以来在志愿非营利部门研究中是一个被忽略的"剩余组织"，又长期被排除在非营利组织研究领域之外。但其不仅数量众多，在志愿非营利部门中占90%左右，而且在各国的治理实践中也颇为重要。围绕草根组织的数量估算、成员数量和角色、志愿者花费的时间及其行为、草根组织的规模等问题，史密斯进行了全面的质疑，且提出了颇具建设性的解决方案。综合上述，在史密斯看来，在对志愿非营利部门研究中，对志愿非营利部门或草根组织的研究必须回到学科的元问题（big question）上来，以全新的"地圆"理论范式对非营利组织研究中的概念、理论和方法进行系统而全面的深刻检讨与反思。

表 1　草根组织的界定特征

草根组织的特征	草根组织不具备的特征
以团体为组织形式	个人的、无组织、无固定形式的行为
基于志愿性利他主义	基于商业、政府或家庭目标
高度自治	完全受其他团体或机构管理
以社团为管理形式	由非成员主导的团体管理
地方性	超区域的区域/范围
以志愿者为员工	主要依靠带薪员工

资料来源：笔者根据史密斯（2019）的《草根组织》一书整理而成。

三 范式的转换：从"地平"图到"地圆"图

　　史密斯强调，无论是在概念层面还是在实践层面，常规的"地平"范式缺失了大片的"暗大陆"或者"暗版图"。而解决这一困境的办法不是去继续改良和补充扁平"地图"范式，而是将其彻底摒弃，因为"地平"范式只是反映了整体情况中主要几个方面的不完整认知地图。换言之，非营利组织研究中必须用更好的"地圆"范式来取代现有的有局限的范式，因为"地圆"范式能够更恰当地描述历史长河中全世界的志愿非营利部门的发展情况（史密斯，2019：17）。在这一意义上，史密斯的理论框架称得上是非营利部门研究领域的一次范式的转换，即非营利部门理论的理论"内核"已经发生了根本性的改变（库恩，2003）。

　　史密斯的这一判断主要体现在《草根组织》的第二章中，其主要基于以下四个方面的理由。第一，关于草根组织与志愿非营利部门的数量估算问题。史密斯主要以美国为例进行探讨，认为现有关于美国非营利部门数量的数据主要有三个来源。一是隶属于联邦财政部的美国国家税务局的（Internal Revenue Service，IRS）注册数据，但实际上不仅是相当数量的草根组织没有在此注册，而且很多授薪制组织也没有在此注册。二是独立部门发行的《非营利组织年鉴》（*The Nonprofit Almanac*）中的数据，但这里的数据仅占到美国国家税务局名单中的10%，大约相当于全美非营利组织总数的1%。三是各州政府相关记录中的数据，史密斯以马萨诸塞州的8个城镇为样本进行了实地调研，发现州政府数据也同样难以涵盖总体。因此，以上述三个方面的数据来估算草根组织或者志愿非营利部门的数量是有失偏颇的，是对实际数量的严重低估。最后，史密斯对全美草根组织与志愿非营利部门的数量以八种不同口径进行估算，最后得出1990年全美总共有950万个志愿组织，而萨拉蒙给出的估计值只有110万个，也就是说，美国有将近90%的志愿非营利组织没有出现在美国国家税务局的名单中（史密斯，2019：54～55）。

第二，关于志愿组织的人员与角色（people and roles）。一是志愿组织的人员构成。萨拉蒙认为"非营利部门大部分的组织活动根本不是由志愿者开展的，而是由带薪雇员开展的"。但史密斯认为，萨拉蒙的观点错得离谱，甚至可能是计算上的错误造成这一判断。此外，史密斯认为，萨拉蒙的研究忽略了草根组织的社团化志愿活动（association-al volunteering），就志愿工作的时间来说，史密斯认为，在志愿非营利部门中并不是带薪雇员做的最多，而是志愿者做的最多（史密斯，2019：59～62）。二是志愿者从事志愿行动的激励机制。史密斯给出的解释是精神收益，此外很多既有研究也已经表明非物质回报、精神收入或零报酬志愿行为广泛地存在于志愿非营利部门。三是志愿组织的成员资格。关于成员资格问题，现有研究主要采用辅助回忆法（aided re-call items）来测量，即列出志愿组织的特定类型，然后请被访者来圈选。但问题在于，量表中罗列出的类型是有限的，还包括了大量的"其他社团"的类别。因此，这种测量方法在效度和信度上存在很大偏差。此外，依据缴纳会费或者正式成员登记表来确定成员资格更是不得要领，很多志愿组织压根就没有这些。史密斯给出的测量方法是受访者在一个或者多个社团中的"活跃程度"（active member），认为这可以提高草根组织成员测量中的信度和效度问题。

第三，关于志愿时间和行为。志愿组织中成员花费时间是一个难以测量的问题。从测量方法上看，现有研究基本上依赖于简单回忆法，即请受访者回忆自己过去一周花在志愿活动上的时间。史密斯建议增加对受访者工作时间日志的对照，将回忆法与日志结合起来会大大提高测量的效度。从史密斯对志愿活动时间的估算来看，1991年社团化志愿服务时间总量大约为276亿小时，相当于正式项目志愿服务时间的181%，总体上，社团化志愿活动时间累计总量与正式志愿活动时间总量大体相当（史密斯，2019：75）。需要说明的是，史密斯将参加教会活动也视为志愿活动，因此，教会活动自然也属于志愿工作或者志愿服务工作。

第四，关于草根组织的金钱和财产。志愿非营利部门不同于市场主体，因此不能仅仅以经济学指标来衡量。一方面，志愿团体一般都会获得各种类型的税收减免资格；另一方面，各种志愿服务项目都彰显了志愿性利他主义，这种情感的维度不是冷冰冰的资本逻辑可以衡量或测度的。因此，史密斯认为，"志愿非营利部门并不主要涉及金钱与财产，而主要与人们的时间、态度、志愿精神、感情、意识形态、愿望、价值和梦想有关"（史密斯，2019）。换言之，"在收入规模、工资支出、总体预算、不动产、资产或净值方面，与其他部门特别是商业部门相比，整个志愿非营利部门要小得多"（史密斯，2019：77）。但不可否认，草根组织作为个体虽然很渺小，但是其数量众多，作为整群仍然在经济学上有重要意义。草根组织的资金来源主要有会员缴纳的会费、社会捐赠或募款。然而，"草根组织真正意义上的财产是人，具体来讲就是会员，更具体来说，就是活跃的志愿会员及其领导人"（史密斯，2019：77）。

综合上述，既有概念、理论和相关研究已经很难描绘志愿非营利部门和草根组织的全貌，因此必须进行学科的范式转换，以"地圆"范式取代"地平"范式。最后，史密斯详细列出了 13 个草根组织研究的具体步骤和方法，为后续的研究确立了清晰的"路线图"。

四 草根组织研究中经验与理论的平衡

众所周知，理论范式的建构与经验实践是密不可分的，如果缺乏扎实的经验材料支撑，那么再华丽的理论大厦，也会像"沙堡"一样，风吹即散、轰然倒塌（格迪斯，2012）。因此，任何理论范式的转换都需要坚实的经验证据作为基础，史密斯在写作中很好地兼顾了理论建构与实证检验之间的关系（见表 1）。正如史密斯所强调的，该书写作是以两条独立存在却彼此交叠的线展开的。一方面是对草根组织实证研究的文献综述，另一方面是理论层面既有研究对种种"地平"范式的描述以及对志愿非营利部门"地圆"范式转换必要性的阐述（史密斯，2019：294）。

表 2   理论问题与经验现象

章节	理论问题	经验现象
第二章	修改"地平"图	草根组织作为被忽略的"剩余组织"
第三章	组织特征	草根组织创设人的基本决策
第四章	理念和激励体系	适度的理念和充分的激励
第五章	内部组织架构	内部组织架构及其形成过程
第六章	内部组织流程	风格特征和运营特征
第七章	领导与环境	领导者、监管、目标、资源获取、与政府的联系等
第八章	生命周期演变	复杂化、生命周期、组织规模、年龄等
第九章	影响力与效力	社会支持、信息获取、社会影响、幸福感等
第十章	理论概述与总结	19 种"地平"范式与"地圆"范式

资料来源：笔者根据史密斯（2019）的《草根组织》一书整理而成。

首先，理论与经验的交叠述论。《草根组织》一书第二部分的标题为"草根组织的特性"，其背后的写作逻辑一直是比较逻辑，即始终将草根组织与授薪制组织进行对照。这也暗合了全书范式转换的核心理论建构逻辑，即在比较中呈现两套范式之间的差异，以期实现理论大厦的逐层搭建。第二部分主要是从志愿非营利部门的实证研究视角来详细阐述，主要包括七个章节，分别为：草根组织的创立（第三章）、内部引导体系（第四章）、内部组织架构（第五章）、内部组织流程（第六章）、领导与环境（第七章）、草根组织生命周期的演变（第八章）、影响力与效力（第九章）。总之，史密斯始终在志愿非营利部门及草根组织研究中的理论问题与经验现象之间进行着微妙的平衡（见表 3）。

表 3 草根组织与授薪制志愿组织的特征比较

比较内容	草根组织	授薪制志愿组织
创设人抉择结果的均值比较	大部分是成员受益导向	大部分是非成员受益导向
	大部分是非正式组织风格	大部分是正式组织风格
	高度内部民主	不充分的内部民主
	社会人口型成员准入标准	绩效型成员准入标准
	分散的多个目标	较少但明确的目标
理念和激励方面的比较	强力的目标、社交、服务激励	适量的目标、社交、服务激励
	少量的实利激励	大量的实利激励
	适量的信息、发展激励	适量的信息、发展激励
架构比较	主要依靠志愿者工作	主要依靠带薪人员工作
	非正式的免税资格	正式的免税资格
	较为非正式的架构	较为复杂的架构
	内部较为民主	内部较为专制
	多以成员受益为目标	多以非成员受益为目标
	多形态组织	单形态组织
	较少金钱或人力方面的经济资源	较多金钱或人力方面的经济资源
运营流程比较	非工作日工作且断断续续	工作日工作且持续
	专业水平低、外部资金少	专业水平高、外部资金多
	非正式招聘且自愿退出	正式招聘、解聘
	社会声誉低/中等	社会声誉中等/高
领导者与环境比较	领导者主要由成员选出	领导者由理事会指定
	领导者专业化程度低	领导者专业化程度中等/高
	领导者更具个人魅力	领导者较少个人魅力
	监管力度弱且目标模糊	监管力度强且目标明确
	资源获取责任	营销职能
	与政府联系少	与政府联系多
影响力比较	高度社会支持	中度社会支持
	强社会政治性激活力	弱社会政治性激活力
	中度政治性影响	低度政治性影响
	更多经济联系且支持经济体制	较少经济联系且较少支持经济体制
	显著幸福感且更高健康水平	一般幸福感且一般健康水平

资料来源：笔者根据史密斯（2019）的《草根组织》一书整理而成。

其次，理论范式的归纳与总结。《草根组织》一书的第三部分对研究范式与理论进行了总结。史密斯在第十章"'地平'范式与'地圆'范式概述"中，梳理了志愿非营利研究领域学者较为常用的 19 种"地平"范式，然后总结归纳了他所建构的"地圆"范式。但是，要实现志愿非营利研究领域的范式转移，即"地圆"范式的实现，还依赖于两个重要的前置性条件。一是构建志愿非营利组织研究的"地圆"范式需要清晰、稳固的概念基础。二是，准确的实证数据，并在研究中注重平衡与全面。这方面史密斯又详细列出了 16 条研究中的注意事项。

最后，总结与预测——一个志愿人类时代的到来。第一，回顾了志愿非营利部门的漫长历史，指出授薪制志愿组织、草根组织和超地域志愿组织三者在理论与实证上明显的不同，并特别强调了草根组织的重要性。第二，应该用"地圆"范式取代"地平"范式，并强调未来对志愿非营利部门的研究需要进一步以更加深入的高质量的定量研究来进行。第三，澄清了志愿非营利部门陷入了金融危机的理论迷思，即如果用"地圆"范式考察这一问题，就会发现志愿非营利部门整体上并未陷入危机。第四，基于人口增长、社会复杂性的增强、工业化与现代化发展三个方面的影响，对志愿组织过去与未来的发展趋势做出了预测。

综合上述，可以看出《草根组织》一书具有宏大的理论抱负，试图构建一套全新的志愿非营利部门研究的理论范式，而不仅仅局限于草根组织的研究。这种强烈的理论创新冲动决定了该书的写作风格具有研究论纲的性质，聚焦于草根组织研究中的方方面面，涉及各种非常具体而细微的研究议题。但是问题在于，史密斯主要是基于对既有研究的文献梳理和整合描述，而不是对命题的因果机制的解释性分析。毋庸置疑，史密斯的贡献不只在于其系统而全面地呈现了志愿非营利组织和草根组织研究中存在的问题，而且在于其清晰地指明了如何从经验实证的层面系统地推进该领域的相关研究，且提供了很多切实可行、可操作化的具体路径和方法。

五　结论与讨论

本书凝结了史密斯教授 30 多年来在非营利组织研究领域的心得体会，其结合自身实践工作经历，经过经验和理论层面的反复推敲，提出了志愿非营利部门研究中的"地圆"范式，这无疑对该领域学术研究的深化大有裨益。首先，该书的核心结论是志愿非营利部门研究中的"地平"范式严重忽视了对草根组织的研究，作为志愿组织的草根组织需要得到更多的关注，必须用更具包容性的"地圆"范式取代既有研究范式。史密斯的理论"野心"使志愿非营利部门研究在时间和空间两个维度上都得到了极大的拓展，将其纳入了一个"纵贯古今，横达四方"的宏大理论框架。其次，该书面对的经验材料虽然主要是立足于美国社会，但是其理论的涵盖性已经以全球为目标，说明了其理论对其他国家也具有较强的适用性和指导意义。最后，作为一本兼具理论建构与实践经验的作品，该书并没有使用过于复杂的理论概念，而是以比喻、隐喻或朴实直白的文风来事无巨细地阐述草根组织研究中的各种注意事项，在数量众多、纷繁复杂的志愿非营利部门研究领域，可谓提纲挈领、切中要害，为后续学者的研究提供了清晰的研究"地图"。

尽管相比于其他组织类型，草根组织可能更少依赖于外部资金，无论是政府的资助还是其他资助机构的资助（史密斯，2019：334）；但包括草根组织在内的任何非营利组织和政府的互动规模都远比人们真正认识到的更为巨大（萨拉蒙，2008）。特别是，当这种"地圆"范式转入大洋彼岸的中国时，草根组织研究不仅需要发现社会，还需要培育组织。与史密斯教授通过授薪制志愿组织这面镜子来映射草根组织不同，中国草根组织的成像往往在"政党－国家－社会"的三维空间之中，因而对于中国草根组织运行的观察需要超越组织学的研究边界，它更是一个政治社会学意义上的话题。

然而，该书也存在一定的不足和可商榷之处。第一，该书中的理论抱负过于宏大，以至其大部分的结论仅是有待进一步实证检验的假说，因此在一定程度上也削弱了其"地圆"范式的理论建构解释力。第二，为了强调概念和经验上的广纳性和包容性，史密斯对草根组织的界定非常宽泛，使草根组织好像无所不自、无所不包，如将宗教活动也纳入志愿行动。

但是瑕不掩瑜，《草根组织》一书中所提出的志愿组织研究的概念、方法和理论范式，对于中国的非营利部门研究仍然极具启发和指导意义。近年来，我国非营利部门有了很大的发展，相关研究也日益精进，但对于草根组织的关注度总体上还是比较低的（冯利、章一琪，2014）。但不可否认，草根组织大量地存在于中国社会的各个领域，发挥着重要的作用（Spires，2011）。该书中译本的出版，可谓一剂良药，对当下中国该领域的相关研究必定产生积极的影响。

【参考文献】

芭芭拉·格迪斯，2012，《范式与沙堡：比较政治学中的理论建构与研究设计》，陈子恪、刘骥译，重庆大学出版社。

大卫·霍顿·史密斯，2019，《草根组织》，中山大学中国公益慈善研究院翻译组译，商务印书馆。

菲利浦·塞尔兹尼克，2014，《田纳西河流域管理局与草根组织——一个正式组织的社会学研究》，李学译，重庆大学出版社。

冯利、章一琪，2014，《中国草根组织的功能与价值：以草根组织促发展》，社会科学文献出版社。

莱斯特·M.萨拉蒙，2008，《公共服务中的伙伴——现代福利国家中的政府与非营利组织的关系》，田凯译，商务印书馆。

托克维尔，2017，《论美国的民主》，董果良译，商务印书馆。

托马斯·库恩，2003，《科学革命的结构》，金吾伦、胡新和译，北京大学出版社。

Smith, D H. 1997. "The International History of Grassroots Associations," *International Journal of Comparative Sociology* 38 (3): 189 – 216.

Spires, A J. 2011. "Contingent Symbiosis and Civil Society in an Authoritarian State: Understanding the Survival of China's Grassroots NGOs," *American Journal of Sociology* 117 (1): 1 – 45.

访谈录

INTERVIEWS

中国社会组织研究　第 19 卷
第 211~223 页
© SSAP，2020

泰山脚下的草根公益者：初心和实践

——访泰安市泰山小荷公益事业发展中心创始人和西梅

张　圣

访谈时间： 2019 年 8 月 14 日　上午 8：30—11：30①

访谈地点： 泰安市泰山区金山路 38 号泰安日报社西门院内北楼
　　　　　202 室

被访者： 和西梅（泰安市泰山小荷公益事业发展中心创始人）、韩
　　　　　敏（泰安市泰山小荷公益专职工作人员）

访谈人： 张圣（上海交通大学中国城市治理研究院、国际与公共
　　　　　事务学院博士研究生）

【泰安市泰山小荷公益事业发展中心简介】

泰安市泰山小荷公益事业发展中心（以下简称"小荷公益"），
于 2011 年 8 月 8 日成立，在泰安市民政局注册，属于非营利性社
会公益组织。小荷公益以"爱心服务弱势群体，志愿传承社会文

---

①　后期有回访，主要是针对前期的访谈情况做一修正和补充，回访时间为 2020 年 3 月 12 日
　　上午 9：00 - 10：30。

明"为宗旨，以"牵手公益，奉献爱心"为核心文化，围绕助学助老、公益技能培训等领域开展公益活动。在实际运行中，小荷公益建立了规范的组织架构、管理制度和运行模式，同时坚持公益活动的项目化运作，根据弱势群体的实际需求策划和执行项目，先后自主策划并实施了十余个精准服务的公益项目，如关注服刑人员未成年子女的"彩虹村"助学、关注白化病患者的"月亮家园"、援建乡村小学图书阅览室的"爱悦读"等公益项目，其中许多项目获得了国家级奖项。该组织也于 2017 年被认定为 4A 级社会组织。小荷公益积极开展规范化、品质化的公益行动，造福社会，成为民间力量做公益的楷模。

【人物简介】

和西梅，女，2011 年发起并注册了小荷公益，组织策划了十余个精准服务的公益项目。至今近十年的公益路走过，她和她的团队一起帮扶困境儿童 8740 人、帮助特困服刑人员未成年子女 2308 人、关爱救助白化病患者 1087 人、服务困境老人 6200 多人次、援建乡村小学图书阅览室 37 所。因此，和西梅先后荣获"中国好人"、"山东省道德模范"、"山东省善行义举四德榜先模人物"、"改革开放 40 周年感动泰安人物"、"公益扶贫杰出人物"、"超仁妈妈"优秀代表等多项荣誉。《中国青年报》、中央电视台等媒体均对她的事迹做过宣传报道。

张圣：和老师您好！非常荣幸能代表上海交通大学中国公益发展研究院院长徐家良教授主编的《中国社会组织研究》集刊对您进行访谈，感谢您在百忙之中抽出时间来介绍您的公益经历以及小荷公益的成长历程。和老师，您最初是怎么想要踏入公益领域的？

和西梅：我起初也没有这方面的经历，我本身是学绘画的，在成立小荷公益之前在正式单位上班十多年。也是因为结婚后生孩子，就辞职了，全身心扑在孩子身上，平常写生画画，生活也挺安逸的。而且平常我也教着学生画画，此外，我们家还有个诊所，经营获得的收入也不错。可以说吃穿不愁吧。

张圣：和老师的经历还真是丰富，您爱好绘画，还教学生画画。

和西梅：对啊，可以教给孩子们。我还专门创建了一个博客，分享孩子们的作品。就这个过程中，我认识了一个也愿意写博客的朋友，他当时在博客中说如果能在泰山脚下有一支做好事的队伍该有多好呀，我觉得挺好，就一直和他交流。

张圣：那您这个时候就开始萌生做公益的想法了？

和西梅：是啊，就有这么个想法，我们就一起去组织一次公益活动，我就把孩子闲置的物品拿出来做公益捐献，给贫困的孩子，就是物品再利用嘛。后来，发动一些年轻人参与进来，有捐衣物的，还有想要捐钱的，基本上是30元、50元，但在当时那个年代已经不少了，当时我没敢收，而是选择带他们去看望贫困的孩子，直接把钱给了孩子们。（当时）因为我们也不太懂怎么做公益，也没有什么走访表，走访了很多家的贫困孩子，了解了情况，送达了善款，第二年也记不清楚谁是谁家的孩子了。

张圣：可能刚开始做公益还不成熟。

和西梅：刚开始就是靠着热情去做，是感性的公益。

张圣：能看出来，和老师对公益还是很有热情的，而且感染了一大批人一起去做。

和西梅：当时那一批人，有我教的学生的家长，后来有政府部门的人员、个体老板、老师，还有退休后热心公益的人员，最初组成了17个人的团队。刚开始，都是利用业余时间一起做点好事，也不规范。2010年左右的时候，我就参加很多公益培训了，得搞懂怎么做，而且，我们在开展公益活动的时候也确实遇到了阻力。在马庄给贫困孩子送钱的时候，人家不要，我们当时就很困惑，大家凑齐钱、找了车去他们村里送钱，却遭到了拒绝，我们就挺沮丧。后来，他们讲明了拒绝的理由：这孩子跟着大娘家过日子，大娘家里自己还有两个儿子，如果接受了援助就等于"戴上了贫困的帽子"，那另外两个儿子怎么找媳妇呢，所以就拒绝了。这次的经历告诉了我公益不能随便想做就做，还要懂得当地风土人情，方式很重要。

张圣：感觉您刚开始真的是摸石头过河啊。

和西梅：可不是嘛！我们总结经验，由刚开始从不懂公益慢慢向规范公益的方向发展。之后，2010 年我们又加强学习，实现感性公益向理性公益发展。2011 年，我又打算更进一步，成立一个组织。刚开始我挺犹豫，虽然家里并不是那么反对，但是这是个只出钱、不进钱的事情。

张圣：纯公益、纯奉献啊。

和西梅：是，当时对如何做公益还是不知道，而且没有善款的来源，怎么能够持续去做也还没有搞清楚。

张圣：那您怎么下定的决心，一定要成立小荷公益这个组织，将公益事业做下去？

和西梅：有这么一件事对我影响很大。2007 我去到宁阳县的一户人家，孩子们的妈妈去世了，爸爸重度残疾、行走困难，三个孩子跟着他很苦。他们住在别人的家里，爸爸睡在沙发上，孩子们经常吃"百家饭"，老大、老二平常还得给父亲做饭。我们第一次去，碗也是黑的，其实都没刷。一家人平常吃的是糨糊，孩子浑身是灰，生活常识也不懂，也没上学，我们就挺心疼，在大家的帮助下给他们买了新的床。每年我们还给 5000 元以上的善款，帮助孩子们上了学。学校的老师负责给孩子"发善款"，志愿者劝说他们的父亲要加强对孩子的教育，让他们养成生活好习惯。

张圣：这些资助的东西都是我们自掏腰包买的吗？有没有什么资助？

和西梅：是我们自己买的，有钱出钱、有车出车。后来 2011 年就正式注册了小荷公益这个组织，这样就可以让公益活动有组织、有规范地去运作。我也放弃了很多，成立了组织后我就不再画画了。这样，我让我们的专职工作人员韩敏对我们现在小荷公益及其项目做一个大体介绍。

张圣：好的，谢谢和老师，那有劳韩老师了。

韩敏：不客气，应该的。泰安市泰山小荷公益事业发展中心是我们的全称，简称是"泰山小荷公益"，于 2011 年 8 月 8 日正式成立，是在泰安市民政局注册的，组织性质是民办非企业单位，我们的宗旨是"爱心服务弱势群体，志愿传承社会文明"，活动也是围绕着这个宗旨开展，大部分都是由志愿者去做的。

张圣：那志愿者一般是固定的还是不固定的？

韩敏：一般各个项目执行团队会有一些固定的人员，大多数是不固定的。

张圣：那是专职的多还是兼职的多？

韩敏：专职少，专职是要发工资的，大部分还是志愿者在做。2011年，刚开始的时候一个专职人员都没有，从 2012 年才开始有专职人员，现在的专职人员是 6 个人。

张圣：据我前期了解，有些高校学生也参与到了我们这里的公益活动中，那志愿者是以他们为主吗？

韩敏：以社会上的爱心人士为主。高校学生虽然比较有热情，但也比较年轻，除去大一学生不太懂，大四准备工作、考研，就剩大二、大三学生了，他们参与活动大多以陪伴服务、公益理念传播为主。小荷公益的核心志愿者大部分年龄为 30 ~ 50 岁。他们家庭相对稳定，需要走访时可能也有车，给我们提供了很多帮助。

张圣：好的，听您的讲述我大致了解了咱们组织的一些基本情况，那辛苦您继续介绍吧。

韩敏：嗯嗯，好的。那首先谈一下我们的"彩虹村"助学计划。该项目是从 2012 年立项调研，2013 年正式执行的。刚开始帮助了几十个孩子，后来慢慢稳定下来之后扩展到泰安的 102 个孩子。在 2015 年入选了南都公益基金会发起的"中国好公益平台"后就开始规模化发展了。最初在山东省发展了 7 个公益组织，合称为山东"彩虹村"，然后就推广到全国、实现规模化之后，就成为"彩虹村"助学计划。到目前为止一共有 63 个城市，我们关注的孩子数量也达到了 2308 人。

张圣：这 63 个城市中有多少个是山东省内的？

韩敏：山东省全覆盖了。

张圣：省外的主要是？

韩敏：省外的有"景德镇彩虹村"、"深圳彩虹村"、"乐山彩虹村"、"包头彩虹村"等，现在基本上覆盖了 10 个省份。"景德镇彩虹村"是景德镇市一路阳光志愿者协会负责，我们双方经过相互磨合和了解之后签订协议，"彩虹村"项目就落地在景德镇了。由他们来做，共享这个品牌，都叫"彩虹村"，关注的都是服刑人员的未成年子女。每年会有联动的筹款和宣传，大家一起去做这个事。

张圣：那现在"彩虹村"主要是怎样给孩子们提供服务？

韩敏：提供服务的途径比较多，首先是给孩子们的物资帮扶。这些孩子大部分都是父亲服刑，家里主要经济来源没有了，而且还牵扯到一些民事赔偿，所以我们会有一个助学金，实际上就是帮扶善款，但是我们会以奖学金形式来给他们，以此激励他们好好学习。然后是"温暖包"，之前是一些生活物资、学习物资，但今年我们又有一个提升，升级成为一个"好习惯养成包"，就是给他们提供一些养成好习惯的挂板、字帖、跳绳等一类的东西，让志愿者在他们陪伴的时候引导他们养成一些好的生活习惯、树立一些正确的观念。除了物资，还有就是心理陪伴，会有一些心理顾问给予孩子心理上的疏导。另外，还有"代理妈妈"陪伴，这属于这个项目下面的一个子项目。就是说，这个服刑群体有一个特殊性，就是可能孩子父亲是服刑了，但是孩子母亲，当初也许是非婚生子，或者和配偶没有感情，抑或是生活压力比较大就走了，个别还有孩子的母亲已经去世了，甚至有一些是家庭矛盾引起的父母彼此之间伤害致一方死亡的案件的家庭。因此，一些处在这种家庭状况下的孩子就成了"事实孤儿"，所以针对这些"事实孤儿"，我们就有一个"代理妈妈"项目，给予他们更多的陪伴和关注。

张圣：那"代理妈妈"项目平常都是怎么运作的？

韩敏：正常的话，一个孩子，上半年，我们是走访一次、回访一次，暑假的时候搞一次集中的活动；下半年再走访一次、回访一次，冬天的时候可能还会搞一次这种拓展的活动。单独立项的"代理妈妈"需要两个月和孩子见面一次，一个月电话沟通4次，并详细记录孩子们的需求和代理妈妈做的事情。

张圣：那其他时间就是通过电话联系？

韩敏：对，一般就是电话联系，但是也有个案，可能一个月去个十来趟也正常，比如说有一些个案，就是这个孩子已经出现心理问题了，或者他妈妈出现心理问题了，如就觉得日子过不下去了之类的。此外，我们还设有"高墙见面会"，就是带着这些孩子走进监狱，跟他爸爸见面，这种活动就是没办法固定多少次。最早时候的"高墙见面会"办于2012年，起因于一个小孩，就是我们问他的心愿是什么，有些孩子就说要玩具、要书之类的，那个孩子却说"我想让爸爸抱抱我"，因为他们探监的时候都是隔着玻璃打电话，而且，每个月只有周一到周五是会见日，其间孩子们都上课，所以有的孩子一年、两年也见不到爸爸。我们就和监狱商量好，带着孩子们走进监狱。当孩子在爸爸怀里的时候，爸爸激动得都说不出话来，眼泪哗哗地淌。从那时候开始吧，监狱对我们也有了了解，其间我们给服刑人员也开一些公益课堂，再到后来司法系统人性化管理越来越完善了，在其他城市也都开展了"高墙见面会"。

张圣：原来是这样。那咱们其他那些项目目前运作情况如何？

韩敏：（指着牌子）还有"月亮家园"项目，是关于白化病儿童的救助。围绕着"爱心服务弱势群体，志愿传承社会文明"的宗旨，我们开展一些传统助学活动。从2016年开始就精简了，重点项目就是"彩虹村"项目、"月亮家园"项目、"半天公益"青年志愿者项目。

"月亮家园"这个项目也是一个全国性的项目。

张圣：这些项目中还有哪些是全国性的？

韩敏：全国性的就这两个，"彩虹村"项目和"月亮家园"项目，其他的都是市内的一些项目，如"公益小天使"项目、"爱悦读"图书项目、"村妈妈"赋能课堂项目等。

和西梅："彩虹村"项目韩敏她说得挺清楚了。"月亮家园"这个项目我再多介绍一下，最初是由我们的志愿者田哥、田嫂发起的。起初，他们的孩子就患有白化病，其间他们多次受益于组织内成员的关心，后来他们打算依托小荷公益做一个专门服务于这群特殊孩子的项目，就是现在的"月亮家园"项目。我们就是尽己所能帮助他们完善项目、搭建平台。其实白化病不是传染病，好多人都把其理解为白癜风，不敢握手、拥抱，也不敢一块吃饭。我们要做的就是让这些孩子们能够充满自信，并让社会大众对他们有所了解，使其和社会可以融合在一起。

张圣：为达到这个目的，我们还做了大量宣传教育工作吧？

和西梅：是啊，包括对内的、对外的。一方面，我们小荷公益的人没有人不了解"月亮孩子"的，大家也鼓励这些孩子，让他们能够和正常人一样去上学、工作、组建家庭。另外，也对外宣传，让大家都知道他们、理解他们。为此，志愿者付出了很多。

张圣：那我们这个项目其实还有提高这些"月亮孩子"的自我接纳度和社会接纳度这么一个目的啊。

和西梅：对啊，尤其是这个自我接纳，对父母来说更重要。父母育有这样的孩子，基本上会给予过多的保护，恨不得护在怀里，谁也不能看一眼，生怕有些人怀有歧视的目光。但是换位思考，一个普通人看到一个白头发的小孩，可能本身没恶意，但是也想多看几眼。这时候，孩子的父母会感觉"凭什么你们看我孩子"，有时甚至会产生一些冲突。

张圣：这也是因为爱孩子产生的保护举动啊，只不过反应上有点过激。

和西梅：是啊，因为太爱孩子了，一点风雨都不想让孩子经历。但当"月亮妈妈"和"月亮妈妈"在一起时，他们之间的交流是非常顺畅的。尤其是当我们组织大家一起活动时……

韩敏：确实是。我们与他们的心理交流，不如"月亮妈妈"一起交流。田哥、田嫂给其他"月亮孩子"的家长传递知识，比如孩子本身的一些情况，如何避免社会上的安全隐患等。其他家长都很乐意学习，也能接受。哦，对了，我们不光有"小月亮"还有年长的"大月亮"。

张圣："大月亮"的话，他们应该有些心理阴影吧，怎么去解决？

和西梅：是啊。"大月亮"心理上已经长大，思维基本上也定型了，我们就不说他们是否有心理问题，但我们可以给他们树立一些榜样，比如事业有成的"月亮"、家庭幸福的"月亮"。其实这很符合父母的期待：一个是孩子的工作问题，另一个是孩子的婚姻问题。其实，"月亮"和其他人一样，"月亮"之间结婚也是可以生下正常孩子的。另外，我们搞过"拥抱大海"的"月亮孩子"活动，里面有一对"月亮"相互表白了，就成了恋人。这对其他"月亮"来说也是一种鼓励，让他们觉得自己也会收获爱情、迎接幸福。

张圣：这确实会给这些"月亮孩子"带来一些生活的希望，让他们更加积极地面对未来。

和西梅：得让他们对生活有希望，这也是我们做个项目最初的目的。另外，我们还邀请了一些爱心企业家给"大月亮"提供就业指导，还给介绍了工作，很多人都可以像我们大家一样生活。

张圣：真的是很全面的关怀和服务啊，据韩老师刚刚介绍，现在仅有"月亮家园"和"彩虹村"是全国性的，还有好多项目聚焦于泰安本地。那这么多项目在推广时，有没有遇到什么阻力啊？

和西梅：太多了，我得给你"诉诉苦"了。第一，刚开始的时候，我们自己的阻力很大，团队力量跟不上，项目书怎么写、怎么弄，很多人都不清楚。让参加培训的时候没时间，但组织志愿活动就又有时间了，没有参加过志愿培训怎么能够做好服务，这是内部问题。第二，外部评价、质疑、闲言碎语、不理解，不光这个，还有同行业的压力。我总劝着自己不能往心里去，一旦在意就影响做公益了。为此，我们的财务信息在刚开始都会放在网页最前面，就是为了应对那些人的，后来觉得没有必要，就调整了。我们的资金每年每笔都可查。财务透明就是我们的命脉。

张圣：我们的资金有多少是完全属于公益支出？

和西梅：定向款除了工资和其他成本，其余全部用于公益。其实，工资和我们的付出是不成正比的。像我辅导的一个孩子，还要晚上给他看作业，鼓励他、批评他，批评还不能过了，得把握分寸。每天晚上都做，实在来不及就第二天一早做。我家的孩子有时候都顾不上。这样操心的事情，很难干。像小文（化名）经常给我打电话，昨天也给我打电话了。她缺乏安全感，也寂寞，她不想上学，给她找了一个全寄宿的学校，她又不想去，我们就得反复跟她沟通。

韩敏：好多孩子叛逆，想自己做主。但我们知道很多东西错过了就是错过了，后悔来不及的。

张圣：是啊，长大了再悔悟、再弥补就很难。

和西梅：然后我们的资金来源也比较有限……

张圣：那我们有主动去申请过什么资助吗？

韩敏：我们积极地去各个基金会争取资金，项目好的话会得到资助。中国扶贫基金会、中国妇女发展基金会等都资助过我们。

和西梅：不过啊，现有的资金支持我们自己这一家机构没有问题，但是规模化发展后，有待支持的机构变多了，筹款的困难也加大了。目前采取的方法就是所有的机构都和我们一起筹款。

张圣：那政府部门给了什么支持？

和西梅：主要是给我们做宣传，这也是一种帮助。

张圣：有什么政府购买项目？

和西梅：有，但是很少。

张圣：政策上有什么支持？

和西梅：政策上我也说不清楚，宣传方面的支持更大一些吧。从成立到现在我们也是到处搬家，为了节省房租。搬地方，还得搬仓库，搞得也是沸沸扬扬。

张圣：和老师，您认为您在创建和发展小荷公益以来，有哪些经验值得其他组织学习？

和西梅：第一，应该是项目化运作的经验。现在很多社会组织跟着资源走，例如政府购买服务的项目，很多社会组织都参与，而不一定去做项目长远规划，如购买资金用完了以后怎么跟进项目、达到什么效果等问题，善款够支持做两年的就做两年，以后就不做了。应主要围绕组织宗旨和目的，通过项目化运作去实现项目目的，不能这么来回变，这是其一。第二，我觉得我们团队建设和维护是做得比较好的。

韩敏：我们微信群不多，但群里志愿者很积极。

和西梅：我们的凝聚力和向心力都是典范，有编号的正式志愿者就有 200 多人，召集大家做事情很容易。而且我们设立星级，每一级都有考试，保证了志愿者的服务质量。

张圣：的确，拥有一个稳定的团队对社会组织发展而言是至关重要的。我感觉小荷公益做出了这么多有影响力的公益项目，也与此因素密切相关。

和西梅：是啊，团队很重要。第三，我们还对一些"金主"做好沟通和汇报工作。我们与中国妇女发展基金会等组织合作得很好，后来还让我们做了枢纽机构，负责山东的"超仁妈妈"相关事宜，还让我们承办"99 公益日"宣讲会。

张圣：两位老师都辛苦了啊！确实，建立良好的社会关系也很重要。

和西梅：哈哈哈，毕竟我们得通过和其他组织建立关系一步步扩大自己的发展规模。那紧接着，第四，是对未来的规划，我们要考虑到未来小荷公益怎么做，要有目标、有方向、有方式、有方法地去可持续发展。

张圣：那具体规划是什么？

韩敏：每个项目都有一个规划。整体来看，现在是综合性项目多，以后将更加精简、更聚焦。具体而言，以"彩虹村"为例，今年要达到 60 个落地合作伙伴，3 年之内达到 100 个，服务人数应接近 5000 人，5 年之内服务人数要突破 10000 人。我们现在是初期规模化，未来是快速规模化，之后是稳定发展时期。我们最终目标是："彩虹村"成为政府采购的项目，政府去推动，我们辅助执行。

和西梅：另外，想着年底的时候和理事会商议，定位组织的工作导向：一个是公益工作，另一个是枢纽工作。其中，枢纽工作包括项目枢纽，以及中国妇女发展基金会安排的枢纽任务。

张圣：在其他方面，您还有什么发展经验想分享？

和西梅：作为社会组织，初心不能动摇。我们倡导多学习专业知识，做品质公益。

张圣：能看出来您为了组织发展操了不少心，最后感谢您和韩老师接受此次访谈，衷心祝愿小荷公益能够越来越好，为更多需要帮助的人送去福音。

韩敏：谢谢你的祝福！

和西梅：谢谢，欢迎你常来做客！

回访情况——

张圣：感谢和老师接受我们的回访，想了解一下小荷公益自 2019 年 8 月至今做了哪些工作？

和西梅：不客气，小荷公益这半年来主要是在项目的可持续运作方面做了一些工作，包括项目的迭代、筹款、项目高效运作平台对接等，以及努力实现预先规划的项目目标，目前基本都已实现，部分还有所突破。

张圣：这半年来小荷公益发展过程中有哪些改变，或有哪些新的探索？

和西梅：有的，一方面，加强了团队建设，不单是内部的培训，还鼓励全职人员走出去参加长时间的培训，去有关高校学习，还有参加其他全国各地的专业技能培训班。另一方面，增加了项目服务的深度。

张圣：那有遇到什么新的困难吗？

和西梅：在筹资方面我们一直面临很大的困难，善款严重不足，最近半年得到了南都公益基金会"中国好公益平台"和青山慈善基金会的资助，在一定程度上缓解了我们在资金方面的压力。

张圣：疫情防控期间，咱们组织做了哪些活动？

和西梅：小荷公益不是应急服务的组织，所以在疫情突然到来的时候并不专业，并没有大规模地组织抗疫活动。我们力所能及地在当地做好动员，在我们各个群里面传播"待在家里就是最好的爱心奉献"这一防疫观念，也购买了部分物资就近发放。对于疫情防控期间坚持在家里的志愿者，我们精心设计了公益技能培训，三场培训下来效果显著。据统计，参与线上培训的志愿者有 1912 人次。

张圣：小荷公益做得很用心啊，既能够发挥自己的力量，积极响应防疫工作，又可以在遇到突发情况时，采取有效的应对方式以保证组织有序运作，给小荷公益点赞！目前回访了解的情况就这么多，感谢您的支持和配合，以后常联系，和老师！

和西梅：也感谢你对小荷公益的关注，好的，常联系！

中国社会组织研究 第 19 卷
第 224~234 页
© SSAP，2020

满足社区多元需求：以能力建设推动 服务在地化

——访甘肃一山一水环境与社会发展中心总干事虎孝君

姚慕宇

访谈时间：2019 年 11 月 4 日 15：00 - 16：30
访谈地点：兰州市城关区南河北路 956—962 号高新大厦 14 楼
被访者：虎孝君（甘肃一山一水环境与社会发展中心总干事）
访谈人：姚慕宇（兰州大学管理学院本科生）

【甘肃一山一水环境与社会发展中心简介】

甘肃一山一水环境与社会发展中心（以下简称"一山一水"）于 2008 年 1 月经甘肃省社科联批准，在甘肃省民政厅登记注册成立，致力于社会智库、社区发展和能力建设三大领域。一山一水总部专职工作人员 23 人，其中党员 6 人，社会工作者 6 人；在县（区）聘任了专职与地方民政部门对接的协理员 95 人，其中东乡族自治县民政协理员 35 人，崆峒区民政协理员 30 人，临夏市民政协理员 30 人；有兼职智库研究专家 73 人，志愿者 1000 余人。一山一水与国内外 20 多个发展机构建立了良好的合作关系。迄今已实施国内外发展机构资助的项目 500 多个，项目资金超过了 1.5 亿元，用于甘肃省和其他 24 个省份的贫困地区的扶贫发展和灾害救援项目，使 120 多万贫困人口和灾民受益。近年来获得国家级、省部级政府部门和基金会的奖项荣誉 60 多项，被甘肃省民政厅评为 5A 级社会组织，连续 2 年被全国哲学社会科学界联合会评为智库建设先进单位，被中共甘肃省委宣传部、甘肃省民政厅评为甘肃省优秀社会组织，被中央电视台、《人民日报》等数十家媒体深度报道 200 多次。

【人物简介】

虎孝君，一山一水总干事，甘肃公益救灾联盟原协调人。2003 年西北民族大学环境工程专业毕业，具有十多年公益发展经验。曾经当过编辑，从事少数民族文化和社区发展工作。2012 年以一山一水为平台发起成立甘肃公益救灾网络，2013 年担任"7·22"岷县地震救灾甘肃公益救灾网络总指挥。近年来致力于推动甘肃社会组织多元化及可持续发展，在甘肃 10 个市州孵化并成立 20 多家社会组织，并为 6 家公益机构提供战略规划服务。近六年来，为甘肃 80 余家公益伙伴提供过咨询服务，以及项目管理、筹资、传播、志愿者管理等培训支持。2018 年 9 月荣获全国社科联优秀社会组织工作者。

姚慕宇：虎总，您好。非常感谢您在百忙之中抽出时间接受上海交通大学中国公益发展研究院院长徐家良教授主编的《中国社会组织研究》集刊的访谈。在本次访谈中，我们希望重点从机构的成长、业务、合作与未来发展等四个方面了解一山一水。经过长期的发展，一山一水目前已经成长为甘肃省具有代表性的支持性枢纽型机构，且发展态势良好。您能先为我们大致介绍一下一山一水的成立渊源吗？

虎孝君：好的。一山一水于 2007 年 1 月份由兰州大学资源环境学院丁文广教授创建。成立背景主要是理事长丁文广老师当时是兰大的教授，有过在政府机构从业的经验，也曾经在一家国际机构从事发展项目的管理工作，后来他去了兰大，所以他有这方面的一些情结。到兰州大学以后，他发起成立了兰州大学西部环境与社会发展中心，这个中心就是一山一水的前身。在 2008 年，我们在甘肃省民政厅独立注册了甘肃一山一水环境与社会发展中心。独立注册的主要原因是财务管理的问题。首先，我们要跟基金会对接就必须有独立的法人账户；再者，基金会的财务管理制度属于民办非企业单位的管理制度，而兰州大学是一个事业单位，所以在财务管理制度方面的一些冲突和效率问题就要求我们独立注册。正式成立一山一水是从 2008 年开始，到现在已经有 12 个年头。我们的员工构成也从刚开始 1 人发展到现在有 23 名正式员工。

姚慕宇：一山一水的组织使命是"公平地满足脆弱社区的发展"，我们想知道一山一水是如何识别脆弱社区的，脆弱社区有怎样的特征呢？

虎孝君：我们对脆弱社区的定义主要基于三个维度。第一是生态脆弱，第二是贫困人口，第三是灾害多发，就是这三个维度的叠加区域，既多灾又贫困，环境又脆弱，符合这三种特征的地区，我们都把它定义为脆弱社区。

姚慕宇：围绕这样一种使命，一山一水目前开展的核心业务主要包括哪些方面？

虎孝君：目前我们主要关注的领域有社会智库、社区发展、能力建设三大领域。在社会智库领域，由于我们做过的一些有影响的政策倡导及理事长的一些资政经验和研究优势，我们希望把过去的倡导性工作单独发展成为一个关注的领域，搭建民间与政府交流沟通的桥梁和平台。基于对政策产生的影响以及对环保事业的贡献，我们在 2010 年、2014 年、2017 年都获得了"福特汽车环保奖"，其中在 2010 年获得一等奖，2014 年和 2017 年获得先锋奖。

在社区发展领域，我们一开始定义脆弱社区的时候，有一套理论叫"灾害风险管理—生态恢复—生计改善耦合模式"，这也是我们理事长之前的研究成果，就是基于该成果，我们在社区发展领域最早由关注生计，开始关注生态、关注灾害，最终形成生态环境、灾害管理、生计改善三位一体的社区发展模式，这也是我们最早在评估社区的时候开始做的板块。

在能力建设领域，由于社区需求的多元化，单靠一山一水难以"公平地满足脆弱社区的发展"。后来我们搭建了甘肃公益网络平台，以孵化一些与一山一水使命相关的机构，并给予其能力建设方面的培训，希望大家从各自擅长领域把机构做起来以满足社区多元化需求。我们提出能力建设领域的使命即"推动甘肃公益的多元化，满足社区的多元化需求"。这样最终形成了我们关注的能力建设板块，目的是培育这些机构共同完成我们的使命。

姚慕宇：之前您也提到过，一山一水在社会智库方面主要从事一些政策倡导活动，而对政策倡导的关注则起源于一些事情，如祁连山环境保护和兰新高铁建设中的环境保护等。您能给我们讲述一下这个过程吗？

虎孝君：对，过去的时候我们做一些政策倡导，也是因为一些事件，像祁连山环境保护和兰新高铁建设都是之后的事。在这之前，我们在实施社区发展项目的时候，发现了一些与农村发展相关的问题，我们希望通过一些实际的案例，或者一些示范性项目，推动政府去关注这些农村发展方面的问题。比如在做农村妇女参与地方立法的项目时，通过妇女参与立法工作的这种试点来推动该项工作的开展。后来在2014年，我们团队在祁连山考察时，发现兰新高铁的建设对草原生态环境造成了较大影响，我们当时只是把事情形成报告，如实地递交给政府相关部门，后来经过媒体的报道，引起了社会的广泛关注，之后因为时任省长做出了批示，从而推动了高铁公司投资数亿元整改，落实了环保政策。包括祁连山环境保护也一样，我们相对有经验了，主动总结过去社区发展经验，给甘肃省委、省政府递交了一份完善祁连山国家级自然保护区管理体制的报告，希望他们能够采纳这些建议。没想到这份建议很快得到了时任省长和副省长的批示。这就是一个过程，开始是以示范项目的形式，希望能够推动政策出台，后来就总结为社会问题的解决办法，希望政府能够采纳。

姚慕宇： 根据我了解到的信息，从一山一水的业务范围来看，有大量工作投入是在能力建设领域。您能介绍一下一山一水在该领域的最新进展吗？

虎孝君： 我们对能力建设板块是从 2012 年开始关注的。在"1.0 版本"，我们提供组织孵化、财务管理、志愿者管理、筹款、传播等简单的培训，以及一些咨询服务。到"2.0 版本"，为提升培训效果并对上一阶段进行反思，我们发起了"联合劝募"活动，当时我们基于 2016 年"腾讯99公益日"的平台，共同为一个儿童服务项目筹资，这样大家就可以在行动中达成共识。但从今年开始，"腾讯99公益日"的配捐比例降低，"联合劝募"的优势已经不在。为寻找可持续发展的途径，到现在的"3.0 版本"，我们在 11 月 9 日到 10 日要做一个"月捐计划"的培训。这个计划是基于所有的服务都是"在地化"的服务，通过挖掘本地资源，让本地人支持本地机构，开展本地的服务。这样有三方面的优势。第一，能把过去的零散资源，通过"月捐"渠道集中。第二，树立机构品牌，增强机构社会影响力。因为机构社会影响力最终衡量和考核的指标其实就是你动员的筹款、"月捐"用户的数量。第三，满足未来的持续性。而围绕"月捐"还会有很多的具体工作，如月捐人的维护、筹款的动员、项目的反馈等。

姚慕宇： 可以看出一山一水在能力建设领域的发展其实是一个不断调整和改进的过程。您刚刚提到"月捐计划"伴随了很多具体的细节，能说一下"月捐计划"在维护"月捐人"上将如何具体运作吗？

虎孝君： 因为我们现在才在推，没有实际经验，但从理论上讲是可行的。第一，建立畅通的反馈渠道。比如"月捐人"每个月通过手机扣款给你的项目捐了 30 块钱，那么他必须对这个项目有知情权。他给你捐了钱，你这个月干了什么？如何给他反馈，是通过电话、简报还是订阅号？第二，建立有温度的体验机制。写成文字或者拍出图片还是没有那种直观性，那么如何来设计一些活动，让"月捐"用户能参与到项目当中，实际实地去体验，从信息的反馈到亲自的体验，并最终把人留下，保持长期有效的捐赠？第三，建立增长机制。就是在维护的基础上，你如何来增长你的"月捐"用户？"月捐"用户越多，那么经营机构的收入就会越多，收入越多，服务范围就会越广，受益人就会越多，影响力也就越大。

姚慕宇：您说过一山一水为一线服务机构提供一些平台和培训服务，那从能力建设出发的话，一山一水主要为被服务组织提供哪些能力的培训呢？

虎孝君：一个是专业服务能力，包括对专职人员、志愿者等的培养和能力建设，还有其在业务领域的服务能力，以及对理论知识的掌握情况。还有一个是管理能力，包括财务的管理、内部制度的建设、项目的管理，以及公共关系的维护等方面的能力。最基础的能力还是资源获取的能力，就是要锻炼你的筹款能力，其实我们前面说的"月捐"，就是最基础的一个筹款活动。

姚慕宇：目前来看的话，培训的效果如何呢？

虎孝君：在我们能力建设的"1.0 版本"，主要针对如财务等各个指标进行培训，不涉及项目，讲得很笼统，大家听的时候很明白，但下来没有实践，没有项目，因此效果很差。到能力建设的"2.0 版本"，即"联合劝募"阶段，我们就以项目为载体，使培训更加有针对性，比如基于项目的财务管理培训，我们一起做一个儿童服务站项目，预算都是 12 万元，我们就针对这 12 万元的财务管理来做培训，具体到预算、贴票、辅助材料划分等，手把手教，财务能力提升很快，而且我们都是壹基金的项目，它的管理非常严，实行四级管理，如果能把这一套财务审核走完，那只要财务人员不换，机构的财务就不会有问题。因此

"2.0 版本"下的培训效果很明显，机构专业服务能力、人员建设能力、项目管理能力都有提升。但社会关系维护能力及资源获取能力还是比较欠缺的，"2.0 版本"是针对已有项目的情况，而"项目如何持续地来"这个问题还没解决。在能力建设的"3.0 版本"，即"月捐计划"阶段，我们要从源头解决问题，"月捐"恰恰提升的就是你的社会关系维护和筹款能力。

姚慕宇： 您认为参加这些培训的机构往往都存在哪些共性的问题？

虎孝君： 共性问题就很多了，主要体现在五个方面。第一个是人才的缺乏，没有这种人才教育培养的机制。第二个是资源匮乏及造血能力缺失，全国社会组织有 80 多万家，而基金会只有 7000 多家，且资助型基金会非常少，最有钱的基金会全在高校，但对外没有资助，正经给这些社会组织提供资助的只有二三十家基金会。而政府这块，政府购买服务的标准很高，很多机构都达不到。第三个是内部治理的问题，缺乏内部人员的培训和有效的管理，比如很多机构分不清理事会和志愿者之间的区别。第四个是服务的专业性和创新性缺乏，一方面人员的更新影响专业性的长期深入，另一方面难以发现新的需求。第五个是战略意识的缺乏，没有明确的发展规划，对人、财、机构的发展方向和业务范围没有意识。

姚慕宇： 一山一水作为支持型社会组织，和被服务组织存在契约关系吗？双方的权利和义务是如何划分的？

虎孝君： 我们在"1.0 版本"的时候是没有任何的契约关系的，就是我发布一个培训的通知，谁愿意报名谁就来，这时是没有的。到"2.0 版本"的时候，基于项目的"联合劝募"是有契约关系的，我们要签协议，大家联合申请来的项目，最后由我们来管理，财务由我们审核，项目由我们监测，针对项目的所有培训也是由我们进行，比如你这次培训没参加，有什么东西没提交，那财务就不合格，钱就拨付不了。到"3.0 版本"的时候，即"月捐计划"这一块，我们目前还没想清楚，只是处在一个探索的阶段，等这种捐赠的机制建立起来，维护起来以后，才能看清楚，我们希望有契约关系，但目前很难说，因为机构确实比较独立。

姚慕宇： 我们还想了解一下机构的合作模式，您能介绍一下一山一水与政府以及其他社会组织的合作情况吗？

虎孝君： 在跟政府合作这块，我们大部分都是购买服务的形式，合作单位包括了财政部、民政部、甘肃省民政厅及市县民政局、教育厅、农业农村局、林业草原局等。其中包括2012年开始的中央财政项目，我们是第一批立项单位，还有从2018年开始有精准扶贫购买服务项目，以及甘肃省发展和改革委员会与甘肃省教育厅等单位通过世行拿的一些投资项目，我们通过招标成为第三方评估机构。在2018年，我们政府购买服务这块的收入整体是404万元。在跟社会组织合作这块，主要是跟基金会合作，其资金量占大头，包括施永青基金、嘉道理慈善基金会、德国米苏儿社会发展基金会等境外基金会，以及阿拉善SEE基金会、深圳壹基金公益基金会、南都公益基金会、腾讯公益慈善基金会等境内基金会，到2018年我们大概的合作方有30多家，像在与一些伙伴或者市县其他公益机构的合作中，都是我们扮演资助者的角色来资助它们。

姚慕宇： 在与政府的合作过程中会面临哪些问题？

虎孝君： 与政府的合作可能会面临政策的风险，这个风险指政策的不稳定，同一个政策，今年有，明年不一定有。比如我们当时和甘肃省林业厅合作，实施了一个敦煌文博会下的"国家公园与生态文明建设高端论坛"的购买服务项目，这个项目是由甘肃省政府与国家林草局主办、甘肃林业厅承办、我们一山一水协办的，具体是我们运作策划和实施的。当时办得挺好，但只做了一次，第二年就断了，也就是政策调控，项目持续性面临很大挑战。

姚慕宇： 针对这种政策风险，一山一水有相应的预防机制吗？

虎孝君： 我们得有这个风险防范意识，不能想着说今年有，明年肯定还会有，等它来的时候积极去准备，没来的时候提前要有这个风险意识。

姚慕宇： 请问机构在整个运行过程中，资金主要来源于哪里？

虎孝君： 我们的资金来源主要还是前面说的基金会和政府这两个渠道。我们在公众捐赠这一块确实还比较薄弱，就比较少。

姚慕宇： 那在筹集资金过程中遭遇过什么困难吗？

虎孝君： 我们现在资金来源还是相对较单一，多元化的一些渠道开拓不够。其实我们这几年最多的就是跟壹基金的合作。我们到今年跟壹基金的合作金额大概超过 1.2 亿元，它的量很大，但是过于单一，这是最大的风险。我们现在要在不同的领域里，能够跟不同的基金会合作也是比较大的一个挑战。

姚慕宇： 作为区域性的枢纽机构，您认为一山一水的运作优势有哪些方面？

虎孝君： 第一是我们过去的一个积累，就是机构成长的经验积累，我们具备这样的一些经验。第二是我们的理事长，因为他个人的背景、高校任教的背景以及曾经在政府部门做过处长的背景是大家认可的。第三是我们跟壹基金的一些合作，会给我们对接资源带来很多的便利，比如联合筹款的一些认领，以及一些灾害方面的物资、资金等资助，我们这个平台下的资源虽然比较单一，但相比其他机构要多得多，我们获取资源的渠道也相对多一些。第四是我们的发展获得了主管部门和登记管理部门的认可，也得到了其他省部级政府部门的高度认可，这些认可的基础是我们获得的社会影响力。

姚慕宇： 您认为一山一水自成立以来为当地带来了哪些变化？

虎孝君： 第一，我们改变了当地政府对社会组织的印象。过去大家都觉得社会组织是草根机构，政府工作人员对社会组织缺乏了解，有人会觉得社会组织是一些"散兵游勇"，不愿意接触。但一山一水这几年成长起来以后，政府工作人员对社会组织的印象有了很大的改观，包括他们来我们这里参观，我们给他们讲课，还有，与我们开展一些实际的合作。第二，我们在十多年发展过程中实施了很多比较有影响力的项目，确实让一部分人受益了。比如在政策倡导中提到的兰新高铁建设中的环境保护和祁连山生态恢复项目，为解决社会问题积累了一些经验。还有，我们在平凉的"母牛滚动""绿色母牛银行"等发展模式，以及将第三方引入的低保精准认定"6123模式"，为政府部门提供了示范性的做法。第三，对整个公益行业的生态建设发挥了巨大作用。在2012年，甘肃省65个县中有58个国家级贫困县，但社会组织却很少。于是我们在整个公益行业生态中，即能力建设部分有意识地进行布局，在各市县孵化一些公益机构，各市县都有我们的合作伙伴，接受我们的培训并服务当地百姓，它们在学龄儿童、残疾人士、教育环保等领域发挥作用，而且在当地都比较有影响力。

姚慕宇：在机构成立的过程中，一山一水遇到过什么困难吗？

虎孝君：当时还是比较顺利的，因为我们理事长他本身就是高校背景，相对来说申请实施比较容易。国家政策也是比较波动的，在2008年的时候，成立社会组织就稍微困难一点。但是从2012年开始就又放开了，好多机构不用主管单位就能注册，但是从2016年开始，这个政策又收紧了，注册门槛提高了。所以当时我们注册的时候，相对来说还可以。

姚慕宇：最后一个问题，能请您大致介绍一下一山一水未来的发展规划吗？

虎孝君：一山一水未来发展规划是基于这样一个情况，我们过去做农村社区工作的时候就以"生态扶贫"为切入口，但随着现在精准扶贫的开展，2020年全面脱贫目标一实现，我们就需要重新找一个切入口。首先，做农村工作要针对如养老、儿童问题这些大家比较容易达成共识的问题，并且从过去以"生态扶贫"为主，到2020年以后，我们估计会调整到以"乡村振兴"为主，因为党的十九届四中全会提出"多元化治理"，习近平总书记也强调实现"善治"。而我们的愿景就是"人与自然和谐，实现社区善治"，在农村社区要实现"善治"，其实就是要让当地人，让农民参与进来，所以我们在"乡村振兴"这一块希望有所发展。然后，针对政府购买服务，我们要把过去对基金会的过度依赖转向于多元化的筹款策略，包括政府购买服务，而且要转向服务性的，就是要作为第三方为政府提供服务。

姚慕宇：好的，我的问题差不多就到这里，非常感谢您能够接受此次访谈，希望一山一水未来发展越来越好！

虎孝君：谢谢！

域外见闻

INTRDUCTION OF RESEARCH

INSTITUTION OVERSEAS

中国社会组织研究　第 19 卷
第 237～251 页
© SSAP，2020

比利时妇女组织发展概述[*]

单佳慧[**]

　　摘　要：比利时的妇女组织发展起源于 19 世纪末 20 世纪初的第一次女性主义浪潮，随着比利时的联邦化，逐渐实现了制度化。妇女组织本身不是一个专属的组织类别，却具有"横向性"。妇女组织的目标横跨妇女政治参与、男女同工同酬、女性受教育、消除对妇女的暴力等，涉及政治、经济、社会和文化等的方方面面。从组织注册的角度来讲，比利时的妇女组织以非营利组织（ASBL/VZW）的名义向联邦商业法庭、中央企业数据库申请注册，并在联邦公共服务司法部公开的政府公报上发布组织章程。从资金获取和监管的角度来讲，比利时妇女组织深受联邦化结构和性别平等政策的影响。联邦、语区、大区分散管理的模式，使妇女组织根据所在地区、语区的具体情况有针对性地开展活动。同时，这也凸显了妇女组织发展不平衡和分散的问题，因此妇女组织相互合作和参与国

　　*　本文受国家留学基金委（CSC）资助（201506010304）。
　**　单佳慧，布鲁塞尔自由大学（VUB）政治学系博士生，主要从事妇女与政治代表、妇女组织方面的研究，E-mail：jhshan171@163.com。

际合作就显得尤为重要。

关键词: 妇女组织 女性主义 性别平等政策

根据联合国开发计划署 2019 年 12 月 9 日发布的《2019 年人类发展报告》,比利时 2018 年与性别平等相关的几个重要指数排名较为靠前。其中最重要的性别不平等指数(GII)得分为 0.045 分,[1] 在 162 个被评估的国家中排名第 6。性别发展指数(GDI)得分为 0.972 分,被划分在第二组(group 2),意为性别平等发展水平相对较高。[2] 根据世界经济论坛(WEF)于 2019 年 12 月 17 日发布的《2020 年全球性别差距报告》,比利时总体得分为 0.750 分,排名第 27。其中,比利时教育指数为满分 1 分,与数国并列排名第 1。这样的成绩,得益于比利时的女性主义运动遗产,也得益于比利时政府和民间妇女组织在促进性别平等方面所做的努力。

一 比利时妇女组织兴起的历史背景

比利时的妇女组织发展起源于 19 世纪末 20 世纪初的第一次女性主义浪潮,受 20 世纪六七十年代第二次女性主义浪潮的影响较为深远。第一个比利时妇女组织是由 Marie Popelin 和 Louis Frank 于 1892 年 11 月 27 日成立的比利时妇女权利同盟(Ligue Belge du Droit des Femmes)。该组织的宗旨为反对夫权,反对法律对妇女的歧视。其组织形式参照法国妇女权利同盟(Ligue Française pour le Droit des Femmes)。比利时妇女权利同盟以其组织期刊《同盟:比利时妇女法律权力机构》(*La Ligue: Organe Belge du Droit des Femmes*)为平台,向比利时大众介绍国际、国内女性主义运动的最新状况。此外,比利时妇女权利同盟分别于

---

① 分值越低,表明性别不平等程度越低,排名也就越靠前。
② 分值越接近于 1,表明人类基本能力发展中的性别差异越小,男女平等发展的程度就越高。

1897 年和 1912 年举办了两次国际女性主义会议。

Marie Popelin 是比利时第一个完成法学高等教育的女性。但是，当时的布鲁塞尔上诉法庭和比利时最高法院却反对女性成为真正的律师。这一事件不但促使了比利时第一个妇女组织——比利时妇女权利同盟的成立，还成为比利时第一次女性主义运动的转折点。在此之前，比利时的妇女运动基本围绕女子受教育权开展。此事件之后，妇女意识到仅仅争取平等的教育权是不够的。比利时的第一次女性主义运动开始向着更广泛的政治、经济和法律平权议题推进。随后，1893 年，社会主义妇女组织 Hollandsch-Vlaamsche 妇女协会（Hollandsch-Vlaamsche Vrouwenbond）成立，为女性受教育权和其他法律权利斗争。1897 年，比利时改善妇女命运协会（Société Belge pour l'Amélioration du Sort de la Femme）成立，目的是促进立法改革，使妇女拥有同男子平等的权利；保障妇女平等的就业权，与男子同工同酬。1899 年，两个专门反对酗酒的妇女组织，即比利时妇女反酗酒联盟（Alliance des Femmes Belges Contre L'alcoolisme）和比利时妇女反酗酒联合会（Union des Femmes Belges Contre L'alcoolisme）成立。1899 年，比利时女性教育联盟（Alliance Belge des Femmes Pour la paix par L'éducation）成立。1905 年，比利时妇女委员会（Conseil National des Femmes Belges）成立，是至今还活跃的法语妇女委员会和荷语妇女委员会的前身，也是国际妇女理事会（International Council of Women）的分支。其他妇女组织还包括 1906 年成立的根特妇女联合会（Women's Union of Ghent），1908 年成立的吕刻昂（Lyceum），1910 年成立的安特卫普妇女协会（Antwerp Women's Association），1912 年成立的瓦隆妇女联合会（Union des Femmes de Wallonie）等。

20 世纪 60 年代，欧美国家为实现妇女的政治参与、经济权利，以及避孕、堕胎等权利展开了影响深远的第二次女性主义运动。比利时的第二次女性主义运动发展于 20 世纪 60 年代末，在 70 年代达到高潮。其中一个重要的表现就是妇女组织大量涌现。在城市中涌现了具有代表性的组织愤怒的米娜（Dolle Mina）。愤怒的米娜成立于 1970 年，受荷兰愤怒的米娜启发，是一个社会主义女性主义组织，具有马克思主义视角。愤怒的米娜在比利时安特卫普、奥斯坦德、鲁汶、布鲁塞尔和根特分别有组织。其中根特的组织运转的时间最久，还发行过一本叫 *De Grote Kuis* 的杂志。1971 年，妇女咨询委员会（Vrouwen Overleg Komitee，VOK）成立，这是一个独立的女性主义的思想论坛。1974 年，受第二次女性主义浪潮口号"个人的就是政治的"（The personal is political）的启发，第一个妇女之家（Women's House）成立于安特卫普，号召关注妇女需求。比利时至今还活跃着 20 世纪 70 年代成立的妇女之家。1974 年，成立于第一次女性主义浪潮的比利时妇女委员会（Conseil National des Femmes Belges）分离成了荷语妇女委员会和法语妇女委员会两个独立组织。1977 年，专注于女性主义、平权、妇女研究的知识性妇女组织 RoSa 成立，至今还活跃。1974 年，一些左翼妇女组织，比如愤怒的米娜、Rode Marianne，红色妇女（Groep Rooie Vrouwen）联合成立了女性主义 - 社会主义（Fem-soc），口号是："没有脱离社会主义的女性主义，没有脱离女性主义的社会主义。"1979 年，女子大学（Université des Femmes）成立。可以说，第一次和第二次女性主义运动推动了比利时妇女组织的萌芽和发展。

二 比利时妇女组织的制度化

比利时国土面积仅 30528 平方公里，人口仅 1143 万人（2019 年）。但是，活跃的妇女组织多达 900 多个（Amazone et al.，2002）。由于语言的多样化，不同语言群体之间多有冲突。为了调节语言、文化等冲突，比利时多次修宪，实现了国家的联邦化。联邦化后的比利时，政府机构较为分散和复杂。妇女组织发展也深受联邦化的影响，较为复杂（Celis & Meier，2007：63）。

比利时 1830 年从荷兰的统治下独立，成为独立的君主立宪制王国。

1962 年，比利时划定了弗拉芒语区和法语区边界。1970 年，比利时修改宪法，确立了四大语言区域，即法语区、弗拉芒语区、德语区和首都布鲁塞尔法荷双语区。经过 1970 年、1980 年、1988 年和 1993 年四次修宪，比利时最终从"单一制国家"（unitary state）变成了"联邦制国家"（federal state）。《比利时宪法》第一条规定：比利时是由语区和大区组成的联邦制国家。联邦化的比利时政府由①联邦政府、②三大语区政府（弗拉芒语区政府、法语区政府和德语区政府）和三大地区政府（布鲁塞尔首都大区政府、弗拉芒大区政府与瓦隆大区政府）组成。其中，弗拉芒语区政府和弗拉芒大区政府于 1980 年合并为弗拉芒政府。联邦政府、语区政府和大区政府分工不同。语区政府主要负责语言、文化和教育相关事项。大区政府负责地域经济、就业、环境、住房和交通等相关事项。联邦政府主要负责国家外交、国防、公共安全、财政等涉及国家整体利益的事项。联邦政府、大区政府和语区政府权力平等，拥有各自的政府和议会。因此，当无法组阁联邦政府时，由于语区、大区政府正常运转，社会也照常运转。比利时历史上出现过最长长达 541 天处于"无政府"状态的情况。

（一）妇女组织的准入制度

在比利时的组织注册条目里，并没有"妇女组织"这一条目，本文所指的妇女组织指那些围绕男女平等、妇女相关议题开展活动，宗旨为实现性别平等的非营利组织。在比利时，区别于政府和市场之外的组织，比如社团、慈善机构、基金会以"非营利组织"注册。在比利时语境里，"非营利组织"并不只是一种泛指，而是一个法律术语，法语为 ASBL-association sans but lucratif，荷兰语为 VZW-vereniging zonder winstoogmerk，有时仅以 ASBL/VZW 缩写出现。在比利时，直接干预非营利组织的法律是 1921 年 6 月 27 日颁布的法律（The Law of 27 June 1921 on Non-profit Associations, International Non-profit Associations and Foundations）以及 2002 年 5 月 2 日、2004 年 12 月 27 日和 2007 年 3 月

23 日所做的修改。该法律归类了四种基本类型的非营利组织,分别是:①非营利社团(non-profit association),②国际非营利社团(international non-profit association),③私人基金会(private foundation),④公益基金会(foundation of public interest)。比利时联邦议会于 2019 年 2 月 28 日颁布了最新的《公司和社团法》(*The Belgian Code on Companies and Associations*,BCCA),该法取代了之前的《公司法》,并于 2019 年 5 月 1 日生效。新法律的原则是:简化、灵活化和现代化。对于现有的公司、社团、基金会,新的《公司与社团法》于 2020 年 1 月 1 日开始施行。现有的公司和社团需按照新的法规,修改组织章程(Articles of association,AOA),最终截止日期为 2024 年 1 月 1 日。新的法律将公司和社团整合在一起,给予了社团更多自由。对社团来说,影响最大的一个改变是取消了社团不可举办营利性活动的规定。按照新的法律,社团可以举办营利性活动。但是,盈利不能分配,只能用于社团发展。换句话说,公司和社团的区别不再是能否从事营利性活动,而是利润的分配。

本文主要介绍比利时妇女组织的发展和制度化。为了方便,如非特别解释,下文提到的"非营利组织"仅指比利时非营利组织,不包含国际非营利组织和基金会。法律对非营利组织的基本要求是:注册办公室在比利时境内,拥有至少三位负责人的团队,制定组织章程,在联邦公共服务司法部(Federal Public Service Justice)公开的政府公报(Belgian Official Gazette)上发布组织章程,并向联邦商业法庭(The Business Court)和中央企业数据库(Crossroads Bank for Enterprises)申请注册,这样组织才具备合法资格。没有成功在联邦公共服务司法部发布其组织章程的组织将被认为是事实组织(de facto association),不具备法人资格。下文所提到的妇女组织仅指联邦公共服务司法部的政府公告中发布的妇女组织。

非营利组织的注册过程会涉及公证人(notary)、联邦商业法庭和中央企业数据库。起草组织章程是非常重要的一环,可以以官方契约

（official deed）或私人契约（private deed）的形式来起草。官方契约必须由公证人提出，私人契约由当事人起草签字。按照法律规定，章程可以以法语、荷兰语和德语任一语言撰写，并需要包含以下信息：①机构的全名，其注册办事处的地址及其所在的地区；②组织的宗旨；③组织成员（至少三个）和非活动成员之间的区别；④创始人的姓名、地址和国籍；⑤最高会员费；⑥委任主管（director）的条件；⑦修改组织章程的程序；⑧负责账目和预算管理的人员；⑨如果组织关闭，资本将会发生什么；⑩股东大会（general meeting）的权力。① 根据联邦公共服务司法部的程序，组织要在政府公告上公布章程和最高管理层的名单。然后，向联邦商业法庭（一个月内）和中央企业数据库注册。在中央企业数据库注册后，组织会得到一个编码（identification number），这个编码要体现在该组织运转期间内所有的官方文件上。在任何阶段，联邦商业法庭有权撤销违反规定的非营利组织的资格。Lontings（2003：181-182）认为，非营利组织的注册具有政府不干涉、高效、组织成员责任有限这三个优点和强制性条款多、保密性差两个缺点。

另外，非营利组织不用缴纳针对企业的收入税（corporate income tax），但仍需要缴纳其他方面的收入税，依照组织规模和收入有不同的规定。通常情况下，非营利组织不用缴纳增值税。

（二）妇女组织的资金来源和有效监管：性别平等预算

政府支持是妇女组织最重要的资金来源（Haegendoren et al.，1994）。对于妇女组织来说，获得政府的资金支持，能够促进组织的长久发展。同时，对于政府来说，通过支持这些妇女组织，可以在更多的层面推进男女平等政策。在比利时，妇女组织获得政府资金支持的方式深受其联邦化结构和性别平等政策的影响。下文将分别介绍联邦、大

---

① 内容来源于比利时政府网站，http://procedures. business. belgium. be/en/managing_your_business/setting_up_your_business/company_types/non_profit_organisation/。

区、语区主要的性别平等预算，并以荷语妇女委员会、法语妇女委员会为例具体说明。

自 20 世纪 90 年代，尤其是 1995 年召开第四次世界妇女大会以来，比利时做了诸多制度化上的努力，以期实现男女平等（蔡琳，2013：42）。在联邦一级，根据 1993 年 2 月 15 日皇家法令（2003 年 4 月 4 日修订），成立了联邦男女机会平等委员会；根据 1993 年 12 月 14 日皇家法令（2007 年 6 月 3 日修订），成立了联邦妇女和发展委员会，隶属于发展合作部，享有发展合作部的行政支持和财政预算。2002 年 2 月 21 日，《比利时宪法》第 10 条加入了一项专门条款来保障男女平等原则。同年 12 月 16 日，比利时在联邦一级成立了联邦男女平等研究所（Institute for the Equality of Women and Men），拥有自己的预算。近十年来，联邦男女平等研究所拥有平均 5000000～6000000 欧元的年度预算。可以找到的具体数据是，2011 年联邦男女平等研究所 33% 左右的经费被用来支持活跃于性别平等领域的民间社会组织。① 联邦男女平等研究所分别于 2008 年和法语区政府（The French Community）、2009 年和瓦隆大区政府（The Walloon Region）、2013 年和位于首都布鲁塞尔的法语社区委员会（The French Community Commission）、2016 年和布鲁塞尔首都大区政府（The Brussels-Capital Region）、2016 年和德语区政府（The German-speaking Community）签署了合作协议。

联邦机会平等大臣提议将社会性别主流化（gender mainstreaming）纳入法律。2007 年 1 月 12 日通过的法律规定：联邦政府和公共行政部门在决策和预算过程中要加入社会性别主流化的原则。因此，这个法律通常被叫作《社会性别主流化法》。联邦男女平等研究所一直在致力于推广社会性别主流化，并针对资金补助方面发布了两本手册。在其中一本手册中，联邦男女平等研究所重点阐述了欧洲委员会（Council of Europe）提倡的"社会性别预算"（gender budgeting）这一概念和具体的

---

① 数据来源：比利时根据联合国《消除对妇女一切形式歧视公约》第 18 条提交的第 7 次报告。

操作方法。①在另外一本手册中，联邦男女平等研究所详细展示了在性别平等政策下补助的申请和发放。②

弗拉芒语区政府于 1995 年 6 月，首次任命了一位负责机会平等的大臣，用来执行和评估弗拉芒机会平等政策。同年，机会平等大臣成立了"弗拉芒机会平等"（Equal Opportunities in Flanders），拥有平均为 5000000 欧元的年度预算，支持民间妇女组织是预算重要的一部分。可查找到的数据显示，2011 年的预算中，3038000 欧元被用来支持民间社会组织，其中有 1172000 欧元补助给了民间妇女组织。③

法语区政府成立了机会平等处，隶属于法语区部委总秘书处和法语机会平等部。除了工资和运转费用，机会平等处拥有 800000 欧元的年度预算，可以用来资助民间组织、开展科研和宣传活动等。2016 年，法语区政府发布了一个法令（Decree），规定法语区所有的政策纳入社会性别的视角。2017 年，法语区政府对这个法令做了修改，细化成两个新的法令。第一个法令，规定法语区所有的决议纳入社会性别视角，并确定了被叫作性别测试（gender test）的框架。第二个法令，规定法语区所有的预算要纳入社会性别的视角。瓦隆大区政府于 2004 年成立了机会平等部，主要负责健康议题和社会行动。2003 年瓦隆大区政府成立了性别平等理事会（Conseil wallon de l'Égalité entre Hommes et Femmes）。2012 年 6 月，瓦隆大区政府发布了《机会平等总体计划》，规定政府所有部长在其职责范围内积极采取措施推动男女平等。

布鲁塞尔首都大区政府于 2001 年成立了"机会平等"办事处，有专门拨付给性别平等的预算。2006 年 4 月，布鲁塞尔首都大区政府下发了一项政令，要求大区的每位大臣向议会报告落实机会平等的政策。

---

① 手册全名为：*Manual for the Application of Gender Budgeting within the Belgian Federal Administration*。

② 手册全名为：*Manual for the Integration of the Gender Dimension in the Allocation Procedures for Subsidies*。

③ 数据来源：比利时根据联合国《消除对妇女一切形式歧视公约》第 18 条提交的第 7 次报告。

布鲁塞尔首都大区政府分别于 2012 年 3 月 29 日通过了社会性别主流化法令、2014 年 4 月 24 日通过了一项在政治行动中纳入性别视角的法令、2016 年 7 月 14 日通过了《社会性别预算法令》。

妇女组织可以向这些政治机构申请补助。通常来讲，法语妇女组织可以向联邦一级、法语区、瓦隆大区，首都布鲁塞尔法荷双语区等机构申请经费。荷语妇女组织可以向联邦一级，弗拉芒大区政府、首都布鲁塞尔法荷双语区等机构申请经费。经费一般分为结构性补助（structural subsidies）和项目补助（project subsidies）。结构性补助指与组织运转相关的费用，例如租金、办公用品等。项目补助指具体某一个项目的补助，例如会议、宣传活动、印刷小册子等。申请的流程和标准因不同的政治机构有所不同，没有统一的规定。例如，荷语妇女委员会最主要的资金来源是弗拉芒大区政府的"弗拉芒机会平等"项目，其次是联邦男女平等研究所。此外，荷语妇女委员会也从国家乐透（Belgian National Lottery）得到资助。法语妇女委员会从联邦男女平等研究所获得资助，用于维持组织的基本运转；从布鲁塞尔首都大区的就业处（The Employment Office）获得补助，用于支付员工工资；从瓦隆 - 布鲁塞尔联合会（Wallonia-Brussels Federation）获得补助，用于投入"继续教育"领域。同时，也从国家乐透得到资助。

通常来讲，申请补助的妇女组织要向发放补助的机构提交年度预算和年度报告。除了提交年度预算和年度报告给相应的补助发放机构，所有非营利组织都要按照统一的规定整理年度账目（annual accounts），和制定下一年的年度预算（annual budget）。年度账目经组织大会（general assembly）通过后，30 天内提交给比利时国家银行（NBB），同时，超过 20 个员工的非营利组织要在年度账目里加入社会资产负债表（social balance sheet）。值得注意的是，小规模的非营利组织可以在两种不同的年度账目方式里选择其中一种。一种是最简化的收支两个账目，一种是像其他大规模和超大规模非营利组织一样，采用复式记账法（double entry）。小规模的非营利组织的年度账目不需要向国家银行提交，而是向所在地区的商业法庭注册处提交。判断一个非营利组织是小规模的标准为不能超过以下三项指标的其中两项。①拥有不超过 5 个全职员工。②年度收入不超过 312500 欧元。③资产不超过 1249500 欧元，所有非营利组织不需要向其他权力机构提交年度预算，只需要提交给组织的内部大会（general assembly），并获得批准即可。因为没有具体的法律规定，所以预算的形式可由大会决定。

此外，注册的妇女组织可以接受社会捐赠，捐赠的金额要体现在年度财政总结中。

三 比利时妇女组织的发展现状

前文介绍了比利时妇女组织的历史背景和制度框架。这一小节，将从女性主义运动遗产和纵向结构与横向合作两个方面，简单总结比利时妇女组织发展的现状。

（一）女性主义运动遗产

比利时妇女组织起步于第一次女性主义浪潮，深受第二次女性主义浪潮的影响。最值得一提的是早在 1905 年成立的比利时妇女委员会至今还活跃，并发挥着重要的作用。只是，随着比利时的联邦化，比利时妇女委员会于 1974 年分离成法语妇女委员会和荷语妇女委员会两个相互独立的机构。近几十年来，国际女性主义运动不但影响着对性别议题产生重要影响的国际机构，例如，联合国、欧盟、欧洲委员会。同时，也优化了争取性别平等的具体路径，例如社会性别主流化，消除对妇女一切形式的暴力等。具体到比利时，1985 年在内罗毕举办的第三次世界妇女大会，直接促进了比利时妇女政策机构（women's policy agency）的建立和发展。比利时于 1985 年 7 月 10 日签署了联合国《消除对妇女一切形式歧视公约》。1995 年在北京举办的第四次世界妇女大会，直接推动了社会性别主流化概念在世界各地被接受、推广和应用，当然也包括比利时。1996 年，比利时出台了一部法律来监管《北京宣言》和《行动纲领》的落实。2007 年，比利时发布了《社会性别主流化法》。而比利时的机会平等政策和消除对妇女的歧视政策则深受欧洲国际政策的影响（Celis & Meier，2007：71）。欧盟、欧洲委员会等欧洲的国际机构推行的各项政策无疑为各个国家和地区妇女组织提供了更坚实的合法性，同时，也提供了更多政治机会和资源。

反过来，比起政府政策机构，这些妇女组织接触的是广泛的妇女群体，是女性主义运动的群众基础。妇女组织积极参与国际组织，共同努力减少性别不平等，也为国际女性主义发展提供了更在地的视角。具体到比利时，通常来讲，荷语妇女委员会和法语妇女委员会的代表会被比利时外交部长邀请，作为比利时代表之一参加联合国妇女地位委员会（UN Commission on the Status of Women）会议。比利时政府在准备国家报告前，会收集妇女组织的意见。比利时妇女组织通常以伞状组织（umbrella organization）的成员参与国际妇女组织。例如，欧洲妇女游说团（European Women's Lobby）的成员单位包含荷语妇女委员会和法语妇女委员会等比利时妇女组织。欧洲妇女游说团是一个以组织游说的方式参与欧盟决策过程的伞状组织，也是目前在欧盟框架下规模最大、影响力最大的国际女性团体（曲宏歌，2009：69）。再比如，欧洲移民妇女网络（European Network of Migrant Women）包括阿拉伯妇女团结会（Arab Women Solidarity Association）、女性之声（La Voix des Femmes）、绿洲（Oasis）、专注健康的 Isala、专注教育与融入的 Ingwee、数字非洲妇女（Digital African Woman）、比利时移民和外国妇女网络（Réseau des Femmes Immigrées et d'origine étrangère en Belgique）共 7 个比利时妇女组织。最近一年比较重要的国际活动是，打击暴力侵害妇女行为和家庭暴力专家组（GREVIO）① 于 2019 年 10 月访问了比利

---

① 该组织属于欧洲委员会，其作用是监管《预防和打击暴力侵害妇女行为及家庭暴力公约》（《伊斯坦布尔公约》）的执行。

时，并且与民间社会平台"反暴力联盟"（Ensemble contre les vidences）举行了会议，讨论了她们关于暴力问题的影子报告（shadow report）。

（二）纵向结构和横向合作

除了作为国际妇女组织的成员，很多比利时妇女组织本身也是伞状组织，具有纵向性。这些伞状组织聚集更多的妇女组织，相互协调行动，共享资源。例如，在法语妇女委员会下，有 51 个妇女组织。① 在荷语妇女委员会下，有 37 个妇女组织。② 另外，这些伞状组织可以为更小的妇女组织，尤其是没有注册的妇女组织提供合法性。

比利时的妇女组织涵盖的议题非常广泛，具有横向性。议题横跨妇女政治参与、男女同工同酬、女性受教育、消除对妇女的暴力等涉及政治、经济、社会和文化等的方方面面。通常来讲，较大的妇女组织有更多的政治机会、资源和员工，有能力关注多个妇女/性别议题。同时，也有专注某一议题的妇女组织，代表性的有：专注移民妇女的 Ella，专注 LGBTQ 群体的 Çavaria，专注残障人士权利的 Equal Rights for Every Person with Disabilities（GRIP），专注女性主义知识和档案管理的 RoSa。比利时联邦化以来，妇女组织得以根据所在地区、语区的具体情况开展有针对性的活动。但是，这种联邦化，也造成了妇女组织在各个地区、语区发展不平衡和发展分散的问题。因此，不同妇女组织之间的合作非常突出。无论属于哪个大区或语区，比利时的妇女组织经常就某一话题搭建长期或临时平台（platform）。例如，由 21 个法语妇女组织和荷语妇女组织于 2013 年 1 月联合组成的女性主义社会经济平台（Feminist Socio-Economic Platform），意在推动各级政府在预算和财务决策过程中加入性别平等视角。由 50 个妇女组织组成的反暴力联盟 Ensemble Contre les Violences 是一个民间社会平台，针对"对妇女的暴力"议题展开

---

① 数据来自法语妇女委员会官网，https://www.cffb.be/associations-membres/。
② 数据来自荷语妇女委员会官网，http://www.vrouwenraad.be/page? orl = 1&ssn = &lng = 1&pge = 145。

行动，其宗旨是消除对妇女的暴力。再比如，1995 年成立的亚马孙妇女中心（Amazone）是一个涵盖所有妇女/性别议题的全国性平台，受联邦男女平等研究所资助。值得一提的是，我国的全国妇联与亚马孙妇女中心于 2007 年 4 月建立了中比妇女交流中心，这是全国妇联与欧盟国家的妇女组织建立的第一个妇女交流中心。

四　结论

本文主要介绍了比利时妇女组织的历史背景、制度特征以及发展现状。比利时的妇女组织起源于 19 世纪末 20 世纪初的第一次女性主义浪潮，受 20 世纪六七十年代第二次女性主义浪潮的影响较为深远，涌现了一些现在还活跃的妇女组织，如法语妇女委员会、荷语妇女委员、RoSa 等。随着比利时的联邦化，妇女组织逐渐形成了全国统一注册、各级政府分散管理的格局。妇女组织的资金来源和监管主要受比利时各级政府性别平等政策的影响。

妇女组织本身不是一个专属的组织类别，却具有"横向性"。妇女组织的目标横跨妇女政治参与、男女同工同酬、女性受教育、消除对妇女的暴力等涉及政治、经济、社会和文化等的方方面面。比利时联邦、语区、大区分散管理的模式，使妇女组织能够针对所在地区、语区具体的情况开展活动。同时，由于妇女组织受地区、语区分散管理，不同妇女组织之间的合作非常突出。除了国内合作，比利时的妇女组织也积极参与在联合国、欧盟、欧洲委员会等国际平台展开的国际合作。

【参考文献】

蔡琳，2013，《比利时性别平等及立法新进展》，《中国妇运》第 4 期，第 42 ~ 44 页。

曲宏歌，2009，《欧盟女性团体的政治参与：以欧洲妇女游说团为例》，《中华女子学院学报》第 21 卷第 2 期，第 67～71 页。

Amazone et al. 2002. De toekomst begint Vandaag: Perspectieren Voor de vrouwenbe-
weging, Brussels: Amazone.

Celis, K., Meier, P. 2007. "State Feminism and Women's Movements in Belgium:
Complex Patterns in a Multilevel System," in Outshoorn J. and Kantola J.
(eds.), *Changing State Feminism.* London: Palgrave Macmillan.

Haegendoren, Mieke van et al. 1994. Onderzoek naar de financieringsmiddelen van
vrouwenorganisaties. Diepenbeek: LUC.

Lontings, D. 2003. "Establishing an EU Business Association under Belgian Law," in
10. Greenwood (eds.), *The Challenge of Change in EU Business Associations.*
London: Palgrave Macmillan.

Rémy, M., & Levin, T. 1992. "Women's Studies in Belgium," *Women's Studies
Quarterly* 20 (3/4): 68 – 74.

稿约及体例

《中国社会组织研究》（China Social Organizations Research）由上海交通大学国际与公共事务学院、上海交通大学中国公益发展研究院、上海交通大学第三部门研究中心主办，上海交通大学中国公益发展研究院院长、上海交通大学第三部门研究中心主任徐家良教授担任主编，是社会科学文献出版社出版的 CSSCI 来源集刊，每年出版 2 卷，第 1 卷（2011 年 6 月）、第 2 卷（2011 年 11 月）、第 3 卷（2012 年 6 月）、第 4 卷（2012 年 12 月）、第 5 卷（2013 年 8 月）、第 6 卷（2013 年 12 月）、第 7 卷（2014 年 6 月）、第 8 卷（2014 年 12 月）由上海交通大学出版社公开出版。从第 9 卷开始由社会科学文献出版社出版，现已经出版到 18 卷（2019 年 12 月）。

本刊的研究对象为第三部门，以建构中国第三部门发展的理论和关注现实问题为己任，着力打造第三部门研究交流平台。本刊主张学术自由，坚持学术规范，突出原创精神，注重定量和定性的实证研究方法，提倡建设性的学术对话，致力于提升第三部门研究的质量。现诚邀社会各界不吝赐稿，共同推动中国第三部门研究的发展。

《中国社会组织研究》设立四个栏目："主题论文"、"书评"、"访谈录"、"域外见闻"。"主题论文"栏目发表原创性的理论和实证研究文章；"书评"栏目发表有关第三部门重要学术专著评述的文章；"访谈录"栏目介绍资深学者或实务工作者的人生经历,记录学者或实务工作者体验第三部门研究和实践活动的感悟。"域外见闻"栏目介绍境外第三部门研究机构和研究成果。

《中国社会组织研究》采用匿名审稿制度,以质取文,只刊登尚未公开发表的文章。

来稿请注意以下格式要求:

一、学术规范

来稿必须遵循国际公认的学术规范,类目完整,按顺序包括:中英文标题、作者姓名、工作单位和联系方式、中英文摘要及关键词、正文、引注和参考文献。

(一)标题不超过 20 字,必要时可增加副标题。

(二)作者:多位作者用空格分隔,在篇首页用脚注注明作者简介,包括工作单位、职称、博士学位授予学校、博士学位专业、研究领域、电子邮箱。

(三)摘要:简明扼要提出论文的研究方法、研究发现和主要创新点,一般不超过 300 字。

(四)关键词:3—5 个,关键词用分号隔开。

(五)正文:论文在 8000—15000 字,书评、访谈录、域外见闻 2000—8000 字。

(六)作者的说明和注释采用脚注的方式,序号一律采用"①、②、③……",每页重新编号。引用采用文内注,在引文后加括号注明作者、出版年份,如原文直接引用则必须注明页码,详细文献出处作为参考文献列于文后,以作者、书(或文章)名、出版单位(或期刊名)、出版年份(期刊的卷期)、页码排序。文献按作者姓氏的第一个字母依 A – Z 顺序分中、英文两部分排列,中文文献在前,英文文献在后。作者自己的说明放在当页脚注。

(七)数字:公历纪元、年代、年月日、时间用阿拉伯数字;统计表、统计图或其他示意图等,也用阿拉伯数字连续编号,并注明图、表名称；表号及表题须标注于表的上方，图号及图题须标注于图的下方，例："表 1……"、"图 1……"等；"注"须标注于图表下方，以句号结尾；"资料来源"须标注于"注"的下方。

（八）来稿中出现外国人名时，一律按商务印书馆出版的《英文姓名译名手册》翻译，并在第一次出现时用圆括号附原文，以后出现时不再附原文。

二、资助来源

稿件如获基金、项目资助，请在首页脚注注明项目名称、来源与编号。

三、权利与责任

（一）请勿一稿数投。投稿在 2 个月之内会收到审稿意见。

（二）文章一经发表，版权即归本刊所有。凡涉及国内外版权问题，均遵照《中华人民共和国著作权法》及有关国际法规执行。

（三）本刊刊登的所有文章，如果要转载、摘发、翻译、拍照、复印等，请与本刊联系，并须得到书面许可。本刊保留法律追究的一切权利。

四、投稿

《中国社会组织研究》随时接受投稿，来稿请自备副本，一经录用，概不退稿。正式出版后，即送作者当辑集刊 2 册。期刊已采用线上投稿系统，具体可以登录 dsbm. cbpt. cnki. net 进行投稿操作（如有问题，请联系邮箱 cts@ sjtu. edu. cn）。

五、文献征引规范

为保护著作权、版权，投稿文章如有征引他人文献，必须注明出处。凡投稿者因违反法律法规规定或其他原因导致的知识产权、其他纠纷等问题，本刊保留法律追究和起诉的权利。本书遵循如下文中夹注和参考文献格式规范。

（一）文中夹注格式示例

（周雪光，2005）；（科尔曼，1990：52~58）；（Sugden，1986）；

（Barzel，1997：3 - 6）。

（二）中文参考文献格式示例

曹正汉，2008，《产权的社会建构逻辑——从博弈论的观点评中国社会学家的产权研究》，《社会学研究》第 1 期，第 200 ~ 216 页。

朱晓阳，2008，《面向"法律的语言混乱"》，中央民族大学出版社。

詹姆斯·科尔曼，1990，《社会理论的基础》，邓方译，社会科学文献出版社。

阿尔多·贝特鲁奇，2001，《罗马自起源到共和末期的土地法制概览》，载徐国栋主编《罗马法与现代民法》（第 2 卷），中国法制出版社。

（三）英文参考文献格式示例

North，D. and Robert Thomas. 1971. "The Rise and Fall of the Manorial System：A Theoretical Model." *The Journal of Economic History*，31 (4)，777 - 803.

Coase，R. 1988. *The Firm*，*the Market*，*and the Law*. Chicago：Chicago University Press.

Nee，V. and Sijin Su. 1996. "Institutions，Social Ties，and Commitment in China's Corporatist Transformation." In McMillan J. and B. Naughton（eds.），*Reforming Asian Socialism*：*The Growth of Market Institutions*. Ann Arbor：The University of Michigan Press.

六、《中国社会组织研究》联系地址方式

上海市徐汇区华山路 1954 号

上海交通大学徐汇校区新建楼 123 室

上海交通大学中国公益发展研究院

上海交通大学第三部门研究中心

邮　编：200030　　　　电　话：021 - 62932258

联系人：张　圣　　　　手　机：13122935153

致　谢

何海兵（中共上海市委党校 上海行政学院）、纪莺莺（上海大学）、苗青（浙江大学）、王国华（华中科技大学）、俞祖成（上海外国语大学）、张冉（华东师范大学）为《中国第三部门研究》第 18 卷进行匿名评审，对他（她）们辛勤、负责的工作表示衷心的感谢！

CHINA SOCIAL ORGANIZATIONS RESEARCH
Vol. 19 (2020)

Table of Contents & Abstracts

SPECIAL COLUMN ARTICLES

Abstract: The philanthropic forces have played a great role in fighting against the novel coronavirus epidemic. Behind this role, it is worth reflecting on the reasons why Chinese philanthropy can make great progress in a short period of time from the perspective of historical tradition and culture. We should also analyze and expand the public spirit, family legacy, and charity in Chinese charity culture. Among the internal needs of the service tide; extensive participation in the development of social service industry is the key to transform the charity structure. The basic path is to develop professional charity and promote its combination with community charity, as well as to integrate these issues into the social governance system, so as to systematically explore the internationalization of philanthropy with Chinese characteristics.

Keywords: novel coronavirus; Chinese philanthropy; professionalization of philanthropy

Incentive Mechanism for Social Organizations to the Participation the Process of Public Health Emergencies Governance—From the Perspective of Policy Instruments

Abstract: The governance of public health emergencies has its specific characteristics, and the mobilization of social organizations' participation requires policy incentives. Provided the established system, the priority of effective governance is through the policy instrument. Based upon the characteristics and action preference results of social organizations, the incentive policy instruments can be categorized into three types: one is government-supported instruments for the large social organizations; the other is government-cultivated instruments for small or start-up social organizations; the third one is instruments in various forms. To match them with policy incentive intensity, this paper argues that the policy instruments and incentive intensity are predictable under continuum; on the contrary, the state of non-continuum leads to failure. In comparison, the incentive mechanism between the two states is common, which not only verifies the complexity governance of public health emergency, but also shows that policy incentives are adjustable. This paper puts forward the corresponding alternatives of incentive adjustment from the aspects of localization of social organizations, pro-society attitudes, action preferences, and political credit.

Keywords: social organizations; public health emergencies governance; policy instruments; policy incentive

Abstract: After the outbreak of the COVID – 19, self-mobilization of the society at grass-roots level has launched promptly under the urgent mobilization from the government. The "integration of three governances" in Tongxiang City, Zhejiang Province has achieved an extensive participation of social organizations, volunteers, and other social forces, as well as achieved the goal of stabilizing popular feelings and gathering social resources. It not only successfully completed the task of self-mobilization, but also combined the political mobilization of governments and the self-mobilization of society effectively. The mobilization and guidance from the party and the government, the double restrictions from laws and village self-governance rules, the multi-party cooperation and the incentive functions of social reputation were the main self-mobilization mechanisms of the "integration of three governances" system in this special epidemic time. The experience of Tongxiang City shows that improving the governance at grass-roots level in normal period of time could provide institutional base for the governance needs in crisis management, and social participation in normal period of time could provide strong support for self-mobilization of society in Crisis – 19 prevention and treatment.

Keywords: "integration of three governances"; social governance at grass-roots level; epidemic control; self-mobilization of society

Abstract: The rural areas are more likely to become the worst-hit area in the COVID – 19 prevention and control due to the poor rural public health conditions, shortage of prevention materials, transmission delay of pandemic prevention and control information and more gathering activities. Therefore, it is necessary for social organizations to pay more attention and give more support on it. However, the results of the survey demonstrate that the participation of social organizations in COVID – 19 pandemic prevention and treatment of rural areas is quite limited. So, what are the factors that influence the social organizations' participation in the pandemic prevention and control of rural areas? How to lead more social organizations to involve in poverty-alleviation and rural revitalization? In this regard, this paper adopts the multiple-cases study method, taking 12 social organizations Participating in the prevention and treatment of rural epidemic as cases, and trying to construct an explanatory framework of the factors affecting the participation of social organizations in the COVID – 19 prevention and treatment of rural areas through the grounded theory approach. The Study found that social demands, field pressure, mission driven, organizational capacity, and supportive networks are the major factors affecting social organizations' participation in pandemic prevention and control of rural areas.

Keywords: COVID – 19 pandemic; social organizations; COVID – 19 Pandemic Prevention and Control in Areas

Volunteer Mobilization of Epidemic Prevention and Control in Communities: Effect and the Optimizing Strategy—Taking Chongchuan District, Nantong City as An Example

Yu Zucheng   Cheng Jixian   Huang Jiachen / 86

Abstract: During the epidemic of COVID – 19, communities have become the front line of the joint prevention and control of the epidemic, as well as the most effective defensive line of preventing external input cases and internal diffusion. By analyzing the current situation, this paper has found that volunteer mobilization capacity of communities becomes the critical element that influences the effect that communities have on confronting the epidemic crisis. So, how can volunteers participate in helping the prevention and control of epidemic in communities? How can we optimize and improve the drawbacks and short slabs exposed in the Process? It is concluded that not all the communities had the capacity to respond to the epidemic crisis, based on the case analysis of Chongchuan District, Nantong, China. Only the communities with a solid mass base and the ability of comprehensively mobilizing resident volunteers can comparatively respond well to the epidemic crisis. From now on, China should strengthen the autonomous attribute of communities, mapping the resident mobilization network of communities more closely, and establish the public crisis management system in communities. Only in this way can we optimize the joint prevention and control mechanism of public crisis, which includes optimizing volunteer participation.

Keywords: community; epidemic prevention and control; volunteer mobilization; governance inflection point

ARTICLES

Organizational embeddedness, job satisfaction, and turnover intention: Data Analysis Study Based on 2014 China Commonweal Organizations Talent Survey

Yang Bao   Hu Xi / 111

Abstract: Based on the survey data of the development status of Commonweal Organizations Talents in China in 2014, this paper adopts binary logistic regression analysis to analyze the impact of organizational embeddedness on employees' intention to leave the industry in commonweal organizations, as well as the mediating effect of job satisfaction. The study has found that: (1) organizational link and organizational fit have a significantly negative impact on employees' intention to leave the industry; (2) The promotion space of organizational sacrifice is negatively correlated with employees' intention to leave the industry, while the salary has no effect on employees' intention to leave the industry; (3) Job satisfaction is a complete mediating variable for organizational link to affect the turnover intention, and it also partially mediates the effect of organizational fit on the turnover intention. The study Concludes that salary does not affect the public welfare talents' turnover intention, and it is important to retain public welfare talents' through industry construction measures such as strengthening organizational links, degree of organizational fit, and promotion space.

Keywords: commonweal organization; turnover intention; organizational embeddedness; job satisfaction

Fundraising Online and Its Normative Governance: from the perspective of Qingsong & Shuidi Platforms　　*Ma Jianyin　Liu Yifan* / 133

Abstract: With the booming development of mobile internet technology, online fundraising has gradually become an important channel for the Chinese to make donations on a daily basis in public, which relies on the integration of technology, market, and charity industries. Although the Charity Law of the People's Republic of China stipulates the basic legal norms of fundraising online, these strong normative principles are still far from keeping up with the development of the internet products' rapidly changing. Therefore, the tension between market logic and public benefit goals has gradually created various kinds of chaos in fundraising online, and it is necessary to reflect on the legal positioning of fundraising online and further strengthen the regulation as well as governance of fundraising behavior online. This article puts forward corresponding policy recommendations based on the research and analysis of the two platforms, Qingsong and Shuidi.

Keywords: online fundraising; public fundraising platform; public welfare and philanthropy

Research on the Three Circle's Interaction Mechanism of Poverty Alleviation: Based on the Case of C City Poultry Industry

Zou Xinyan   Shi Yungui / 169

Abstract: Social organization is the main subject for poverty alleviation and an important force for promoting anti-poverty practices. Based on the theory of three circle interaction, the third sector circle, represented by social organizations, interacts with government circle and enterprise circle to optimize the allocation of poverty alleviation resources and benefit maximization. However, in the practice of poverty alleviation the lack of interaction between social Organizations, government departments and enterprises and insufficient support have adversely affected the effectiveness of poverty alleviation. In order to promote the positive interaction among the government circle, the enterprise circle, and the third sector circle, this paper aims for improve the optimal allocation of poverty alleviation resources and the efficiency of poverty alleviation work, and paper studys and analyzes the practice of poverty alleviation of C city poultry industry association by applying the holistic governance theory and the three circle interaction theory to explore the establishment of a three circle interaction mechanism pedigree composed of dialogue mechanism, integration mechanism, coordination mechanism, and feedback mechanism. The results provided new ideas for Chinese social organizations to participate in the practice and innovation of poverty alleviation.

Keywords: three circle's interaction mechanism; poverty alleviation; social organization

BOOK REVIEW

INTERVIEWS

INTRODUCTION OF RESEARCH INSTITUTION OVERSEAS

图书在版编目(CIP)数据

中国社会组织研究. 第 19 卷/徐家良主编. -- 北京：
社会科学文献出版社，2021.11
ISBN 978 - 7 - 5201 - 7145 - 8

Ⅰ.①中…　Ⅱ.①徐…　Ⅲ.①社会团体 - 研究 - 中国
Ⅳ.①C232

中国版本图书馆 CIP 数据核字（2020）第 255697 号

中国社会组织研究　第 19 卷

主　　编／徐家良

出 版 人／王利民
组稿编辑／杨桂凤
责任编辑／胡庆英
责任印制／王京美

出　　版／社会科学文献出版社·群学出版分社（010）59366453
　　　　　　地址：北京市北三环中路甲 29 号院华龙大厦　邮编：100029
　　　　　　网址：www. ssap. com. cn
发　　行／市场营销中心（010）59367081　59367083
印　　装／唐山玺诚印务有限公司

规　　格／开本：787mm × 1092mm　1/16
　　　　　　印 张：17.5　字 数：244 千字
版　　次／2021 年 11 月第 1 版　2021 年 11 月第 1 次印刷
书　　号／ISBN 978 - 7 - 5201 - 7145 - 8
定　　价／89.00 元

本书如有印装质量问题，请与读者服务中心（010 - 59367028）联系